保育内容指導法
〈人間関係〉
――確かな実践力を身につける――

浅井拓久也 | 編著 |

萌文書林
houbunshorin

は じ め に

　本書は，保育者養成校の学生や保育士資格試験の受験者を対象とした，保育内容指導法・人間関係について学ぶ本である。

　本書には類書にない3つの特長がある。

　まず，領域・人間関係と指導法・人間関係を別々の書籍にすることで，領域と指導法それぞれに必要なことが十分に説明されている。これまでの書籍は，領域と指導法を1冊にまとめていたため，どの項目の説明も中途半端なものになっていた。とくに，指導法で重要な模擬保育や指導案の説明は極めて少なかった。しかし本書では，0歳から5歳それぞれの模擬保育や指導案を考え方や書き方とともに掲載してあるので，模擬保育や指導案について十分に学ぶことができる。

　次に，人間関係だけではなく他領域の特性を生かした指導法についても説明されている。これまでの書籍では，領域と指導法を1冊に押し込めていたことから，人間関係と他領域との関係について十分に説明されていなかった。しかし，実際の保育では，5領域すべてが同時に関わることはいうまでもない。本書では，人間関係以外の領域と関係する指導法について詳述されているので，人間関係の指導法だけではなく，5領域全体を意識した指導法を学ぶことができる。

　最後に，初学者にとって理解しやすい構成になっている。これまでの書籍では，いきなり詳細な説明から始まることが多く，初学者にとっては何がポイントなのか理解しにくかった。しかし本書は，第1章で指導法・人間関係の全体像や概要を説明し，第2章以降で詳細な説明をしていくという構成になっている。一例として，模擬保育や指導案について第1章で概要を理解し，第3章と第4章でそれぞれ理解を深めていく構成になっている。また，イラストや写真，事例検討やNG例と模範解答の比較を多く取り入れることで，初学者が保育をイメージしたり，本書の内容を理解したりしやすい構成になっている。

　本書を読むことで人間関係の指導法を理解し，身につけることが可能となる。しかし，指導法を深く理解するためには，領域・人間関係に対する理解が欠かせない。本書を読む前後で，領域・人間関係を読むとよいだろう。そうすれば，人間関係の指導法の理解が進むことに気がつくであろう。

　本書を読んだ方が，人間関係の指導法を理解し，身につけ，すぐれた保育者になり，活躍することを祈念する。

2023年3月

著者を代表して　浅井拓久也

Contents

第 1 章 指導法「人間関係」の基本

第 **2** 章　事 例 検 討：ケーススタディ

第 **3** 章　指 導 案 の 作 成

Contents

Contents

第 5 章　他領域の特性を生かした指導法

1　他領域とのつながり ——————————— 166

2　領域・言葉とつながる指導法 ——————————— 170

Contents

第 1 章

指導法「人間関係」の基本

1 ─ 保育内容の指導方法の目的と意義

[1] 領域および保育内容の指導法に関する科目

　本節では，保育内容の指導法の目的と意義，領域との違いについて述べていく。

　「保育内容の指導法」という科目が，2019（平成31）年度から改正された教職課程で
は，「領域及び保育内容の指導法に関する科目」となり，その科目には「領域に関す
る専門的事項」と「保育内容の指導法」（情報機器及び教材の活用を含む）を含めること
が必要とされている。そのためここでは，「教職課程コアカリキュラム」（教職課程コ
アカリキュラムの在り方に関する検討会，平成29年11月17日）を参考に，各事項の目標を
整理していきたい。

　教職課程コアカリキュラムのなかでは，「保育内容の指導法（情報機器及び教材の活
用を含む）」の全体目標は，「幼稚園教育において育みたい資質・能力を理解し，幼稚
園教育要領に示された当該領域のねらい及び内容について背景となる専門領域と関連
させて理解を深めるとともに，幼児の発達に即して，主体的・対話的で深い学びが実
現する過程を踏まえて具体的な指導場面を想定して保育を構想する方法を身につける
こと」[1]とされている。続けて「保育内容の指導法（情報機器及び教材の活用を含む)」
の小項目「(1) 各領域のねらい及び内容」と「(2) 保育内容の指導方法と保育の構
想」のそれぞれの一般目標と到達目標からカリキュラムの意義を確認していこう。

　まず，(1) 各領域のねらい及び内容は，一般目標を「幼稚園教育要領に示された幼
稚園教育の基本を踏まえ，各領域のねらい及び内容を理解する」[1]とし，到達目標と
しては，以下の項目をあげている。

① 幼稚園教育要領における幼稚園教育の基本，各領域のねらい及び内容並びに全体構造を理解している。
② 当該領域のねらい及び内容を踏まえ，幼児が経験し身に付けていく内容と指導上の留意点を理解している。
③ 幼稚園教育における評価の考え方を理解している。
④ 領域ごとに幼児が経験し，身に付けていく内容の関連性や小学校の教科書とのつながりを理解している。

　一方，（2）保育内容の指導方法と保育の構想では，一般目標を「幼児の発達や学びの過程を理解し，具体的な指導場面を想定して保育を構想する方法を身に付ける」[1]とし，到達目標としては，以下の項目をあげている。

① 幼児の認識，思考，動き等を視野に入れた保育の構想の重要性を理解している。
② 各領域の特定や幼児の体験との関連を考慮した情報機器及び教材の活用法を理解し，保育の構想に活用することができる。
③ 指導案の構成を理解し，具体的な保育を想定した指導案を作成することができる。
④ 模擬保育とその振り返りを通して，保育を改善する視点を身に付けている。
⑤ 各領域の特性に応じた保育実践の動向を知り，保育構想の向上に取り組むことができる。

［2］「領域に関する専門的事項」と「保育内容の指導法」

　次に，「領域に関する専門的事項」と「保育内容の指導法」の違いについて「平成28年幼稚園教諭の養成課程のモデルカリキュラムの開発に向けた調査研究」（一般社団法人保育教諭養成課程研究会，平成29年3月）を参考に確認していこう。
　領域に関する専門的事項では，「健康」「人間関係」「環境」「言葉」「表現」の5領域それぞれの学問的な背景や基盤となる考え方を学ぶことを基本とする。幼稚園教育要領に示された「ねらい及び内容」を含めつつ，幅広く深い内容を盛り込むことが求められており，幼児期に焦点をあてながら，専門的な視点からの各領域の考え方を深めることを目指している。さらに，各領域についての専門的な知識・技能等を習得していくことも求められる。
　保育内容の指導法（情報機器及び教材の活用を含む）では，前述の教職課程コアカリキュラムでは，「全領域の保育内容の指導法で共通的に修得すべき資質能力を示しており，それに沿って5領域のねらいや内容を踏まえた上で，5領域毎の保育内容の指

導法で実践すべき力を身につけること」[2]を目指すと提示している。さらに，シラバス作成の留意事項においても「幼稚園教育要領に示す，幼稚園教育の基本，育みたい資質能力，幼稚園教育における見方・考え方を含め，ねらい及び内容と幼稚園教育における評価について結びつけて理解することも求められている。指導案作成や模擬保育および，その振り返りを含め，主体的に学ぶ機会を増やすことや映像資料やICT等の効果的な活用が必要」[2]と提示されている。

[3] 5領域について

　ここで保育内容の5領域の変遷について触れておこう。現在では，保育内容というと「健康」「人間関係」「環境」「言葉」「表現」の5領域であるが，その始まりは1956（昭和31）年に求められる。はじめて幼稚園教育要領が出された当時，保育内容は「健康」「社会」「自然」「言語」「音楽リズム」「絵画製作」の6領域に分類されていた。そこから1989（平成元）年の幼稚園教育要領の改訂までは同分類が続いたが，このときの改訂を機に，心身の健康に関する領域「健康」，身近な環境とのかかわりに関する領域「環境」，言葉の獲得に関する領域「言葉」および感性と表現に関する領域「表現」，そして人とのかかわりに関する領域として「人間関係」が入り，5領域になった。この際，「人間関係」と「言葉」は，元の「社会」と「言語」が移行したもの，「環境」「表現」は，「社会」の一部と「自然」，「音楽リズム」と「絵画制作」が統合された領域として捉えられた。

　この5領域の分類は，現在の「幼稚園教育要領」「保育所保育指針」，そして「幼保連携型認定こども園教育・保育要領」の3歳以上の子どもの保育内容として共通している分類でもある。幼稚園教育要領では「第2章　ねらい及び内容」，保育所保育指針では「第2章　保育の内容」，幼保連携型認定こども園教育・保育要領では「第2章　ねらい及び内容並びに配慮事項」の箇所で，それぞれ5領域について明確に示されている。

　次節では，指導法の「人間関係」について詳しく述べていく。

2　指導法「人間関係」の目的と意義

　「ねらい」「内容」「領域」は，何が違うのだろうか，『幼稚園教育要領解説』から見ていこう。「幼児が生活を通して発達していく姿を踏まえ，幼稚園教育において育みたい資質・能力を幼児の生活の姿から捉えたものは「ねらい」。それを達成するために教師が幼児の発達の実情を踏まえながら指導し，幼児が身につけていくことが望まれるものを「内容」としている。この「ねらい」と「内容」を幼児の発達の側面から

まとめて編成したものが5つの領域」³⁾という関係性である。ここでは、この5領域の「人間関係」の目的と意義について述べていく。人間関係という語句は、幼稚園教育要領解説のなかでも領域の説明以外の箇所にも多く用いられている。それだけ5領域のなかでも、今の幼児教育において重視されていることがわかる。

　幼稚園教育要領における人間関係の「ねらい、内容、内容の取扱い」を図表1に示す。

●図表1　幼稚園教育要領　第2章　ねらい及び内容　人間関係

〔他の人々と親しみ、支え合って生活するために、自立心を育て、人と関わる力を養う。〕

1．ねらい
（1）幼稚園生活を楽しみ、自分の力で行動することの充実感を味わう。
（2）身近な人と親しみ、関わりを深め、工夫したり、協力したりして一緒に活動する楽しさを味わい、愛情や信頼感をもつ。
（3）社会生活における望ましい習慣や態度を身に付ける。

2．内容
（1）先生や友達と共に過ごすことの喜びを味わう。
（2）自分で考え、自分で行動する。
（3）自分でできることは自分でする。
（4）いろいろな遊びを楽しみながら物事をやり遂げようとする気持ちをもつ。
（5）友達と積極的に関わりながら喜びや悲しみを共感し合う。
（6）自分の思ったことを相手に伝え、相手の思っていることに気付く。
（7）友達のよさに気付き、一緒に活動する楽しさを味わう。
（8）友達と楽しく活動する中で、共通の目的を見いだし、工夫したり、協力したりなどする。
（9）よいことや悪いことがあることに気付き、考えながら行動する。
（10）友達との関わりを深め、思いやりをもつ。
（11）友達と楽しく生活する中できまりの大切さに気付き、守ろうとする。
（12）共同の遊具や用具を大切にし、皆で使う。
（13）高齢者をはじめ地域の人々などの自分の生活に関係の深いいろいろな人に親しみをもつ。

3．内容の取扱い
上記の取扱いに当たっては、次の事項に留意する必要がある。
（1）教師との信頼関係に支えられて自分自身の生活を確立していくことが人と関わる基盤となることを考慮し、幼児が自ら周囲に働き掛けることにより多様な感情を体験し、試行錯誤しながら諦めずにやり遂げることの達成感や、前向きな見通しをもって自分の力で行うことの充実感を味わうことができるよう、幼児の行動を見守りながら適切な援助を行うようにすること。
（2）一人一人を生かした集団を形成しながら人と関わる力を育てていくように

すること。その際，集団の生活の中で，幼児が自己を発揮し，教師や他の幼児に認められる体験をし，自分のよさや特徴に気付き，自信をもって行動できるようにすること。

（3）　幼児が互いに関わりを深め，協同して遊ぶようになるため，自ら行動する力を育てるようにするとともに，他の幼児と試行錯誤しながら活動を展開する楽しさや共通の目的が実現する喜びを味わうことができるようにすること。

（4）　道徳性の芽生えを培うに当たっては，基本的な生活習慣の形成を図るとともに，幼児が他の幼児との関わりの中で他人の存在に気付き，相手を尊重する気持ちをもって行動できるようにし，また，自然や身近な動植物に親しむことなどを通して豊かな心情が育つようにすること。特に，人に対する信頼感や思いやりの気持ちは，葛藤やつまずきをも体験し，それらを乗り越えることにより次第に芽生えてくることに配慮すること。

（5）　集団の生活を通して，幼児が人との関わりを深め，規範意識の芽生えが培われることを考慮し，幼児が教師との信頼関係に支えられて自己を発揮する中で，互いに思いを主張し，折り合いを付ける体験をし，きまりの必要性などに気付き，自分の気持ちを調整する力が育つようにすること。

（6）　高齢者をはじめ地域の人々などの自分の生活に関係の深いいろいろな人と触れ合い，自分の感情や意志を表現しながら共に楽しみ，共感し合う体験を通して，これらの人々などに親しみをもち，人と関わることの楽しさや人の役に立つ喜びを味わうことができるようにすること。また，生活を通して親や祖父母などの家族の愛情に気付き，家族を大切にしようとする気持ちが育つようにすること。

[1] 基礎となる信頼関係

　園では，保育者，他児とその家族，地域の大人などと会う機会があるが，まず，子どもにとって信頼関係を築く必要があるのは保育者である。保育者と信頼関係が築けていれば，不安なことや他児とぶつかることがあっても温かく支えてくれる存在がいるというだけで安心して園生活を送ることができる。その関係は，人と関わる力の基礎となり，その基盤をもとに子どもたちは，他児・他者との交流や園生活にも積極的に取り組むことができるようになる。そして自分でチャレンジしたことの達成感や充実感を得られると，さらに自信をもってほかのことにも前向きに取り組めるようになるだろう。

[2] 子ども同士の関わり

　幼児期においては，他児と関わるなかで，お互い受け入れて楽しく遊べることもあれば，ときに拒否されたり，自己主張をしてぶつかったりと，うまくいくことばかりではない。だが，そうした他児とのぶつかり合いも育ちには必要な体験となる。この体験は，自我の形成にもつながり，子どもが他児との葛藤のなかで自分とは異なる考

えをもっていることを知ったり，保育者の援助次第では，相手の気持ちを考えて行動できるようになるきっかけにもつなげられる。

　家庭のなかにいると，多くを伝えなくても子どもが求めていることをわかる家族がいるため，自己主張する機会があまりないまま入園する子もいる。自分の気持ちを相手に伝わるようにいうことは，簡単なようで慣れないと難しい面もあり，自己中心的な主張だけになってしまうこともある。幼いうちは，とくに一方的に自分の思いを主張しがちだが，それも育ちの過程の一つといえる。一方的な主張同士の会話から，徐々に相手にわかるようにいえるようになり，そのうちに相手にも思っていることやいいたいことがあることに気づけるようになっていく。

[3] 集団生活における気づき

　集団生活を送るなかで，考え方や行動，好みなど他児と自分との違いに次第に気づくようになる。幼いうちは自分と同じ部分に安心感を抱く子どももいるが，集団で多くの子どもと接するうちに，自分と違うことのよさや楽しさに気づけるようになってくる。保育者は違いや多様性に気づき始めるころから，互いを認めあうことや相手を尊重することに気づけるよう支えていく。まずは，保育者から自分に自信のない子どもも含め，一人ひとりの子どもをよく見て，ありのままを肯定し，よさを見いだしていくことで，子どもたちのなかにも他者のよさを考える習慣がつくかもしれない。

　また，幼児期は自分のなかで善悪の判断基準をつくっていく時期でもあり，おとなの対応をよく観察しているため，保育者はしてはいけない悪い行為の基準はブレることなく明確に示し，対応していく必要がある。子どもに教えるときは，行いだけをしかって終わりにするのではなく，子どもが自分で考えて気づけるように援助する。ルールについても同様で，守りなさいというだけで終わらせず，なぜこのようなルールがあり，守るとどのようなことがあるか，守らないとどのような困ったことがあるのかなど，自分で考え気づけるようにうながし，ルールの必要性を理解したうえで，守ろうとする気持ちをもたせるようにしたい。

[4] 地域との関わり

　園内の人間関係を構築していくなかで，多くの気づきを得られること，そしてその意義の重要性は，ここまでで理解できただろうか。さらに，園内だけでなく，園外の地域の人との交流機会をもつことには，どのような意義があるのだろうか。幼いころから地域の高齢者など，さまざまな人と交流をもつことで，地域の人に支えられながら生き，大切にしてもらっていることを実感することで自己肯定感も高まる。また，地域の人たちにとっても，地域の子育てに貢献し，一緒に子どもを育てているという

意識が強くなり，生きがいにもつながるだろう。園にとっても，子どもたちの育ちを支える強力な助っ人となるため，地域との交流は相互によい影響をもたらすとても重要なものであるといえる。

　ここまで，人間関係の領域の目的と意義について触れてきたが，次章ではより具体的な場面を想定した事例の解説もあるため，これらと併せて理解を深めてもらいたい。

---

3 ── 他領域との関係性

　子どもの発達は諸側面が密接に関連し合うものであるため，「健康」「人間関係」「環境」「言葉」「表現」の5領域のねらいは相互に結びついている。

　まず，『幼稚園教育要領解説』（以下，本節のみ「要領解説」と記す）では，第1章の総則3（1）「①教師との信頼関係に支えられた生活」の項目があるが，「幼児は教師を信頼し，その信頼する教師によって受け入れられ，見守られているという安心感をもつことが必要である」[4]とあり，「人間関係」に関係する記述となっている。また，同じく総則の3（3）「③一人一人に応じるための教師の基本姿勢」でも，子ども一人一人に応じて，より適切な関わりができるようにするため，「幼児の姿を理解しようとするならば，教師は幼児と関わっているときの自分自身の在り方や関わり方に，少しでも気付いていく必要がある」[4]とある。「人間関係」に関係して，まず子どもにとって保育者との信頼関係を築くことの重要性について述べられているが，保育者には，子どもと向き合う前に自分自身を見つめ直す必要性も指摘されている。このように「総則」にも，子どもたちの人間関係を援助するために必要なことが記述されており，領域の箇所にとどまらず「人間関係」は，幼稚園教育要領全体のなかでも重要なキーワードとなっている。

　では，各領域に「人間関係」がどのように関係しているのかを見ていこう。以下，領域ごとに「人間関係」に関連する部分を抜粋して取りあげていく。

[1] 健　康

　内容に「（1）　先生や友達と触れ合い，安定感をもって行動する」があり，要領解説では，「この安定感とは信頼関係のある周囲の大人から受け止められ，見守られている安心感を得ることを指し，この安心感により活動意欲が高まり行動範囲も広げ，他児との交流の機会もできる。さらにこの安定感は心の健康を育てる上でも重要とされ，心と体の健康調和を保つためには，身体を鍛えるだけではなく，他者（園では主に教師や保育者，他児）との信頼関係を築く必要がある」とされている。

　同じく内容の「（5）　先生や友達と食べることを楽しみ，食べ物への興味や関心を

もつ」では，食事について述べられている。要領解説では，「家族以外の食事にはじめは戸惑うことがあっても，信頼する教師・保育者がいることで安心して食べられるようになることと，慣れてくると他者と一緒に食べることを楽しめるようになっていく。食事が楽しくなりしっかりと食べるようになると気持ちが安定し，活力がわき，積極的にいろいろな活動ができるようになる」とされている。

　つまり，この2つの内容からは，幼児期の健康とは，ただ食事をとって身体を鍛えればいいのではなく，そこには信頼できる存在が見守り，支えてくれることや安心して一緒に楽しみながら取り組める仲間の存在が不可欠であることがわかる。

[2] 環　境

　内容の取扱いに「(1)　幼児が，遊びの中で周囲の環境と関わり，次第に周囲の世界に好奇心を抱き，その意味や操作の仕方に関心を持ち，物事の法則性に気付き，自分なりに考えることができるようになる過程を大切にすること。また，他の幼児の考えなどに触れて，新しい考えを生み出す喜びや楽しさを味わい，自分の考えをよりよいものにしようとする気持ちが育つようにすること」とある。

　環境との関わり方，興味・関心，着眼点，発想，考え方などは一人一人異なるため，自分とは違うおもしろさに気づいたり，刺激を受けたりしながら，楽しむことができるようになる。他児と一緒に試したり工夫したりと，一人ではできなかったことを一

緒に達成するよろこびを得たり，うまくいかなくても試行錯誤しながら一緒に取り組む経験は多くの気づきが得られる。前節の「人間関係」にとても近い内容があり，つながっていることが確認できる。

　次に，内容の取扱いの「(4)　文化や伝統に親しむ際には，正月や節句など我が国の伝統的な行事，国歌，唱歌，わらべうたや我が国の伝統的な遊びに親しんだり，異なる文化に触れる活動に親しんだりすることを通じて，社会とのつながりの意識や国際理解の意識の芽生えなどが養われるようにすること」である。

　昔からある伝統的な遊びや食，行事などの文化は，保育者から伝えるのもよいが，地域の人と一緒に経験をしたり，教えに来てもらうなど交流の機会を設けてもよいのではないだろうか。これも「人間関係」につながるが，地域の幅広い年齢の人とつながりを深めることで，その交流から子どもたちは新しい発見や気づきを見つけられるであろう。園だけではできない豊かな体験ができるイベントも地域の協力者がいれば可能になるかもしれないため，保育者は，積極的な働きかけが必要となる。

[3] 言　葉

　内容に「(1)　先生や友達の言葉や話に興味や関心をもち，親しみをもって聞いたり，話したりする」とある。子どもが言葉を交わせるのは，ある程度安心できる状態になったときといえる。要領解説では，「幼児が周囲の人々と言葉を交わすようになるには，教師や友達との間にこのような安心して話すことができる雰囲気があることや気軽に言葉を交わすことができる信頼関係が成立していくことが必要となる」[4] とあり，この安心できる基盤があることで，保育者や他児の話に興味をもって聞くようになったり，安心して自分の思いを言葉で表現してみようと思えるようになる。

　内容に「(3)　したいこと，してほしいことを言葉で表現したり，分からないことを尋ねたりする」とある。自分の要求を言葉で表現できるようになると便利だが，同時に言葉による自己主張もできるようになる。主張がぶつかりケンカになってしまうこともあるかもしれないが，要求が伝えられることや，困っているときにたずねられるようになることは大切である。前節「人間関係」のところでも触れているが，自己主張のぶつかりあいも悪い側面ばかりではない。思いを言葉で表現できることの証でもあるため，前向きにとらえ援助していくことが望ましい。

　また，関連して内容の「(4)　人の話を注意して聞き，相手に分かるように話す」では，相手にわかるように話すことは，相手のことを考えて伝え方を工夫するということなので，相手の気持ちを思いやることも自然に身につくようになる。話したくてもまだ言葉でうまく表現できない子どもには，要領解説では「教師や友達との温かな人間関係を基盤にしながら幼児が徐々に心を開き安心して話ができるように援助していく」[4] とあり，やはり「言葉」も「人間関係」と密接に結びついているといえるだろう。

[4] 表 現

　内容に「(3)　様々な出来事の中で，感動したことを伝え合う楽しさを味わう」とある。感動することがあると子どもは人に伝え，共有することで感動を深められる。逆に共有してもらえないと感動が薄れ記憶に残りにくくなってしまうという。

　では，子どもの感動体験を表すにはどのように援助していけばよいだろうか。要領解説では，「幼児が感動体験を表したり，伝えようとしたりするためには，何よりも安定した温かい人間関係の中で，表現への意欲を受け止めることが必要。幼児は，その幼児なりに様々な方法で表現しているが，それはそばから見てすぐに分かる表現だけではない。教師はそれを受容し，共感をもって受け止めることが大切である」[4]とあり，やはり「表現」でも「人間関係」が，子どもを支える際の重要なポイントとなっていることが確認できる。

4　指導案の必要性と項目

[1] 指導案の必要性

　指導案とは，保育者が作成する保育の計画の一つである。保育の計画にはさまざまな種類がある。なかでも，長期的な指導計画には年間指導計画や月案，短期的な指導計画には週案と日案がある。実習生がつくる指導案は日案に相当する。指導案は，日案のように，一日の保育の流れを見通してつくる計画である。

　では，なぜ指導案を作成する必要があるのだろうか。その理由とは，自分がこれから行う保育についてきめ細かく考えるためである。保育を頭のなかだけで考えるのでは，抜けや漏れ，あいまいな箇所が残ることが多い。こうした不十分さに気がつかないまま保育をすると，保育が円滑に進まない。そこで指導案にこれから実施する保育を書き出すのである。指導案を作成する過程で，保育を構成する各項目についてきめ細かく考えることができるからである。たとえば，「ねらい」について考えて，いざ指導案に書こうとすると書けないことがある。これは，十分に考えたつもりでもあいまいなことや，十分に考えきれていないことがあるので，いざ書こうと思っても書くことができないのである。このように，指導案の作成を通してこそ，保育をきめ細かく考えることができるのである。

［2］指導案の項目

　指導案の様式はさまざまにある。しかし，どのような様式であっても指導案に含まれる項目はおおよそ共通している（図表2：p.22参照）。

　指導案に含まれる項目は以下の通りである。

① 組・人数

「組」にはクラス名（例：すみれ組）と「年齢」を書く。クラス名だけでは何歳児に保育をしたのかわからないため「年齢」も書く。「人数」は男女別に書く。欠席者数を書くこともある。

② 前日までの子どもの姿

　今日の保育につながるような前日までの子どもの興味や関心，発達段階などを書く。保育は，保育者がやりたいことをするのではなく，子どもの姿を起点にして考えるものだからである。また，「ねらい」と関係がある子どもの姿を選択して書く。「ねらい」に「自分の気持ちを調整しつつ集団の中で遊ぶことを楽しむ」とあれば，「前日までの子どもの姿」に「自分の気持ちを調整しながら友達と遊ぶ姿が見られる」「集団で遊ぶ際はルールを確認したり友達の気持ちに配慮したりしながら遊ぶようになってきている」のように，「ねらい」と関係のあることを書く。

③ ねらい

「前日までの子どもの姿」と保育者（実習生）の願いを合わせた保育の目標を書く。願いとは，子どもに経験してほしいことや身につけてほしいことである。「ねらい」はなんでもよいわけではない。子どもの心情，意欲，態度を伸ばすような，また子どもの今の姿と保育者の願いのバランスがとれた内容であることが欠かせない。

④ 子どもが経験する内容

「ねらい」を達成するために，子どもが経験することを書く。「ねらい」に「自分の気持ちを調整しつつ集団の中で遊ぶことを楽しむ」とあれば，「他者の気持ちを考慮したり自分の思いを表現したりしながら，集団になって遊ぶ」というように書けるであろう。なお，「ねらい」を達成するために必要な活動を考えることが大事である。実習生が得意なことや好きな活動をするのではない。「ねらい」を達成できる活動のなかから，季節や前日の活動，子どもの様子を総合的に考えて，子どもが経験することを選択する。

●図表2　指導案の項目（A短期大学の場合）

部分・責任（半日・全日）実習指導計画案	指導者氏名		印
年　　月　　日（　　曜日）	実習生氏名		印

前日までの子どもの姿：	組 ・ 人 数	（　　　　歳児）	男　名・女　名
		組	計　　　　　　名
	ねらい：		
	子どもが経験する内容：		

時間	環境・準備	予想される子どもの活動	実習生の援助・保育の配慮

⑤ 時間

5分，10分単位で書く。

⑥ 環境・準備

保育の環境構成を図やイラストで書く。なぜそのような環境構成にしたのかという，環境構成の意図を書くこともある。また，保育に必要な準備物を書く。壊れたり破れたりしやすいものは余分に用意しておく必要がある。保育は環境を通して行うので，どのような環境構成をするのかを入念に考えることは，保育の質を高めるためにも欠かせないことである。

⑦ 予想される子どもの活動

保育のなかで見られることが予想される子どもの言動を書く。たとえば，実習生が紙芝居を演じるのなら，「実習生の前に集まって座る」「『見たことがある』という子どももいる」のように，予想される子どもの姿を書く。後述する「実習生の援助・保育の配慮」は，「予想される子どもの活動」を踏まえて書くので，「予想される子どもの活動」を多面的に，具体的に考えて書く必要がある。なお，「予想される子どもの活動」には，子どもの否定的な姿（できない，やらないなど）は書かないことに留意すること。

⑧ 実習生の援助・保育の配慮

「ねらい」を達成するために，「予想される子どもの活動」に対して行う保育者のさまざまな働きかけを書く。「実習生の援助」とは，クラス全員への働きかけや子ども一人ひとりへの働きかけのことである。「保育の配慮」とは，「予想される子どもの活動」とは異なる言動を見せる子どもへの対応である。たとえば，「予想される子どもの活動」に「実習生の前に集まって座る」とあれば，「実習生の援助」として「実習生の前に集まるように声をかける」となり，「保育の配慮」として「座る場所が見つからない子どもがいる場合は，空いているところを伝える」のように書けるであろう。

指導案を書く際は，①から⑧の各項目を何度も書き直ししながら完成を目指すことが大事である。書けそうな項目から書き始め，一度書いたら見直しをしないで終わりにしないように留意してほしい。各項目の書き直しを繰り返すことで，指導案の各項目（つまり内容）に一貫性や整合性がでてくるからである。また，原則として，保育者が子どもにかける実際の言葉のような細かいことは指導案ではなく，細案という指導案とは異なる計画に書くとよいであろう。

ここでは指導案の概要について説明した。各項目の詳細な書き方は58ページ以降の「第3章　指導案の作成」を参考にしてほしい。

5 ― 模擬保育の概要

[1] 模擬保育の目的

　指定保育士養成施設では，保育士資格を取得するために，保育士資格試験とは異なり保育実習がある。保育実習の目的は「保育実習は，その習得した教科全体の知識，技能を基礎とし，これらを総合的に実践する応用能力を養うため，児童に対する理解を通じて保育の理論と実践の関係について習熟させることを目的とする」とある[5]。模擬保育の目的も同様である。保育室で，子どもの前で保育を行う環境ではないものの，大学や短大などの教室や保育実習室で，子ども役の学生の前で，授業を通して学んだ知識や技術を実際に使って保育をやってみることで，保育に対する理解を深め保育の技術を身につけるのである。

[2] 模擬保育の意義

　模擬保育の意義は以下の二つである。

　まず，模擬保育の目的でも説明したように，保育者役として実際に保育を行ってみることで気がつくこと，わかること，学べることがあるということである。予定していた時間より大幅に時間がかかる，簡単に説明できると思っていたことが意外と説明しにくい，絵本の読み聞かせをしてみたら子ども役の学生から見にくいといわれたなど，こうしたことは講義を聞いているだけではわからないことである。

　次に，子ども役として保育に参加することで，子どもの視点や気持ちを理解しやすくなることである。たとえば，保育者役の絵本の読み聞かせを見ながら，絵本のもち方，絵本を読むスピード，ページのめくり方について，子どもの視点や気持ちから考えることで，子どもの立場を理解した保育をしやすくなるであろう。また，製作活動でも，子どもの視点や気持ちになって取り組んでみると，使いにくい素材やわかりにくい説明にも気がつきやすくなり，この学びを自分の保育に生かすこともできるであろう。

　模擬保育を行うことで，保育者役であれ子ども役であれ，講義では得られないようなさまざまな実践的な学びを得ることができる。この学びが自信となり，保育実習での失敗を減らしたり緊張を緩和したりするのである。

[3] 模擬保育の方法

模擬保育は，次の4つのステップに即して進めて行く。

①指導案を作成する
②実際に保育を行う
③模擬保育の振り返りを行う
④振り返りを踏まえて再度指導案を作成する

これは，保育のPDCAサイクルを経験するということでもある。PDCAとは，PはPlan，DはDo，CはCheck，AはActionの頭文字をとったものである。以下では①から④について説明していく。

① 指導案を作成する

模擬保育を実施する前には指導案を作成する必要がある。グループで模擬保育を実施する場合は，グループ全員で指導案を作成する。指導案を作成するということは，保育をする前に一度保育を行うということでもある。指導案の各項目を考える過程で，保育を見通したり，さまざまな視点から保育を考えたりするからである。充実した模擬保育にするためには，指導案の作成が必要なのである。なお，指導案の書き方は58ページ以降の「第3章　指導案の作成」を参考にしてほしい。

② 実際に保育を行う

保育者役と子ども役に分かれて保育を行う。保育者役は保育者になりきること，子ども役は子どもになりきることが大事である。保育者役の友人を見てふざけたり笑っ

◉写真1　模擬保育の様子

たりしないようにすること。模擬保育は保育の実践力を高めるものであり，そのためには子どもの視点や気持ちから保育に参加する子ども役の存在はとくに重要なのである。また，保育者役と子ども役に加えて，模擬保育を第三者として観察したり評価したりする観察役を設定してもよい。保育者役でも子ども役でもなく，模擬保育全体を俯瞰して観察・評価するからこそ気がつくことがある。

③ 模擬保育の振り返りを行う

保育の質を高めるためには振り返りが欠かせない。模擬保育も同様であり，振り返りが必要である。指導案と実際の保育を照合しつつ，どこに問題があったのか，なぜその問題が生じたのか，どうすれば改善できるかを議論していくのである。とくに，子ども役の学生からの意見は重要である。指導案通りの保育ができたとしても，保育が保育者役の独りよがりになっていたのではよい保育とはいえない。そこで，子ども役から意見を聞き，指導案や模擬保育を子どもの視点や気持ちから振り返るのである。

④ 振り返りを踏まえて再度指導案を作成する

振り返りが終わったら，振り返りで学んだことを踏まえて再度指導案を作成する。学びを定着させるためにも，実際の保育実習で使用できる指導案を用意するためにも，振り返りの後には指導案を作成することが欠かせない。こうしてできた指導案は机上の空論ではなく，実践的で，実行可能性の高いものである。自信をもって保育実習にのぞむことができるであろう。

[4] ICTを活用した模擬保育——オンライン保育実習

模擬保育は，通常は大学や短大の教室や保育実習室で実施される。しかし，ICT（Information and Communication Technology）を活用することで，それとは異なるかたちの模擬保育も可能である。その一つが，筆者が2021（令和3）年に実施したオンライ

●写真2　オンライン保育実習の様子

（志濃原亜美・浅井拓久也・北澤明子・小口偉・鳥海弘子（2022）「保育実習の代替としてのオンライン保育実習の効果と課題」『日本保育学会第75回大会発表論文集』，pp. 711-712.

ン保育実習である。

　オンライン保育実習は，保育所の保育者や撮影スタッフが実際の保育室の様子をリアルタイムで撮影・配信し，Google Meet上に集まった保育実習に参加予定の学生と保育実習指導の教員がその様子を視聴し，さまざまな質疑をしながら保育に対する理解を深めていくというものであった。このときは，学生は手遊びや子どもへの声がけをしなかったが，場合によってはオンライン上で子どもに向けて手遊びや声がけをしてもよいであろう。あるいは，大学や短大の教室で模擬保育を行う様子を保育者へリアルタイムで配信して，保育者と意見交換をするのも学びになる。このように，ICTを活用することで模擬保育の方法も多様になっていくであろう。

6 ICTを活用した指導法

[1] ICTを活用する目的

　ICTとは，情報通信技術を意味する。ICTの活用とは，情報機器を活用するということである。

　では，保育においてICTを活用する目的は何か。ICTの活用について，『幼稚園教育要領』では，「幼児期は直接的な体験が重要であることを踏まえ，視聴覚教材やコンピュータなど情報機器を活用する際には，幼稚園生活では得難い体験を補完するなど，幼児の体験との関連を考慮すること」と示されている[6]。また，『幼稚園教育要領解説』には，以下のように事例とともに示されている[7]。

　　幼児期の教育においては，生活を通して幼児が周囲に存在するあらゆる環境からの刺激を受け止め，自分から興味をもって環境に関わることによって様々な活動を展開し，充実感や満足感を味わうという直接的な体験が重要である。

　　そのため，視聴覚教材や，テレビ，コンピュータなどの情報機器を有効に活用するには，その特性や使用方法等を考慮した上で，幼児の直接的な体験を生かすための工夫をしながら活用していくようにすることが大切である。

　　例えば，園庭で見付けた虫をカメラで接写して肉眼では見えない体のつくりや動きを捉えたりすることで，直接的な体験だけでは得られない新たな気付きを得たり，自分たちで工夫してつくった音などを聴いて遊びを振り返ることで，体験で得られたものを整理したり，共有したりすることができるであろう。また，体を使った活動や演奏の前などに，それらを映像で視聴することで，イメージをもちながら見通しをもって取り組んだりすることもできる。

つまり，ICTを活用する目的とは，触れる，見る，嗅ぐ，のような五感を伴う直接的な体験だけでは十分に学べないことを，スマートフォンやパソコンのようなデジタルデバイスの活用によって補完し，子どもの学びが豊かになるようにすることといえよう。

[2]「指導法」におけるICTの活用事例──デジタル紙芝居

　2020（令和2）年以降，新型コロナウイルス感染症の流行によって保育所や幼稚園などでは臨時休園が相次いだ。休園期間の子どもの学びを保障するため，保育者による手遊びや絵本の読み聞かせを動画配信する園もあった。また，感染症拡大防止の観点から保護者が保育室に入室できないことも多く，アプリを通じてドキュメンテーション（写真や動画を用いた保育や子どもの活動の記録）を配信することで，園内の様子を伝える園もあった。

　こうした園の現状を踏まえると，養成校においてもICTを活用した保育を学ぶことが欠かせない。そこで，ここではICTを活用した保育の一つとして筆者が実施したデジタル紙芝居の作成について説明する。

　デジタル紙芝居は全5コマ（1コマ90分）の授業時間を使い作成した。各コマで学生が実施したことは以下の通りであった。

① 1コマ目

　児童文化財の目的や必要性，紙芝居と絵本の共通点と相違点，脚本のつくり方について学んだ。

② 2コマ目

　自作した脚本について発表した。想定する月齢に適した脚本（言葉遣いや表現も含む）になっているか，脚本はおもしろいかについて，学生同士や教員と意見交換を行い，適宜修正した。

③ 3コマ目

　絵コンテを作成した。脚本と絵は対応しているか，想定する月齢の子どもにとってわかりやすい絵になっているかについて，学生同士や教員と意見交換を行い，適宜修正した。

④ 4コマ目

　絵コンテをもとに「手作り紙芝居セット」に絵を描き，色を塗った。脚本に適した色の選択になっているか，絵具やクレヨン等の道具の選択は適切かについて学生同士

や教員と意見交換を行いながら完成を目指した。なお，「手作り紙芝居セット」は市販の画材を購入した（販売元：ゆめ画材，12枚組）。

⑤ 5コマ目

完成した紙芝居をスキャナーでデータ化し，パワーポイントに貼付することで，デジタル紙芝居を完成させた。絵はスライドに貼付，脚本はフットノートに記入した。場面の切り替え（抜き差し）は，パワーポイントのアニメーション機能を活用して表現した。さらにパワーポイントの録音機能を使い各自の上演を録音した。

図表3（p.30～31参照）は，学生が実際に作成したデジタル紙芝居である。対象年齢は3歳程度で，「おべんとう」という作品である。

デジタル紙芝居以外にも，学生自身が子どものころの写真を活用してドキュメンテーションを作成したり，大学近隣の公園内の危険個所を調べてプレゼンしている様子を撮影したり，ICTを活用した保育を学生が経験できるようにしてきた。また，子どもがスマホで園内の様子を撮影し，撮影した内容をプロジェクターに投影しながらプレゼンする園などで実施されているICTを活用した保育を紹介した。新型コロナウイルス感染症のようなパンデミックの影響下では，これまで以上に直接的な体験とICTを活用した間接的な体験の両方を保育に取り入れることが保育者には求められる。

［3］ICT活用の留意点

ICTの活用には留意点がある。『幼稚園教育要領解説』には以下のように示されている[8]。

> 幼児が一見，興味をもっている様子だからといって安易に情報機器を使用することなく，幼児の直接的な体験との関連を教師は常に念頭に置くことが重要である。その際，教師は幼児の更なる意欲的な活動の展開につながるか，幼児の発達に即しているかどうか，幼児にとって豊かな生活体験として位置付けられるかといった点などを考慮し，情報機器を使用する目的や必要性を自覚しながら，活用していくことが必要である。

保育者はICTを使って何をしたいのか，ICTの活用が子どもの育ちをどのように保障するのかを考えることが欠かせないということである。

●図表3　デジタル紙芝居「おべんとう」

おべんとう

今日はみんなが楽しみにしていたお弁当の日。
誰が一番に入ってくるかな。
あ！誰か来たみたい！　＊¼抜く

赤い体と足が見えるよ。
誰かな？　＊抜く

一番最初に来たのは元気いっぱいのたこウインナーくん。
「今日のお弁当の日が楽しみで走ってきたんだ！」
「やっぱりお弁当に僕は欠かせないでしょう！」

あれ？また誰かが来たみたいだよ？
次に来たのは誰だろう？　＊¼抜く

あ！黄色い体が見えたよ。
それに甘い匂いもするなぁ。　＊匂いをかぐ
誰だろう？　＊抜く

二番目に来たのはみんなに優しい卵焼きさん。
「あら、たこウインナーくん、こんにちは。いつもはゆっくりだ
けど、今日は楽しみで早く来ちゃった。」　＊優しい声で。

あ！また誰か来たみたい。次に来るのは誰かな？　＊¼抜く

あ！茶色くて大きな体が見えるよ。
誰かなぁ？　＊抜く

三番目に来たのは大きくてみんなが大好きなからあげくん。
「やあ！こんにちは！今日もかりっとあがっててかっこいいだろ
う？」

お弁当にはまだ隙間があるみたい。次はだれが来るのかな？

あ！誰か来たみたい。　＊¼抜く

あれ？緑色の頭と黄緑色の体が見えたよ。
誰かな？

四番目に来たのはしっかりもののブロッコリーくん。

「今日は少し来るのが遅くなっちゃったな。栄養満点の僕もお
弁当には欠かせないよね！」

だんだんお弁当箱も埋まってきたね。次に来るのは誰かな？
あ！誰かが来たみた。　＊¼抜く

あれ？白くて大きな体が見えたよ。
誰かな？

五番目に来たのは白くてかわいらしい双子のおにぎりたちです。二人で仲良くそろってきました。

「こんにちは！遅くなってしまってすみません！」　＊女の子の声で元気よく

（卵焼きさん）「大丈夫だよ！空いているところに入ってきてね！」　＊優しい声で

（おにぎりたち）「卵焼きさん、ありがとうございます！」　＊男の子の声で元気よく

ようやくお弁当箱がいっぱいになりました。

（卵焼きさん）「これでみんなそろったわね！」

（たこウインナーくん）「やったぁ！嬉しいな！」

みんなとても嬉しそうです。

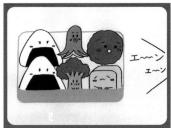

しかし、しばらくする遠くから泣き声が聞こえてきました。
（トマトちゃん）「えーん、えーん」
（卵焼きさん）「あれ？どこからか泣き声が聞こえてくるよ？」
（トマトちゃん）「えーん、えーん」
（ブロッコリーくん）「本当だ！でも、どこから聞こえてくるんだろう？」
（からあげくん）「みんなで見に行ってみよう！」
みんなで泣き声のする方へ行ってみることにしました。

みんなで見に行ってみると、なんとトマトちゃんが泣いていました。
（卵焼きさん）「トマトちゃん！どうしたの？」
（トマトちゃん）「準備するのが遅れてしまって、お弁当箱がいっぱいで入れなくなっちゃったの・・・」
（おにぎりたち）「そっか・・・、大丈夫だから泣かないで！」
（からあげくん）「でも、お弁当箱はいっぱいだし、どうする？」
（みんな）「うーん…」
（ブロッコリーくん）「そうだ！みんなで少しずつ詰めればいいんだよ！」
（みんな）「そうだね！そうしよう！」

（からあげくん）「みんなでできるだけ詰めよう！」　＊みんなに呼びかけるように

（ブロッコリーくん）「もう少し前に詰めるよ！」

（卵焼きさん）「私は右にずれるね！」

たこウインナーくん、卵焼きさん、からあげくん、
それにブロッコリーくん、双子のおにぎり、
みんなはトマトちゃんが入れるようにできるだけ詰めました。
すると・・・　＊ゆっくり抜く

みんなが詰めたおかげでトマトちゃんは入ることができました。
（トマトちゃん）「やった！お弁当箱には入れた！みなさん、ありがとうございます！」

（みんな）どういたしまして！
やっとおいしそうなお弁当箱が完成しました。
みんなとてもうれしそうです。

（みんな）「さあ、お弁当は残さず食べてね！」　＊元気よく

おしまい。

（秋草学園短期大学・木下まりなさんの作品）

Column 1 ― 授業を通して「できることを増やす」こと

　保育者になるにあたって重要なことはたくさんある。そのなかでも，「できること
を増やす」ことは，とくに重要である。「できることを増やす」とは，それぞれの月
齢に即した絵本や紙芝居を理解し読めるようにしておくこと，手遊び，身体を使った
遊び，言葉を使った遊びのように，遊びの引き出しを増やしておくことである。また，
「できることを増やす」には，こうした既存の遊びだけではなく，布絵本，ペープサ
ート，紙芝居のつくり方を身につけ，手づくり玩具や保育で使える教材を自分でつく
ることも含まれる。保育者としてできることが多ければ多いほど，日々の保育が充実
していく。とくに，新人保育者のころはさまざまなプレッシャーやストレスがあるが，
自分ができることが多いほど，これらを緩和したり軽減したりすることができ，保育
者1年目を乗り越えやすくなる。

　「できることを増やす」ためには，毎日の授業が何より大事である。漠然と授業を
受講するのではなく，「できることを増やす」ことを意識して，さまざまな授業を受
講することで，より身につきやすくなる。音楽は苦手だ，製作活動は得意ではないと
いう気持ちもあるかもしれないが，一度コツをつかむと思っていたほど苦手ではな
かったということもたくさんある。「できることを増やす」ことを意識して授業にの
ぞんでほしい。

●写真　手づくり紙芝居を演じる秋草学園短期大学の長澤静子さん（左）と鈴木玲さん（右）

■引用文献

1 ）教職課程コアカリキュラムの在り方に関する検討会（2017）『教職課程コアカリキュラム』，文部
　　科学省，p.8.
2 ）一般社団法人保育教諭養成課程研究会（2017）『平成28年幼稚園教諭の養成課程のモデルカリキュ
　　ラムの開発に向けた調査研究―幼稚園教諭の資質能力の視点から養成課程の質保証を考える―』，
　　pp.8-9.
3 ）文部科学省編（2018）『幼稚園教育要領解説』，フレーベル館，pp.133-134.
4 ）文部科学省編（2018）『幼稚園教育要領解説』，フレーベル館，pp.29, 34-35, 205, 215, 227.
5 ）厚生労働省（2018）「指定保育士養成施設の指定及び運営の基準について」.

6）文部科学省（2017）『幼稚園教育要領』，p.9.（https://www.mext.go.jp/component/a_menu/education/micro_detail/__icsFiles/afieldfile/2018/04/24/1384661_3_2.pdf　2022年11月30日閲覧）

7）文部科学省編（2018）『幼稚園教育要領解説』，p.108.（https://www.mext.go.jp/component/a_menu/education/detail/__icsFiles/afieldfile/2018/04/23/1401777_001.pdf　2022年11月30日閲覧）

8）文部科学省（2018）『幼稚園教育要領解説』，p. 108.（https://www.mext.go.jp/component/a_menu/education/detail/__icsFiles/afieldfile/2018/04/23/1401777_001.pdf　2022年11月30日閲覧）

■ 参考文献

• 浅井拓久也編著（2018）『すぐにできる！保育者のための紙芝居活用ガイドブック』，明治図書出版.
• 浅井拓久也編著（2020）『「10の姿」で展開する！幼児教育の計画&実践アイデア』，明治図書出版.
• 浅井拓久也編著（2020）『パターンと練習問題でだれでも書けるようになる！保育実習日誌・指導案』，明治図書出版.
• 浅井拓久也（2021）『週案まで書けるようになる！ライブ15講　保育実習指導案・日誌の書き方』，大学図書出版.
• 森下嘉昭・浅井拓久也（2022）「保育実習の代替としてのオンライン保育実習の効果と課題」『山口芸術短期大学研究紀要』，（54），pp.65-73.

第 2 章

事例検討：ケーススタディ

1 — 入園期の不安な気持ちやとまどいの場面

[1] 新入園児との出会い

　新入園児を迎えるとき，幼稚園・保育所・認定こども園では，どのような配慮が必要だろうか。子どもは入園する幼稚園・保育所などで，はじめて家族以外の保育者やほかの子どもたちと一緒に過ごし，世界を広げていく。家族との愛着関係を土台に幼稚園・保育所などで新たな人間関係をつくり出すことになる。

　入園当初，なかなか園生活に慣れず泣きながら登園する子どもがいる。新しい環境に慣れず泣く子ども，入園を楽しみにしていたが自分の思い通りにならず泣く子ども。どちらも子ども自身が「園生活は楽しい」と感じないと解決しない。保育者が子ども一人ひとりの気持ちや思いを受容し，温かく見守ることで子どもの不安な気持ちがやわらぎ，保育者との信頼関係が築かれていく。

[2] 0歳児・1歳児クラス

　まず0歳児・1歳児クラスの入園期について説明する。

　乳児の場合，ほとんどが家族のもとを離れてはじめて集団生活をおくることになる。乳児にとって人的環境はとても重要である。毎日接する保育者との関わりが乳児の発達にとって大きな影響をおよぼす。0歳児・1歳児クラスの保育方法の一つとして「育児担当制」について説明したい。

　この「育児担当制」とは，食事・排泄・着脱などの生活場面で，保育者が特定の子

どもを計画的・継続的に援助する保育の方法である。いつも決まった保育者が一人ひとりの子どものリズムに合わせ関わることで，子どもは安心し保育者との愛着関係が形成されるという利点がある。

　たとえば，新入園児A児が登園したときに，月曜日はB保育者，火曜日はC保育者，水曜日はD保育者と毎日違う保育者が受け入れをして，日中の授乳・おむつ交換・睡眠などの生活場面についてもその都度異なった保育者が対応する保育を行っている園があるとしよう。これでは，子どもはなかなか園になじむことができないと思われる。保育所や認定こども園は長時間保育を行っているため，毎朝同じ保育者の受け入れが難しいという現状であるが，入園時，朝の受け入れ・生活場面ともにB保育者がA児の担当として関わることで，A児はスムーズに園生活に慣れていく。特定の保育者との関係が結ばれると情緒が安定し，子どもにとって安心の基盤になる。子どもとの応答的な関わりは，保育者との情緒的な絆を深め，愛着関係が形成される。『保育所保育指針解説』に「育児担当制」については，

　　　（略）…緩やかな担当制の中で，特定の保育士等が子どもとゆったりとした関わりを持ち，情緒的な絆を深められるよう指導計画を作成する…（略）[1]

とあり，また2017（平成29）年に改定された『保育所保育指針』には，

　　　（略）…特定の大人との応答的な関わりを通じて，情緒的な絆が形成されるといった特徴がある。これらの発達の特徴を踏まえて，乳児保育は，愛情豊かに，応答的に行われることが特に必要である[2]。

と示されている。いずれも「特定の保育士等」「特定の大人」という表現を用いて，特定の保育者が子どもに関わることが推奨されている。

入園時，わが子を園に預ける保護者は，「朝泣いていたが，まだ泣いているかもしれない」「日中はどう過ごしているか」「ミルクは飲めているか」など，不安な気持ちになっている。とくにはじめて園に子どもを預ける保護者がもつ不安は計り知れない。保護者が不安を抱いたまま子どもを預けていると，子どもがなかなか園に慣れないことがある。保護者が安心して園に子どもを預けられるよう，保護者に対する支援・フォローが必要である。

　担当保育者が園での子どもの様子を詳しく伝え，保育者がどのように対応しているか具体的に説明することで，保護者は園に対する信頼を深めていく。また，子どもにとって家庭と園での生活のリズムが変わらないように配慮するとともに，授乳の方法，入眠時の癖など，家庭での子どもの様子を把握することも大切である。子どもが入園したときの留意点について，『保育所保育指針』には

　　　　子どもの入所時の保育に当たっては，できるだけ個別的に対応し，子どもが安
　　　定感を得て，次第に保育所の生活になじんでいくようにするとともに，既に入所
　　　している子どもに不安や動揺を与えないようにすること[3]。

とあり，また『保育所保育指針解説』には，

　　　　入所時の保育に当たっては，こうした子どもの不安な思いを理解して，特定の
　　　保育士等が関わり，その気持ちや欲求に応えるよう努める。また，保護者との連
　　　絡を密にし，子どもの生活リズムを把握することも大切である。子どもは，保育
　　　士等との関係を基盤にして，徐々に保育室の環境になじんでいくが，保育士等は，
　　　子どもが自分の居場所を見いだし，好きな遊具で遊ぶなど，環境にじっくりと関
　　　わることができるよう積極的に援助することが大切である。既に入所している子
　　　どもにとっても，新しい友達との出会いは不安と期待が入り混じり，自分と保育
　　　士等と新しい友達との関係に敏感になることもある。保育士等は，既に入所して
　　　いる子どもと入所してきた子どもの双方と関わりながら，子ども同士が安定した
　　　関係を築けるよう援助していくことが必要である[4]。

と示されている。入園時に特定の保育者が関わることに加え，新入園児だけでなく在園児の不安や動揺を受け止めることの大切さが記されている。

　乳児期の子どもにとって，安心感や信頼関係は人格を形成するうえで，なくてはならないものである。毎日同じ保育者が関わることで，子どもは安心して生活を送ることができ，心身ともに健やかに育つ。個別支援を大切にする「育児担当制」を取り入れている園は徐々に増えている。

［3］2・3・4・5歳児クラス

　2歳児は，自我が強くなるとともに，自分の気持ちが調整できず，園に入園後，慣れるまで時間がかかる場合がある。新しい環境に興味を示しながらも，そこで過ごしたくないという思いも強くなり，自分の気持ちに折り合いをつけられず泣いて抵抗する姿が続くことがある。このようなときには，まず子どもの思いを十分に受け止め，園で過ごすことの楽しさを伝えるとともに，興味がもてる遊具や遊びに誘うなどの配慮が必要である。

　このとき，0・1歳児と同様，特定の保育者が関わることで情緒の安定が図られる。泣きながら他児が遊んでいる様子を見て「楽しそう」「自分もやってみたい」という気持ちが芽生えるが，なかなか気持ちを切り替えられない姿がある。保育者が温かく見守り，不安な気持ちを受け止めることで，子どもは少しずつ自分の居場所や遊びを見つけることができる。

　3歳児も，幼稚園・保育所などに慣れるまで時間がかかる子どもがいる。入園後すぐに新しい環境に慣れ遊び始める子ども，保護者を追いかけて泣き続ける子ども，といろいろなタイプの子どもがいる。はじめての集団生活を過ごす子どもにとって重要なことは，子どもの心の安定である。

　保育者は一人ひとりの子どもに応答的・受容的に関わりながら，保護者に入園前の子どもの生活の様子をたずね，子どもの個性を把握するよう心がけたい。子ども，保護者の不安な気持ちを受け止め，不安を解消できるよう個々の状況に合った対応を行いたい。

　他園から転園してくる場合は，子どもにとっても保護者にとっても前の園との違いにとまどうことが多いと思われる。前の園ではどうだったか確認し，自園の生活や決まりについて詳しく説明するとともに，ほかの子どもとの関係がもてるよう保育者が仲立ちとなるとよい。

　外国籍の子どもの入園に関しては，言語・宗教・食文化・生活習慣などが異なることを念頭におき，子どもの生育歴やこれまでの生活をしっかり把握し，適切な対応を行わなければならない。とくに言葉が通じない場合は，子どもにとって，まったく新しい環境での生活はかなりのストレスになる。子どもが安心できるようていねいな応答が必要である。

2 いざこざやけんかの場面

[1] いざこざとけんか

　子どもが集まる環境では，必ずといってよいほど「いざこざ」や「けんか」が起きる。それは自己主張をするなかで，子ども同士の主張がぶつかってくるためである。保育者が注意して観察し，目が行き届いた環境であっても完全に防ぐことは不可能であるし，子どもの成長にとって「いざこざ」や「けんか」は人間関係を築いていくうえで必要な側面もあるため，あえて様子を見て止めないこともある。起こさないことよりも，起きたときに保育者がそのトラブルをどのように捉え，子どもたちにどのような対応を取っていくかが重要になる。

　現代では少子化の影響により，入園前までにきょうだいと遊んだり，近所のほかの子どもたちと接する機会が少なくなっている。そのため，保護者をはじめとした大人に囲まれた環境下で，いつも優先されほとんどの欲求が満たされ育ってきた子どもが，他児もいる園の環境に入り，とまどうことも多い。自宅では自分専用のおもちゃで遊びたいときに遊んでいたが，園ではおもちゃを他児と共有しなくてはいけない場面があったり，いつも自分だけに注意を向けてくれる保護者を独り占めできていた状態から，他児と保育者を取り合わなくてはいけなくなったりと，思うがままだった世界は他児が現れることで一変することとなる。

　もちろん，家庭のしつけ方針などにより，きょうだいがいなくても自分の欲求に対してある程度我慢ができるようになっている子どもや，もともとの性格などの個人の差もあるため一概にはいえない。また，きょうだいや他児との接触が多い環境で育った子どもが他児とおだやかに関係を築けるかというと，逆に強く自己主張するようになってる子どももいる。

　家庭環境や性格によっても他児との関係の築き方はさまざまだが，関係を築いていく過程のなかで起こるいざこざやけんかを保育者はどのように捉え，対応すればよいか，事例を通して考えていく。

事例 ① ----- ４歳児のけんかからの学び

（４歳児，11月）

　マイちゃん（４歳）は，一人で園内の落ち葉を拾い集め，園庭端の地面に落ち葉で絵を描く遊びに熱中していた。そこへメイちゃん（４歳）が来て「一緒にやりたい」

といったが，マイちゃんは「一人でやりたいの」と断った。メイちゃんは，「落ち葉
をもっていったら一緒にできるかも」と考えて，落ち葉を集めてマイちゃんの元へ向
かった。

　再度「一緒に遊ぼ！」と落ち葉をもってきたメイちゃんに，マイちゃんはやはり一
人で完成させたかったため「いや！」と断った。遊びに加えてもらえなかったことが
悔しくなったメイちゃんは，集めた落ち葉をマイちゃんが描いていた絵のうえに投げ
てしまった。すると，怒ったマイちゃんが，メイちゃんを突き飛ばした。軽く尻もち
をついたメイちゃんは泣き出し，マイちゃんも描いた絵のうえに葉がたくさんのって
しまい，台無しにされたこととメイちゃんが泣いたため一緒に泣きだしてしまった。

［2］事例解説

　この事例で，二人が泣いていることに気づいて，かけ寄ってきた保育者にはどのよ
うな対応が求められるだろうか？

　まず，両児から話を聞き，メイちゃんのケガの状態確認を行い，ケガが問題ない場
合には二人が落ち着くのを待ち，詳しい状況をそれぞれから聞き取り確認する必要が
ある。

　つき飛ばしたことは，絶対にやってはいけないことだったと両児に伝えたうえで，
それぞれの気持ちをお互いが理解できるように伝えていく。

　メイちゃんには，マイちゃんと一緒に遊びたかったけれど受け入れられず，悲しく
悔しかったという気持ちを受け止めつつ，マイちゃんにとって壊された絵がどのよう
なものであったかメイちゃんに伝える。例としては，メイちゃんにとって大切なもの
を聞き，もしもそれが壊されたときにどのような気持ちになるかをたずね，大切に描
いていたものを壊されたマイちゃんの気持ちを考える機会をつくるのもよい。そして
壊されたときのマイちゃんの悲しい気持ちをメイちゃんに伝える。

マイちゃんには，一生懸命描いていた絵が壊されて悲しい気持ちを受け止めつつ，メイちゃんが壊したこともよくないことだったが，なぜこうした行動をとってしまったのか，マイちゃんと一緒に遊びたい気持ちが強すぎてしまったから，というメイちゃんの気持ちもマイちゃんに伝える。

　メイちゃんには，一緒に遊びたいという気持ちを受け止めてもらえなかったことが悔しく，意地悪で壊してしまった自分の気持ちと行動に向き合えるよう導く。そして壊したことがマイちゃんを悲しませる悪いことだったことを理解させ，メイちゃんからマイちゃんには絵を壊したことを，マイちゃんからメイちゃんには突き飛ばしたことを自分から反省を伝えられるよう援助する。もし，子どもたちが理解できるようであれば，同じようなことが起きたときに，今度はどうするか考える働きかけをしてもよいかもしれない。

[3] いざこざとけんかの捉え方

　このように他児とのいざこざやけんかを通して，ぶつかりあうことで，自己中心の世界から思い通りにならないこともあると理解し，自分と同じように人にはされたら嫌なことがあると知ることもできる。発達の段階に合わせ，ぶつかり合いから学ぶことも段階的に変わっていく。

　保育者は，相手にケガをさせたり傷つけたりする言葉を使うときには積極的に介入し，制止する必要がある。そうした場合を除き，子どもの成長のために注意を払いつつもある程度意識的に傍観することもある。

　そして，仲裁の際には子どもの気持ちをしっかりと受け止め，起きたトラブルの結果（事例の場合は，マイちゃんがメイちゃんを突き飛ばしてしまったこと）だけを捉えて善悪で判断はしない。その結果に至ったプロセスにも注目して，なぜそうしてしまったのか子どもたちの行動や心情を考察し，子どもたちがお互いの気持ちを理解できるように導いていく。

　もしも「あなたは悪いことをして，相手が泣いているからすぐに謝りなさい」と結果の一部だけを捉えて一方的に指導をした場合，本人がその行動に至った気持ちを無視することになる。これは幼児であっても信頼関係を損なう可能性もある。

　または，本人に悪いことをした自覚がないままこのような指導をすると，自分がしたことの何がどのように悪いことだったのか理解できないため，同じことを繰り返してしまうかもしれない。

　謝罪も強制するのではなく，子ども自身が必要性を感じて言えるようになる促しができると，子どもはおとなの介入を待たずに自発的に謝れるようになるかもしれない。

　また，けんかなどで悔しい思いをすることがあっても，悔しさや悲しさを経験することも成長過程のなかでは必要な要素となり，経験したからこそ他者の痛み・悲しみ

を理解できるようになることもある。このように考えてくると，たくさんのぶつかり合いを経験することは子どもの成長にとって必要不可欠であるといえる。

[4] 事例解説の参考（保育所保育指針，幼稚園教育要領）

　保育所保育指針では，（2）ねらい及び内容　人間関係（イ）内容「④保育士等の仲立ちにより，他の子どもとの関わり方を少しずつ身につける」，（ウ）内容の取扱い「③この時期は自己と他者との違いの認識がまだ十分ではないことから，子どもの自我の育ちを見守るとともに，保育士等が仲立ちとなって，自分の気持ちを相手に伝えることや相手の気持ちに気付くことの大切さなど，友達の気持ちや友達との関わり方を丁寧に伝えていくこと」に該当する。

　幼稚園教育要領では，第2章ねらい及び内容　人間関係　2内容「（6）自分の思ったことを相手に伝え，相手の思っていることに気付く。（9）よいことや悪いことがあることに気付き，考えながら行動する。（10）友達とのかかわりを深め，思いやりをもつ」，3．内容の取扱い「（4）道徳性の芽生えを培うに当たっては，基本的な生活習慣の形成を図るとともに，幼児が他の幼児とのかかわりの中で他人の存在に気付き，相手を尊重する気持ちをもって行動できるようにし，また，自然や身近な動植物に親しむことなどを通して豊かな心情が育つようにすること。特に，人に対する信頼感や思いやりの気持ちは，葛藤やつまずきをも体験し，それらを乗り越えることにより次第に芽生えてくることに配慮すること。（5）集団の生活を通して，幼児が人とのかかわりを深め，規範意識の芽生えが培われることを考慮し，幼児が教師との信頼関係に支えられて自己を発揮する中で，互いに思いを主張し，折り合いを付ける体験をし，きまりの必要性などに気付き，自分の気持ちを調整する力が育つようにすること」に該当する。

3　自分の感情をコントロールする場面

[1] 感情のコントロール

　大人でも感情のコントロールは難しい場合もある。喜怒哀楽それぞれの感情が高ぶったときにコントロールを失う。とくに怒りについては，アンガーマネジメントという言葉が一般的にも使われるようになり，怒りの感情をコントロールしてうまくつき合っていくことへの関心の高まりは，大人であっても自分の感情管理に苦慮していることを示しているといえる。対人関係に必要なスキルを今，大人たちも改めて習得

を試みている。

　この節で扱う子どもたちがコントロールをしていく感情とは，思い通りにいかない場合に表出させる不安定な感情のことである。保育所保育指針解説によると，子どもが思い通りにいかない場合に表出させる不安定な感情とは，おもに「悲しんだり，怒ったり，不安になったり，諦めたり，恥ずかしさを感じること」[5]としている。保育者がこうした子どもたちの感情の受け止め方と感情をコントロールすることへの気づきに，どのようにつなげて援助していくか，事例をもとに考えていく。

事例② ------ タクヤくんが抱えていた感情

（5歳児，6月）

　タクヤくん（5歳）は，最近家族の引っ越しによりB保育所に転園してきた。もともとおとなしい性格で言葉数は少ないが，子ども同士で遊ぶ際にはそれなりにコミュニケーションも取れているように見えていた。しかし，タクヤくんが転園してきてから1か月経ったころより，活動中に突然，他児へひっかきを行う回数が目立つようになってきた。注意をすると，その場ではすぐに謝るが，繰り返してしまい，クラスのなかにはタクヤくんを怖がる子も出てきている。タクヤくんの保護者によると，前の園ではこうした行動は見られず，家庭でもこのような行動はほとんどないということだった。タクヤくんは5歳児にしては言葉数が少ないが，保育者や家族などの大人とは問題なく話ができる。しかし，相手が同年齢の子どもとなると人見知りも強く，言葉があまりでなくなってしまう場面も見られた。

---

[2] 事例解説

　この事例のタクヤくんの状況から保育者はどのように捉え，対応していくことが求

められるだろうか。

　まず，タクヤくんはひっかきを，どのようなときに誰に対してやってしまうのか，パターンを考えてみる必要がある。すると，大人と話をしているときには出ることはなく，子ども同士でいるときに出ていることが多いことがわかった。対象は数名のよく一緒に遊んでいる特定の子たちだけだった。

　注意をすると止めて謝るので，悪いことをしているという自覚はある。では，なぜ人が嫌がることや痛いことをしてしまうのか，タクヤくんの気持ちをていねいに聞いていかなくてはならない。タクヤくんは，前園の友達と離れてしまったショックと，もともとの人見知りが強い性格から，新しいB保育所のメンバーとなかなか打ち解けられないと感じていたことがわかった。新しい友達には，緊張もあり思うように自分の感情を言葉で伝えることができず，同年齢の子たちはそんなタクヤくんを，当然だが，大人のように本人が話し出すまで待ってくれたり，話しやすいように促してはくれない。そのためわかってもらえないもどかしさや不安から，タクヤくんはこのような行動をとってしまっていた。一見突然と思われた攻撃も，実は毎回タクヤくんが感情を言葉で伝えられずに気持ちが高ぶったタイミングだった。自分の気持ちをわかってもらえないことに対するタクヤくんの必死の訴えである。保育者はまず，タクヤくんの不安や自分の気持ちが伝えられずにいた苦しみを受容した上で，タクヤくんが傷つけた相手の痛みや悲しい気持ちも伝えていく。

　そして，これから同じように不安になったとき，苦しくなったとき，悲しくなったときにどうしたらいいか，タクヤくんが自分で考え，行動に移せるように促していく。今までの感情表出の方法から大きく変えることになるため，しばらくは移行に時間がかかるかもしれない。しかし，タクヤくんにとっては自分の気持ちをわかってくれている保育者が，そばで支えてくれるというだけで，強い安心感が得られるため安心してチャレンジしていけるのではないだろうか。

[3] 不安定な感情表出の捉え方

　年齢・月齢による感情・社会性の成長の基準を高山[6)]の分類から今回の事例理解に関連する部分だけ抜粋して説明する。

　　3歳から3歳半にかけて「友達と関わり合って一緒に遊ぶ」「会話をコミュニケーションとして使う」ができるようになる。
　　4歳ごろから「友達の言葉や気持ちを推理しようとする」「大人の仲介によって相手の気持ちを理解しようとする」ができるようになる。
　　5歳にかけて「好きな友達，よく遊ぶ子が決まってくる」「自分の感情が認知できる」「泣くことが減り，泣くという感情の表出を我慢しようとしたり隠そうと

する」「恥ずかしがる。人から見た自分を意識する」ができるようになる。

　6歳になるまでに「過去の経験を思い出して反省」ができるようになる。

　もちろん成長の個人差はあるが，対応する際の目安の一つになる。

　事例のように思い通りにならず，さまざまな感情を表出する子どもに対して，保育者はその気持ちに寄り添い，受容的に受け止めていく。もちろん，その表出の結果が他者を傷つけるような行動の場合にはしっかりと注意をし，相手の気持ちを考えさせることは大前提である。

　また，何かがうまくいかなかったことで自信を失い「もうやらない」とふてくされて投げてしまった子どもにも，そこまでのその子なりの努力を評価しよう。励ましつつ同様なことがこれから起きたときには，今度は自分で前向きに立ち直っていけるよう援助していくことが望ましい。

　こうした援助を繰り返していくことで，子どもは安心して素直な感情を表現できるようになり，不安定な気持からの立ち直りも徐々にできるようになっていく。そして，保育者の受容的な援助と見守りのもと，自己肯定感の高まりとともに感情をコントロールすることへの気づきにつなげていくことが期待されている。

[4] 事例解説の参考（保育所保育指針，幼稚園教育要領）

　保育所保育指針では，（2）ねらい及び内容　人間関係（ウ）内容の取扱い「②思い通りにいかない場合等の子どもの不安定な感情の表出については，保育士等が受容的に受け止めるとともに，そうした気持ちから立ち直る経験や感情をコントロールすることへの気付き等につなげていけるように援助すること」に該当する。

　幼稚園教育要領では，第2章ねらい及び内容　人間関係　3．内容の取扱い「(5) 集団の生活を通して，幼児が人との関わりを深め，規範意識の芽生えが培われることを考慮し，幼児が教師との信頼関係に支えられて自己を発揮する中で，互いに思いを主張し，折り合いを付ける体験をし，きまりの必要性などに気付き，自分の気持ちを調整する力が育つようにすること」に該当する。

| 4 | 決まりやルールを守る場面 |

[1] 決まりやルールを守る

　子どもは，集団生活や遊びを通して，きまりやルールを守ったり，守ることの大切

さに気づいたりする。たとえば，園内のブランコに乗る順番を待っていて順番を守らない子がいる。その場合，待っていた子がさらに待たされるとともに，順番を待つこと自体が無意味となる。ブランコに乗る順番を守ることで待っている子が平等に乗ることができたり，不要なトラブルを避けることができるのである。そのため，「遊具に乗るためには順番を守ろう」というきまりやルールができるのである。このように具体的な体験を通して，きまりやルールを守ることの大切さに気づいていくのである。

　子どもが遊びや生活のなかのきまりやルールに気づいたり，守ろうとする姿を育てるためには，保育者はどのように捉え，援助すればよいのか，事例を通して考えていく。

[2] 園生活でのルールやきまりを守る①　──砂場──

事例③ ------ 砂場での水遊びは楽しいな

（3，4歳児　6月）

　砂場は子どもたちにとって人気のコーナーで，多くの幼児が砂場遊びを繰り広げている。砂場にはスコップやシャベルなど多くの用具が存在するが数に限りがあるため，①貸し借りしたり譲り合いながら使っている。しかし，ときには用具の奪い合いに発展する。その際，保育者がトラブルの仲裁をしたり，ときには子ども同士で解決したりしている。そのなかで，用具を譲り合うルールが身についているようである。

　この時期の子どもたちは砂場遊びに夢中である。暑くなるこの時期には，砂場での水遊びが人気である。砂場の近くに水道があり，桶やバケツ，ジョーロなどに水を溜め，砂へ水を流し込んでいる。②この園では水の使用の制限はなく，砂場での水遊びを楽しんでいる。子どもたちは，砂場で掘った穴に水を入れ，「ダム」や「池」や「川」をつくり，日々水を使った新しい作品ができあがる。

●写真　砂場で水遊びを進める様子

[3] 事例解説

　①では，砂場での用具の取り合いなどのトラブルが見られる。砂場の用具には限り

があるため、「自分も使いたい」「私も使いたい」と用具の奪い合いに発展するのである。

　保育者は、「スコップをずっと一人で使っていたらどうかな？」など自分と同じように相手も使いたいという気持ちに気づくように援助することが重要である。このように援助するなかで、用具を交替して使っていく必要性があることを伝えていく。このような体験を通して、「物の貸し借りのルール」ができるのである。しかし、きまりやルールを保育者が一方的に提示したり、安易な解決策を提示することは避けたい。「じゃあどうしようか」「こういう風にしてみたらいいんじゃない」と子どもとともに考えながら、相手と自分の気持ちに折り合いをつけながら、きまりやルールを守ることの大切さに気づいていけるように援助していく。

　②のように、砂場遊びでの水の制限のある園や事例のように制限のない園が存在する。砂場で自由に水を使える園は、「ダムづくり」や「池づくり」などダイナミックな水遊びができる一方で、「水という資源を大切に使う」といった気持ちを育む上では、弊害となることもあるだろう。

　保育者はこのような環境の教育的価値を理解した上で、子どもと砂場遊びでのルールを共有し、そのルールはなぜ守らなければならないのか、守らないとどうなるのかなどを伝え、その必要性を理解し、守ろうする気持ちを育てることが大切である。たとえば、水の制限のない園では水の出しっぱなしなどが考えられる。その場合、クラスで地域のダムの水不足について取りあげ、砂場の水が出しっぱなしになっていることを伝える。「水を出しっぱなしにしていると皆で使うお水がなくなっちゃうね」「川のお水がなくなっちゃうよ」などと声をかけると、「水を使った際は水を止めたか確認しよう」というルールができ、「水を大切に使う」気持ちが育つとともに、きまりやルールを守ることの大切さに気づくだろう。

[4] 園生活でのルールやきまりを守る②　―積み木―

事例④ ────── 楽しい積み木遊び

（5歳児　6月）

　A幼稚園では積み木遊びが大変人気である。室内には三角柱、円柱、四角柱など大小の積み木が用意されている。なかでも「クーゲルバーン」と呼ばれる積み木が人気である。この積み木は溝や空洞があり、ビー玉を転がすことができるつくりになっている。

　年長組のカズマくんはこの積み木に夢中になっている一人である。朝登園すると積み木が収められているケースをもち出し、作品をつくることが日課となっている。カズマくんが作品をつくっていると「僕も入れて」と声がかかり、ユウト、ヒロユキく

んが仲間に加わる。気がつけば，保育室の半分は埋まるであろう作品ができあがる。しかし，作品が残っているのは決められた時間内だけである。①この園では決められた時間に片づけることとなっている。しかし，よい作品ができた場合，その作品をタブレットで撮影し，写真データで残すことになっている。

　作品が次々とできあがるなかで，カズマくんが「積み木が足りへん」とつぶやく。どうやらコースをつくるのに積み木が足りないようである。足りない積み木を探していると，近くで別の作品をつくっているケンタ，ケイくんがその積み木を使っているようである。「その積み木，使いたいから貸して」とカズマくん。「ええよ」とケイくんは自分の近くに置いている積み木をカズマくんに渡した。②自然と積み木の貸し借りのルールができている様子であった。

●写真　積み木遊びの様子

［5］事例解説

　①のようにつくった作品を残しておく時間が決まっている園がある一方で，1週間，1か月と残している園も存在している。つくった作品を長く残しておく場合，「昨日のつくった○○の続きをつくろう」などと，積み木遊びを継続することができる。しかし，保育室内でつくることがあれば，その作品で保育室を埋め尽くしてしまうこともあるため，1日の終わりに片づける園も多い。

　そのため，子どもの主体的な遊びが保障できるように配慮することが重要である。たとえば，1日の終わりに片づける園では，壊すのが惜しいほどの力作ができあがりつつあるときは，子どもたちと話し合い一部でも残す，上記のように記録データとして残すなどの柔軟な対応も必要だろう。そして，「園のルールだから守ろう」というのではなく，「なぜ片づけなければならないのか」という理由を子どもとともに考えたり，納得できる理由を伝えたりすることも大切である。

　②では，自然と積み木の貸し借りが行われていることがわかる。この姿からさまざまな体験を通して，貸し借りのルールが自然と身についていると考えられる。たとえば，積み木遊びのなかで，友達の積み木を承諾なく取ってしまい，トラブルに発展す

る。そこで「勝手に取ったら友達に叱られる」「友達も自分と同じように使いたい」ということに気づく。このような体験を通して，「友達の積み木は本人の承諾を得てから使う」や「貸して，ちょうだい」といってから借りるなど，ルールが子どもたちの間で設定されたのではないだろうか。このような姿が育つ上で，子どもの使いたい気持ちを十分に認めながら，相手の気持ちに気づいていけるように援助する。その上で「じゃあ順番で使うのはどうかな？」「この作品ができたら貸してあげるのはどう？」などと保育者が提案することで，徐々に「物の貸し借りのルール」を守る気持ちが育つのである。

[6] 決まりやルールを守る姿を通して

　子どもは遊びや生活を通して，きまりやルールを守ることの大切さに気づいていく。ときには，けんかやいざこざを通して，相手の気持ちに気づいたり，相手の立場に立って考え行動するなかで，徐々に規範意識が育っていくのである。

　この時期に育まれたきまりやルールを守る姿は，社会で生きる上でも大切な力となる。たとえば，相手の立場や気持ちに立って考えたりするなかで，自分の気持ちや行動をコントロールすることができるようになる。そして，皆で決めたきまりやルールを守っていくことの大切さを知っていく。これらは，仲間の一員として仕事を進める上でも重要な力となる。

　このように「きまりやルールを守る姿」は，その人がよりよく人生を生きる上で重要な力なのである。これらを念頭に置き，大切に育てる必要がある。

5 — 友達と協力して遊ぶ場面

[1] 友達と協力して遊ぶこととは

　子どもは，集団生活や遊びを通して，喜怒哀楽など多様な感情を友達と共有し，関係性を深めていく。そして，自身の思いや考えを伝え合い，一緒に活動する楽しさを味わい，共通の目的をもつなかで，考えたり，工夫したり，協力したりする。たとえば，作品展の出し物について検討する際に，皆で意見を出し合いテーマを決める。次にどのような作品をつくろうか，配役はどうするか，飾りつけはどうするかなどクラスで意見を出し合う。そして皆で工夫し，考え，協力し，一つひとつできあがっていくことで達成感を味わっていく。このように子どもが集団生活や遊びのなかで，友達と協力しようとする姿が育っていくのである。

では，これらを育てるためには，保育者はどのように捉え，援助すればよいのか，事例を通して考えていく。

[2] 園生活で友達と協力して遊ぶ① ──積み木──

事例⑤ ┈┈┈ 積み木をどこまで高く積もう

（5歳児　6月）

　雨が降った日は，積み木遊びに人気が集まる。今日は，「カプラ」と呼ばれる積み木が人気のようである。カプラとは，建物や乗り物，動物まで表現できる積み木である。

　5歳児のコウジくんが黙々と積み木を積みあげていく。「混ぜて」とナオトくん，リョウコちゃん，ユリカちゃんも加わる。積み木を高く積みあげようとしては崩れる，また積みあげようとしては崩れるのを繰り返す。そのなかで，①「積み木は立てて置いたほうが高く積める」「横に積んだほうが安定して積めるよ」などと意見を出し合いながら積みあげていく。その結果，積み木を横に積む形で遊び進める。

　隣では，同じように積み木を積みあげる遊びが展開している。「隣の積み木と競争や」とコウジくん。どうやら，隣の積み木のグループと高さ比べの競争が行われているようである。

　②積み木を補充する係，慎重に積み木を重ねる子ども，思案する子どもなど「積み木を高く積みあげる」という同じ目的に向かって積みあげていく。最後は，両者の積み木がダイナミックに崩れる。そしてまたつくり直す。これも積み木遊びの醍醐味である。

●写真　友達と協力して積み木を積みあげる様子

[3] 事例解説

　①では，意見を出し合いながら積み木遊びを進める姿がある。5歳児になるとお互いに意見を出し合いやりとりをするなかで，共通の目標を立てていく。このように遊

びのなかで，子ども同士が意見を出し合うことによって，さまざまなアイデアが生まれ遊びが深まっていくのである。

　保育者は，一人ひとりの子どもの意見を十分に受け入れながら，自己主張を促すとともに，「○○遊びを皆としたい」という気持ちを育てることが重要である。また，集団で遊びのなかで，子どものイメージが実現できるように十分な用具や素材を準備することが重要となる。たとえば，積み木を積みあげる際，どんどん高く積みあがっていく。そこで「先生の高さまで高く積みたい」と子どもがいえば，「じゃあ，積みあげようか」と周囲の子どもも賛同し，遊びが続いていく。その際，子どもの背丈では届かなくなるため，椅子や机などを用意する。そうすると「じゃあ，次は○○の高さまで積みあげたい」と遊びが育っていく。このような援助によって友達と協力して遊ぶ楽しさを味わっていくのである。

　②では，積み木遊びを通して，仲間の一員として自覚するなかで，役割を分担し協力する姿である。これは，一人ひとりのよさが発揮され，お互いのよさを認め合うような関係性ができている。

　そこで保育者は，一人ひとりが役割をもち，自己発揮できるように援助することが大切である。たとえば，「○○くんって××が得意だよね。助けてくれるかも」「○○ちゃんの考え，すてきだと思うよ」などと相手のよさに気づくことができるような声かけが重要である。そのために保育者は，一人ひとりの役割や，クラス内での人間関係，遊びや活動内容，生活の過ごし方などを理解しておくことも大切である。このような保育者の援助を通して，仲間の一員として自己発揮し，他者と協力することで，さらに遊びが楽しくなる心地よさを感じるようになる。

[4] 園生活で友達と協力して遊ぶ②　―作品展での人形劇―

事例 ⑥ ‥‥‥ 作品展　―人形劇11匹のネコ―

（5歳児　11月）

　11月に行われる作品展の準備を進めるため，クラス内で話し合いが行われた。①作品展はほかのクラスの友達や保護者も招いて開かれる恒例行事である。年長組5歳児は，絵本の物語を通して人形劇を行うことで話し合いが進んでいく。保育者が「絵本の物語で進めていきたいと思っているけれど，どの絵本がいいかな？」と子どもたちに伝えると，「この絵本がよい」「あれがよい」とさまざまな意見が出されるなか，クラス内で人気の「11匹のネコ」という絵本に決定した。

　次に「11匹のネコ」の登場人物の作成や壁面，人形などをどのように作成するか話し合う。保育者はグループを8つに分けて，人形を制作するグループ，壁面を制作す

るグループ，色を塗るグループなど役割に分かれて制作することとなった。どのグループを担当するのかも話し合い，②決まり切れない場合は，多数決や立候補などで決めていく。

本番当日，人形劇が始まりクラス内に緊張が走る。「上手くいくかな」「緊張する」とそれぞれの思いをもち発表にのぞんだ。皆で協力してつくりあげた人形劇が終わると絶え間ない拍手が湧きあがった。

●写真 作品展に向けて製作し，発表している様子

[5] 事例解説

①では，作品展を進めるために話し合いが行われている。クラス全体で取り組む行事は，皆でテーマや段取り，役割分担を決め，一つひとつ達成するなかで「クラスで協力することで大きなことを成し遂げることができる」という気持ちが育っていくのである。しかし，行事を行う場合，どれだけ上手にできたかなど，結果やできばえを重視してしまうことも少なくない。子どもたちの創意工夫や葛藤，保育者の意図などは保護者には伝わらない。

そのため保育者は，園だよりやドキュメンテーションなどによって子どもの育ちを可視化し，保護者へ知らせることも重要である。保育を可視化することで，行事における教育的価値を伝えることができるのである。

②では，作品展で使用される登場人物の作成や壁面，飾りつけなどについて話し合い，決まり切れない場合は，多数決や立候補で決めている。何かを決める際は，なかなか決めきれないことも多いだろう。クラスで決めるのであればなおのことである。しかし，保育者が一方的に多数決や立候補などで進めることは避けたい。

保育者として，子どもが自身の思いを伝え合えるような，話し合いの場を積極的に設けることが大切である。そのなかで，新しい知恵やアイデアが生み出されるのである。ただ，話し合いの場を設けるだけではく「今，○○という意見があるけどどう思う？」「ほかによい考えあるかな」「なぜそう思ったのかな？」など，積極的に子どもが自分の意見を発言できるよう保育者が援助する必要である。

子どもが自身の思いを伝え合うようになるには，友達同士で意見を出し合い遊ぶこ

とが日常的に起こっているかが重要である。このような体験を通して、「みんなで意見を出し合った方が楽しい遊びができる」と思えるようになっていくのである。

[6] 友達と協力して遊ぶことを通して

子どもは遊びや生活を通して、お互いの思いを共有し、共通の目的の実現のために考えたり、工夫したり、協力したりしながら一つのことをやり遂げることで、充実感をもって物事を達成したことを味わう。

この時期に育まれた他者と協力する姿は、社会で生きる上でも大切な力となる。たとえば、将来的に会社などの組織に務める上では必ず協働することが求められる。それもただ自分勝手に判断行動するのではなく、他者を尊重・受容しながら多様な人と協働することで大きな成果をあげることにつながるだろう。

このように他者と協力して遊ぶ姿は、その人がよりよく人生を生きる上で重要な力なのである。これらを念頭に置き、大切に育てる必要がある。

6 — 特別な配慮や支援が必要な子どもとの関わりの場面

[1] 特別な配慮を必要とする子どもへの指導

保育は子どもがはじめて経験する集団である。生活や遊びの場での保育者や他児との関わりによって、子どもの人間関係は育まれる。保育を通した他者との出会いは子どもと社会をつなぐ接点となり、子どもの世界を拡げていく。

障害や特別な教育的ニーズのある子どもに共通する課題は、集団活動への参加や人との関わりなど、社会性の発達課題に関するものである。年齢に応じたコミュニケーションが困難な場合には、相互交渉やルールを伴う遊びが成立しない。外の世界に興味をもって自分から他者に働きかける力が乏しい子どもや、家族以外の人と関わることに対して強い不安を抱く子どももいる。保育者は、子どもの発達面や障害の特性に配慮して、子どもが安心して人と交流できる環境を設定しなければならない。子どもが参加しやすいように、集団の規模や人の組み合わせを調整することも必要である。

幼稚園教育要領は、特別な配慮を必要とする幼児への指導について次のように示している。

第5　特別な配慮を必要とする幼児への指導
1　障害のある幼児などへの指導

障害のある幼児などへの指導に当たっては，集団の中で生活することを通して全体的な発達を促していくことに配慮し，特別支援学校などの助言又は援助を活用しつつ，個々の幼児の障害の状態などに応じた指導内容や指導方法の工夫を組織的かつ計画的に行うものとする。また，家庭，地域及び医療や福祉，保健等の業務を行う関係機関との連携を図り，長期的な視点で幼児への教育的支援を行うために，個別の教育支援計画を作成し活用することに努めるとともに，個々の幼児の実態を的確に把握し，個別の指導計画を作成し活用することに努めるものとする[7]。

また，幼保連携型認定こども園教育・保育要領も次のように示している。

　3　特別な配慮を必要とする園児への指導
（1）障害のある園児などへの指導
　　障害のある園児などへの指導に当たっては，集団の中で生活することを通して全体的な発達を促していくことに配慮し，適切な環境の下で，障害のある園児が他の園児との生活を通して共に成長できるよう，特別支援学校などの助言又は援助を活用しつつ，個々の園児の障害の状態などに応じた指導内容や指導方法の工夫を組織的かつ計画的に行うものとする。また，家庭，地域及び医療や福祉，保健等の業務を行う関係機関との連携を図り，長期的な視点で園児への教育及び保育的支援を行うために，個別の教育及び保育支援計画を作成し活用することに努めるとともに，個々の園児の実態を的確に把握し，個別の指導計画を作成し活用することに努めるものとする[8]。

　特別な配慮を必要とする子どもへの指導については，子どもの発達過程や障害の状態および特性に応じた内容や方法の工夫をしなければならない。保育の活動には，集団保育と個別支援の二つの要素を取り入れるようにする。クラスの指導計画と連続した個別の教育・保育支援計画のもとで，子ども一人ひとりのニーズに応じた支援を行うことが求められている。

事例 ⑦ ······ ゲームやスポーツで負けるとかんしゃくを起こすリョウマくん

（4歳，5月）

　4歳児のリョウマくんはゲームやスポーツが大好きだが，負けるとかんしゃくを起こして激しく泣く。周りの子どもたちは，そんなリョウマくんを気にかけてなぐさめたり，ときには勝ちを譲ることもある。最近は子どもたちがリョウマくんと一緒に活動したがらなくなっており，担任のエミ先生は気になっている。

保育における人間関係は，「個別」「一対一」「集団」の3つの軸で展開する。事例では，この3つの軸から，リョウマくんに対する支援を考えてみたい。

　エミ先生はリョウマくんが勝ち負けにこだわる気持ちについて，次のように考えた。

① 「勝つ」「勝ち」という言葉や言葉の響きにこだわっている？　「負け」や「失敗」という言葉が嫌なのかな？

② みんなと同じように，あるいはみんなよりも「上手に」「早く」できないことが悔しいのかな？

③ そのゲームやスポーツは，リョウマくんがほかの子どもと同じ条件でやれることなのかな？　何か配慮や工夫が必要だろうか？

④ ゲームやスポーツを楽しむことよりも「勝つ」ことを目的にしているのかな？

⑤ 「負けると人生終わり」くらいに考えているのかな？

　さらにエミ先生は，リョウマくんのコミュニケーション力や周囲との関わり方について，次のように考えた。

⑥ 悔しい気持ちを言葉で表せられないから，かんしゃくを起こしたり激しく泣くのかな？

⑦ 勝つことで皆に認められたいのかな？　日頃から叱られたり注意されることが多くて，周囲から認めてもらう機会が少なくなっていないかな？

　エミ先生は，以上の点について検討し「ゲームやスポーツで負けたり失敗したときに気持ちを適切な方法で表現する」という目標を設定した。

　また，支援の手立てについては「集団」「一対一」「個別」の3つの取り組みについて検討した。

【集団】での取り組み

① 保育の活動のなかに，勝ち負けのあるゲームやスポーツだけでなく，勝敗がないものや勝つとうれしい・負けても楽しい活動も取り入れる。

② 保育の活動のなかで，リョウマくんが活躍できる場面や役割を増やす。

③ 保育者がリョウマくんの気持ちを代弁し，集団のメンバー間で思いを共有し合えるようにする。

④ 応援グッズを用意して，見ているときはお互いに応援する。

【一対一の関係】での取り組み

⑤ 保育者との一対一から，ほかの子どもとの一対一に発展させて活動を行う。

⑥　一対一の活動のなかで，勝ったり負けたりするゲームを行い，適切な方法で気持ちを表現する練習をする。

⑦　負けたときに嫌な気持ちにならないような態度を相手から示してもらったり，ねぎらいの言葉をかけてもらう。自分も相手に対してやってみる。

【個別】での取り組み

⑧　勝ち負けのあるゲームやスポーツの全部をターゲットにするのではなく，まずはやりやすい一つの活動に絞って，気持ちを表現する練習をする。

⑨　ゲームの前に，負けたときのキーワードを決めて，練習しておく。

⑩　クールダウンの方法を決めておく（場所，活動，行為など）。

⑪　家庭との連携を図る。

〈キーワードの例〉

「くやしい」「次は負けないぞ」「どんまい」（気持ちの表現や受け止め）

「失敗は成功のもと」「負けるが勝ち」（ポジティブへの言い換え）

　エミ先生は，リョウマくんが言葉で悔しい気持ちや泣きたい気持ちをしっかり受け止めて寄り添い，一緒に言葉で表現するようにした。また，エミ先生が園でのリョウマくんの様子を保護者に伝えたところ，保護者もリョウマくんが友達とうまく遊べないことを気にしていることがわかった。そこで，エミ先生と保護者で相談し，リョウマくんが思い通りにいかなくて，かんしゃくを起こしたときには叱るのではなく，気持ちに寄り添いつつ，言葉で表現できるように促すように，家庭でも取り組むことにした。

　このような取り組みを行うことで，すぐにリョウマくんが勝ち負けにこだわって，かんしゃくを起こさなくなる訳ではない。勝ち負けに対する思い入れの強さやこだわり，物事の受け止め方は個性や特性であり，折り合いのつけ方や乗り越え方もまた個性や特性である。練習して軽減できるものもあれば，困難さを抱えながら生活していく場合もある。

　重要なことは，気持ちを適切な形で伝えることで保育者や友達と悔しさを分かち合い，気持ちを共有するということである。他者との分かち合いや共有から集団に対する仲間意識や帰属意識が芽生える。集団のなかに自分の居場所をもつことができると，その居場所を土台として安心して他者と関わることができる。

　日々の保育の営みのなかで，集団保育と個別への支援を行いながら安心感と信頼感を育むことも，保育者の大切な役割である。

Column ② 保育者になるにあたって大事なこと

　　子どもと向き合い，子どもの瞳をのぞき込むと，そこには自分の姿が映る。見つめ合う相手が母親であれば母親の姿が，保育者であれば保育者の姿が子どもの瞳のなかに映るだろう。

　　小児科医の渡辺久子先生は，母子関係を「照らし合う関係」として次のように述べている。

　　　　見つめ合う母子は，むかえあわせにおいた鏡に，自分の姿がいくつも無限に小さくなりながら映し出されるような体験をしている。母の幸せな瞳を見る赤ん坊は，同時に母を幸せにする自分を見ている。わが子の満ちたりた瞳を見る母親は，子に必要とされ信頼される母親としての自分に出会い，かつては自分もこのように母に抱かれたことを追憶しながら，乳児としての自分を重ね合わせている[9]。

　　このような「照らし合う」関係は，保育者と子どもの関係にも置き換えることができる。保育者は，子どもの瞳に映る自分の姿を通して，子どもとどのように向き合っているのかを確認してほしい。実際に子どもの瞳をのぞき込まなくても，子どもの瞳に映っているはずの，ありのままの自分の姿を想像してほしい。そうすれば，激しい感情に揺り動かされたときに，冷静さを取り戻せるだろう。子どもの瞳にあふれた涙を見て，慈しむことができるだろう。自分が笑顔になることで，子どもも笑顔になるということを思い出せるだろう。保育者と子どもの関係は，お互いを照らし合いながら築いていくものではないだろうか。

　　保育は，子どもが親と離れて自分の人生を歩み始める最初の場である。保育者は家庭から社会に出た子どもがはじめて出会う大人の一人である。子どものなかにある不安や恐怖心が安心感になるように，子どもの好奇心や冒険心が達成感になるように，保育者が子どもを見るまなざしは常に温かい見守りと励まし，そして子どもとともに過ごすことのよろこびが映し出されるものでありたいと思う。

■ 引用文献

1）厚生労働省編（2018）『保育所保育指針解説』，フレーベル館，p.43.

2）厚生労働省（2017）『保育所保育指針』，フレーベル館，p.13.

3）厚生労働省（2017）『保育所保育指針』，フレーベル館，p.30.

4）厚生労働省編（2018）『保育所保育指針解説』，フレーベル館，p.286.

5）厚生労働省編（2018）『保育所保育指針解説』，フレーベル館，p.150.

6）高山静子（2022）『保育内容5領域の展開―保育の専門性に基づいて―』，郁洋舎，pp.84-86.

7）汐見稔幸・無藤隆（2018）『保育所保育指針　幼稚園教育要領　幼保連携型認定こども園教育・保育要領　解説とポイント』，ミネルヴァ書房，pp.340-341

8）汐見稔幸・無藤隆（2018）『保育所保育指針　幼稚園教育要領　幼保連携型認定こども園教育・

保育要領　解説とポイント』，ミネルヴァ書房，pp.379-380
9）渡辺久子（2000）『母子臨床と世代間伝達』金剛出版.

■ 参考文献

- 大石幸二監修（2018）『配慮を要する子どものための個別の保育・指導計画』，学苑社.
- 大豆生田啓友・中坪史典（2016）『映像で見る主体的な遊びで育つ子ども—遊んでぼくらは人間になる—』，エイデル研究所.
- 小笠原恵・加藤慎吾著（2019）『発達の気になる子の「困った」を「できる」に変えるABAトレーニング』，ナツメ社.
- 厚生労働省（2017）『保育所保育指針』，フレーベル館.
- 田中康雄監修（2016）『発達障害の子どもの心と行動がわかる本』（第2版），西東社.
- 中川信子（2020）『保育園・幼稚園のちょっと気になる子』，ぶどう社.
- B. バックレイ，丸野俊一監訳（2006）『0歳〜5歳児までのコミュニケーションスキルの発達と診断』，北大路書房.
- 本郷一夫編著（2018）『「気になる」子どもの社会性発達の理解と支援』，北大路書房.
- 文部科学省（2017）『幼稚園教育要領』，フレーベル館.
- 湯汲英史（2015）『0歳〜6歳子どもの社会性の発達と保育の本』，学研.

指導案の作成

1 ── 指導案とは何か

[1] 指導案の概要

① 指導案とは？

　指導案とは，正式には指導計画である。指導計画には，年間指導計画，月間指導計画（月案）という長期的な指導計画と，週間指導計画（週案）や1日の指導計画（日案）などの短期的な指導計画がある。実習生が行う実習には部分実習と責任実習があり，部分実習や責任実習（半日）で作成する指導計画は日案の一部，責任実習（全日）で作成する指導計画は日案に相当する。これ以降は，指導案という言葉で統一する。

② 指導案を書く理由とは？

　指導案を書く理由は2つある。1つ目は，保育を明確にするためである。これからどのように保育を進めようかと，頭のなかで考えているだけでは明確にはならない。それどころか，考えておくべきことを見落としたり勘違いしたりしやすくなる。そのために，指導案を書く必要がある。

　2つ目は，指導案通りに進まないときに適切に対応するためである。指導案を書く過程では，具体的な子どもの姿やさまざまな援助・配慮を検討する。こうした事前の入念な検討があってこそ，予想していなかった子どもたちに対応することができるのである。

③ 指導案の様式と作成の手順

　指導案の様式はさまざまにある。以下はその1つである。指導案を作成する際は，

以下の①〜⑥の順に，それぞれの項目がつながっているのかを確認しながら作成する。①，②，③というように一方通行ではなく項目を行きつ戻りつし，項目間の整合性を考えて作成する。

部分・責任（半日・全日）実習指導計画案			XYZ大学
実習生氏名	㊞	指導者氏名	㊞
実施日：令和　年　月　日（　曜日）　　　天気：			
クラス：　組（　歳児）　在籍　名（出席人数：　名（男　名、女　名）　欠席：　名）			
①前日までの子どもの姿		②ねらい	
		③主な活動	
④時間	④環境構成	⑤予想される子どもの姿	⑥実習生の援助・配慮
評価			
指導者所見			

[2] 指導案の各項目の書き方

① 前日までの子どもの姿

「前日までの子どもの姿」(以下,「前日」)とは,文字通り,計画を立てる前日までに見られた子どもの姿である。保育は子どもの姿を起点に書くため,「前日」を考え,まとめることが重要である。

「前日」の書き方の要点は3つである。

1 子どもの心情,意欲,態度に着目して書く

「動物と触れ合う姿がかわいい」「友達と遊べてうれしそうにしている」ではなく,「友達と一緒にルールをつくって遊んでいる子が多い」「友達の気持ちを尊重しながら遊ぶ姿が見られる」「紙芝居や絵本に興味があり,最後まで集中して聞いている」のように,子どもの心情,意欲,態度に着目して書くようにする。

2 前日までの子どもの姿であっても現在形で書く

前日は,前日までの(過去の)子どもの姿であっても,現在形で書く。「～だった」ではなく,「～している(～している姿が見られる)」のように現在形で書く。「～する子どもがいる(多い)」「～することもある」などの述語を使うとよい。

3 「ねらい」と関係のあるものだけを書く

「前日」と「ねらい」の内容が対応するように書くようにする。なぜならば,「ねらい」は「前日」を踏まえて書くものだからである。たとえば,「前日」が「仲がよくない子どもとも一緒に遊べるようになってきた」であれば,「ねらい」として「さまざまな子と一緒に遊ぶ楽しさを味わう」が考えられる。

② ねらい

「ねらい」とは,「前日」と保育者の願いを合わせた保育目標である。願いとは,子どもにどのような経験をしてほしいか,何を身につけてほしいかである。「ねらい」を設定することで保育の目的が明確となり,保育内容を適切に考えることができるようになる。

「ねらい」の書き方の要点は3つである。

1 子どもが主語になるように書く

保育は子どもの主体的な活動が中心となるため,「ねらい」の主語は子どもでなくてはならない。文の先頭に「子どもが」を挿入して,意味が通るか確認すること。ただし,「子どもが」は実際には書かない。

2　子どもの心情，意欲，態度に着目して書く

「ねらい」は，子どもに身につけてほしいことを表す。子どもに身につけてほしいことは，心情，意欲，態度であるため，これらに注目して書く。心情は，「～を楽しむ，～を味わう，～を知る」，意欲は「～を深める，～を表現する，～に取り組む」，態度は「～を身につける，～に気をつける，～にかかわる」などの述語を使うとよい。「させる」「教える」「できる」といった述語は使わないように留意する。

3　具体的な活動名は書かない

「ねらい」は，さまざまな保育の可能性を考えるため，抽象的な表現を使う。「ドッジボールを楽しむ」や「縄跳びをする」のように具体的な活動名を書かず，「運動遊び」「身近にある自然物を使って」のように抽象的に書く。

③ 内容と主な活動

「内容」とは，「ねらい」を達成するために，子どもがどのような経験をするかということである。また「主な活動」とは，そうした経験ができる具体的な活動である。保育は，「ねらい」と「前日」の差を埋めるために行うものであるため，「ねらい」を達成するための「内容」「主な活動」を考えることが重要である。

「内容」「主な活動」を書く要点は3つである。

1　子どもが主語になるように書く

「ねらい」を書く際は子どもを主語にすることである。文の先頭に「子どもが」を挿入して，意味が通るか確認すること。ただし，「子どもが」は実際には書かない。

2　「ねらい」と関係のある「内容」「主な活動」を書く

「内容」や「主な活動」は「前日」と「ねらい」を埋めるためのものであり，「ねらい」を達成できるようなものにする必要がある。また，「内容」は子どもが経験することのため，具体的な活動は書かない。一方で「主な活動」は具体的な活動を書き，経験することは書かない。「主な活動」が絵本の読み語りの場面は，絵本の書名，出版社名も記載すること。

3　子どものいまの興味や関心，発達に適したものを選ぶ

「ねらい」を達成する「内容」は多々ある。たとえば，「ねらい」が「ルールある遊びを通して，ルールを守って遊ぶようになる」であれば，「ねらい」を達成するための「内容」として「友達とルールを確認して遊ぶ」「ルールを守ることで遊びが豊かになると感じる」といったものが考えられる。「内容」と「主な活動」をまとめて書く

場合は，「色水遊びのなかで，草花を使って色水をつくり，色の変化を観察して遊ぶ」のように，「内容」と「主な活動」をまとめて書くとよいだろう。

④ 時間と環境構成

「時間」とは，保育の活動を時系列に表したものである。たとえば，園庭で遊ぶ場合は，9：00に保育室から園庭に出る，10：30に保育室へ戻るというように活動の始まりと終わりを書く。「時間」を考えて保育することで，子どもの生活リズムを整えることができるのである。

「環境構成」とは，保育者が保育の環境を用意することである。たとえば，生き物の生態について調べることができるように図鑑を用意したり，遊びに集中できるようにコーナーを準備したりするなどである。保育者による計画的な「環境構成」によって子どもが主体的に環境に関わり，さまざまな育ち・学びを得ることができる。

「時間」および「環境構成」の書き方の要点は4つである。

1　「時間」を書く際は，「準備，導入，展開，まとめ，片づけ」の時間を考えて書く

「時間」を書く際は，子どもが活動する時間と片づける時間をしっかり検討するようにする。とくに片づけの際には，子どもの気持ちの切り替えに時間を要する場合があるため，片づけの時間は十分な時間を確保するように留意する。

2　環境構成は，実習生が主語になるように書く

「環境構成」を書く際は，実習生を主語にすることである。文の先頭に「実習生が」を挿入して，意味が通るか確認すること。ただし，「実習生が」は実際には書かない。

3　「環境構成」を書く際は，環境図，用意するものとその個数，活動の流れや遊びのルール，完成図やイラストを書く

環境図を書く際は，子どもの立場に立って書く。たとえば，製作活動の場合，製作に使う材料は中央に置いておく。なぜならば，材料を中央に置くことで取りやすくなるからである。子どもの立場に立って，何をどこに置くのか，保育者の位置などを考えて書くことが大切である。環境構成は，環境が変化するたびに書くのではなく，保育を理解するのに必要な場面を書くとよい。

4　環境構成の意図，環境構成のために実習生が行う行動をまとめて書く

たとえば，「子どもが絵本に集中するように，必要のない遊具を片づけておく」の場合，「子どもが絵本に集中するように」が「環境構成の意図」であり，「必要のない遊具を片づけておく」が「実習生の行動」である。このように環境構成のために実習生が行う行動をまとめて書く。その他，環境構成を表す言葉として「用意する，スペ

ースを確保する，雰囲気をつくる，確保しておく」など，さまざまにあるので，適切な方法を選択するとよいだろう。

⑤ 予想される子どもの姿

「予想される子どもの姿」（以下，「予想」）とは，事前に考えた環境のなかでの子どもの行動である。たとえば，絵本の読み語り際に，「子どもたちが静かに物語を聞く」「物語に出てくる動物に対して思わず声を出してしまう」というような子どもたちの行動が予想され，これらに対してどのような援助や配慮をするかを考える必要がある。

「予想」を考えることで，「ねらい」を達成するための保育者の適切な援助や配慮を検討することができるのである。あらかじめ保育者の援助・配慮を考えておくことで，実際の保育中もあわてることもなく，適切な援助・配慮を行うことができる。

「予想」の書き方の要点は3つである。

---

1 子どもが主語になるように書く

「予想」を書く際は，子どもを主語にすることである。文の先頭に「子どもが」を挿入して，意味が通るか確認すること。ただし，「子どもが」は実際には書かない。

---

2 保育の流れの節目となる活動は「○」，そのなかに含まれる活動は「・」をつけて書く

「予想」を書く際は動詞で終わり，最後に句点（。）をつけるように留意する。たとえば，「順次登園する。」「昼食を食べる。」のように。次に，保育の節目になる活動に「○」をつける。「○順次登園する。」「○自由に遊ぶ。」「○保育室に集まる。」「○片づけをする。」「○昼食を食べる。」「○順次降園する。」などがある。

---

3 子どもの気持ちや感情ではなく，予想される子どもの行動を書く

「予想」を書く際は，予想される行動だけを書く。たとえば，「友達と一緒にドッジボールを楽しむ」ではなく，「友達と一緒にドッジボールをする」など行動だけを書くようにする。また，「予想」では子どもの否定的な姿は書かないようにする。そのため，「〜しない子がいる」「〜できない子がいる」のような否定的な表現は避け，「イメージしたものをつくろうとする」「遊ぶときのルールを忘れるほど，遊びに夢中になる子もいる」というように肯定的に書く。

⑥ 実習生の援助・配慮

「実習生の援助・配慮」（以下，「援助・配慮」）とは，「ねらい」を達成するために行われる実習生の働きかけのことである。働きかけには，声をかける，手本を見せる，認める，見守るというようにさまざまある。「ねらい」を達成するためには，実習生の

適切な援助や配慮が重要となる。「援助・配慮」を考える際には，「予想」を踏まえること，「ねらい」との関係を意識することが大切である。

「予想」を踏まえるとは，「予想」に対応した「援助・配慮」を考えることである。たとえば，「片づけをする」という「予想」に対して，「片づけをしている子どもに対して「きちんとお片づけができているね」と声をかける」という「援助・配慮」が考えられる。このように「援助・配慮」は「予想」を踏まえて考えていく。

「ねらい」との関係を意識するということは，「ねらい」を達成できるような「援助・配慮」を考えることである。たとえば，絵本の読み語りのなかで「物語で登場した動物の名前を言い合う」などの行動が「予想」される場合，どのような「援助・配慮」をすれば，「ねらい」を達成できるか考える。「ねらい」が「静かに絵本を見る姿勢を身につける」であれば，「どのような動物が出てきたか，あとで教えてね」と声をかけ，絵本を静かに見るように促す」という配慮が考えられる。このように「ねらい」を達成するためには，どのような「援助・配慮」が必要かを考える。

「援助・配慮」の書き方の要点は4つである。

1　実習生が主語になるように書く

「援助・配慮」は，保育者（実習生）が行う行為であるため，主語は保育者（実習生）とする。ただし，実際には書かないことには留意すること。

2　「予想」と対応させて書く

「援助・配慮」は，予想される子どもの言動に対して行う実習生の行為である。たとえば，「予想」が「ピアノに合わせて歌う」であれば，「援助・配慮」では「子どもの様子に合わせてテンポを変える」と書く。また，「予想」が「実習生のまわりに集まってきて座る」であれば，「援助・配慮」では「実習生の周囲に集まるように伝える」と書く。「援助・配慮」は対応する「予想」の隣に書くのである。

3　「配慮」は，「5つのない」を考えて書く

子どもには，他者と同じ行動をする子どもと，他者とは違う行動をする子どもがいる。他者とは違う行動は「5つのない」（やめたくない，やりたくない，できない，言うことを聞かない，あぶない）である。

「やめたくない」は，子どもが活動に対して，まだ続けたいという場合である。「やりたくない，できない，言うことを聞かない」は，実習生が活動する際に，子どもが拒否・否定的な反応を示す場合である。「あぶない」は，子どもが危険な行動もしくは危険にさらされることである。

「配慮」は，このような「5つのない」を解消することである。解消とは，実習生が何をどうしたら，子どもが活動に参加したり，気持ちを切り替えたりすることがで

きるかを考えることである。

> 4 「配慮」を書く際は，子どもの否定的な姿とその解決方法をセットで書く

たとえば，「片づけをしたがらない子どもには，いま何をすべきか考えるように促す」のように，子どもの否定的な姿とその解決方法をセットで書くようにする。解決方法は，「伝える，説明する，声をかける，提案する，促す」など，さまざまにあるので，適切な方法を選択するとよいだろう。

2 ── 0歳児の指導案作成

[1] 0歳児クラスの子どもの発達と特徴

0歳児クラスでは4月の入園時，生後2か月から11か月の子どもが同じクラスで生活することになる場合がある。同じ保育室で生活しているが，月齢差による成長・発達の差は著しく一人ひとりの子どもに合わせた対応をしなければならない。したがって0歳児クラスの保育の基本は「個別対応」である。

出生から生後一年の乳児期は一生のうちでもっとも成長の著しい時期である。短期間に著しい発育・発達がみられる。同じクラスの一員でも月齢差や生育歴の違いにより配慮内容は大きく異なる。そのため，一人ひとりの子どもの発達過程，生活に応じた働きかけや援助が望まれる。

0歳児の発達の特徴をまとめると以下の5点になる。

① 首がすわり，手足の動きがさかんになり，寝返り・腹ばい・はう・座る・つたい歩きなどができるようになる。
② 喃語とともに，泣く・笑うなどの表情や身振りで自分の意思や要求を表現するようになる。
③ 応答的に関わる保育者に対し愛着が形成される。
④ いろいろなものに興味を示し，探索活動が盛んになる。
⑤ 母乳や粉乳しか消化・吸収できなかった状態から離乳食・幼児食が食べられるようになるなど内臓機能が発達する。

乳児期は人間形成の基礎を培う重要な時期である。乳児の成長・発達には個人差・月齢差が大きい。個人を尊重し，その子に合った援助が必要である。

[2] 愛着形成と応答的な関わり

　乳児期（0歳児）は人間関係の基盤を育む重要な時期であり，まず養育者である家族との愛着を形成することで安定した情緒の土台がつくられる。家庭で育まれた愛着関係が基盤となり，他者との人間関係がうまく築けるようになる。

　愛着とはある人と愛着対象（人物）との間の絆やつながりを意味し，安全・安心・保護への要求にもとづいた絆であり，乳幼児期や児童期に重要とされている。

　愛着は情緒的なやりとりをする相手との間に形成される。たとえば，乳児が空腹や不快な状態であるとき，声を上げたり泣いたりする。そのときに，母親がタイミングよく接したり，適切にケアしたり，やさしく抱きしめたりするなどの肯定的なやりとりの積み重ねにより，信頼の絆が深まり，愛着が形成される。子どもの気質や環境との適合性なども，愛着の差に大きな影響をおよぼす。

　この乳児保育における愛着形成は子どもの情緒の安定に直結する。愛着関係を築けない子どもは，成長していく過程で人間関係がうまく築けないこともある。

　保育所で一日の多くの時間を生活する乳児にとって，もっとも身近な存在は保育者である。保育者が子どもの思いや欲求，感情を受け止め応答的に関わることで，子どもとの信頼関係・愛着関係を築くことができる。保育者との安心できる関係は，子どもの探求心を支える。また，乳児期の子どもの喃語や指差しなどを受け止め，共感し言葉に置き換え伝えていくことが，人とのやりとりを楽しむ基盤になる。

[3] 0歳児クラスの実習指導案の立案

　乳児期（0歳児）は，一人遊びをたっぷり楽しむ時期であり，子どもの一人遊びが充実するよう保障することが大切である。特定の保育者が見守るなかで安心し，興味や関心を示す遊具などで遊びを楽しめるよう環境を整えたい。

　0歳児クラスで実習生が責任実習を行うことは難しく，観察・参加実習が中心であると思われる。部分実習として，個別に手遊びやふれあい遊び，絵本の読み聞かせは計画できると考えて，次ページ以降，ふれあい遊びを中心とした指導案の作成例を紹介する。

　0歳児クラスで月齢差に配慮せず，一斉保育を中心とした保育を行っている園もあるが，今回紹介する指導案は「担当制保育」を行い，4月から9月生まれの高月齢児グループと10月から2月生まれの低月齢児グループに分かれて生活していると想定している。

　指導案の記入で多くみられる例は，実習生の援助・配慮の記入がまったく書けていないことである。加えて，子どもの姿や環境設定の記入も不足している。まず，製作の指導案NG例とOK例の比較を行ってみよう。

●0歳児（高月齢児）指導案（製作）NG例

(部分)・責任（半日・全日）実習指導計画案			XYZ大学

実習生氏名	○○　○○　㊞	指導者氏名	○○　○○　先生　㊞

実施日：令和　　○年　　　月　　　○日　（　○曜日）　　　天気：晴れ

クラス：	○組　（　0歳児）	在籍　　12名　（出席人数：　12名（男　　5名、女　　7名）　　欠席：　　0名）		

前日までの子どもの姿	・実習生に慣れず、実習生の様子を遠くから見ていた子どもは大分慣れ、お気に入りの絵本を持ち、自分から実習生の傍に行き、読んで欲しいとアピールする姿が見られる。 ・高月齢児は、手遊びが大好きで担任保育者と「うた絵本」を見ながら歌ったり、身体を動かしたり楽しむ姿がある。	ねらい	・蜜蝋クレヨンでの描画に興味をもつ。 ・蜜蝋クレヨンに触れ、自由に表現することを楽しむ。 ・一人ひとりがじっくりと取り組む。
		主な活動	・蜜蝋クレヨンでの描画を楽しむ。

時間	環境構成	予想される子どもの姿	実習生の援助・配慮
9:40 9:45 9:55 10:15	(保育室) ・保育室の棚には子どもがすぐに手を伸ばし取れる場所に遊具を置いている。 （トイレ・沐浴室／水道／棚／棚／構成遊び等／絵本／ままごと／ベッド／ほふく室） 描画の環境図等を記入しましょう	(高月齢児グループ) ・朝のおやつを食べた後、おむつ交換が終わった後、室内で担当保育者と好きな遊びを楽しむ。 （ベビーキューブ・型落とし・マルチパーツ・室内用ジャングルジム・室内用滑り台・絵本の読み聞かせ・描画等） 予想される子どもの姿をもっと記入しましょう ・実習生から誘われた子どもから椅子に座り、自由に画用紙に絵を描く。 ・実習生に誘われても椅子に座らず他児の様子を見ている子どもがいる。 ・近くに来て実習生と他児の様子を見ている子どもがいる。 予想される子どもの姿をもっと記入しましょう	・朝のおやつの片づけの手伝いを行う。 （食器片づけ・テーブルと床の拭き掃除・エプロンの仕分け等） ・おやつの片づけが終わった後、高月齢児の子どものおむつ交換を行う。 ☆子どもたちに清潔になる心地よさを実感できるよう「おむつを替えてさっぱりしてから遊びましょうね」と声をかけながら行う。 (高月齢児グループ) ・テーブルに製作用ビニールシートを敷き、画用紙（A5くらいのサイズ）15枚と蜜蝋クレヨン5セット（赤・青・緑・黄色・オレンジ）を用意する（画用紙は蓋つきの箱に入れ、蜜蝋クレヨンは紙製のトレイ5枚に5色ずつ入れておく）。 ☆実習生の配慮を記入しましょう ・人見知りをせず実習生の傍に来た子どもに画用紙と蜜蝋クレヨンを見せ「一緒に書きましょう」等の声かけをして誘う。 ☆実習生の配慮を記入しましょう ☆実習生の配慮を記入しましょう ・描き終わった後画用紙の隅にあらかじめつくっておいた子どもの名前シールを貼る。 ☆実習生の配慮を記入しましょう ・描きたい子どもが描き終わったら、テーブルや画用紙等を片づける。 ・散歩に行くことを伝え、担任に引き継ぐ。

評価

指導者所見

部分・責任（半日・全日）実習指導計画案		XYZ大学

実習生氏名　○○　○○　㊞	指導者氏名　○○　○○　先生　㊞

実施日：令和　○年　　6月　　○日（　○曜日）　　天気：晴れ

クラス：　○組（　0歳児）　｜　在籍　12名（出席人数：　12名（男　　5名、女　　7名）　　欠席：　　0名）

前日までの子どもの姿	・実習生に慣れず、実習生の様子を遠くから見ていた子どもは大分慣れ、お気に入りの絵本をもち、自分から実習生の傍に行き、読んで欲しいとアピールする姿が見られる。 ・高月齢児は、手遊びが大好きで担任保育者と「うた絵本」を見ながら歌ったり、身体を動かしたり楽しむ姿がある。	ねらい	・蜜蝋クレヨンでの描画に興味をもつ。 ・蜜蝋クレヨンに触れ、自由に表現することを楽しむ。 ・一人ひとりがじっくりと取り組む。
		主な活動	・蜜蝋クレヨンでの描画を楽しむ。

時間	環境構成	予想される子どもの姿	実習生の援助・配慮
9:40 9:45 9:55 10:15	（保育室） ・保育室の棚には子どもがすぐに手を伸ばし取れる場所に遊具を置いている。 トイレ・沐浴室／水道／棚／棚／絵本／構成遊び等／ままごと／ベッド／ほふく室 ★実習生　○子ども　担任	（高月齢児グループ） ・朝のおやつを食べた後、おむつ交換が終わった子どもから、室内で担当保育者と好きな遊びを楽しむ。 （ベビーキューブ・型落とし・マルチパーツ　室内用ジャングルジム・室内用滑り台・絵本の読み聞かせ・描画等） ・実習生が準備している姿を見て興味をもち傍に来る子どもがいる。実習生に「もう少し待っていてね」と声をかけられうなずき、準備している様子を見ている。 ・実習生が準備していることにまったく興味を示さない子どももいる。 ・実習生から誘われた子どもから椅子に座り、自由に画用紙に絵を描く。 ・実習生に誘われても椅子に座らず他児の様子を見ている子どもがいる。 ・近くに来て実習生と他児の様子を見ている子どもがいる。 ・集中し裏面や2枚目とずっと描き続ける子ども、少し描きすぐにはかの遊びコーナーに行く子どもがいる。 ・椅子に座った後描かずに他児の描く様子を見ている子どもがいる。	・朝のおやつの片づけの手伝いを行う。 （食器片づけ・テーブルと床の拭き掃除・エプロンの仕分け等） ・おやつの片づけが終わった後、高月齢児の子どものおむつ交換を行う。 ☆子どもたちに清潔になる心地よさを実感できるよう「おむつを替えてさっぱりしてから遊びましょうね」と声をかけながら行う。 （高月齢児グループ） ・テーブルに製作用ビニールシートを敷き、画用紙（A5くらいのサイズ）15枚と蜜蝋クレヨン5セット（赤・青・緑・黄色・オレンジ）を用意する（画用紙は蓋つきの箱に入れ、蜜蝋クレヨンは紙製のトレイ5枚に5色ずつ入れておく）。 ☆実習生用に画用紙に蜜蝋クレヨンでなぐり描きのような線を描いたものを1枚用意しておく。 ・人見知りをせず実習生の傍に来た子どもに画用紙と蜜蝋クレヨンを見せ「一緒に書きましょう」等の声かけをして誘う。 ☆無理強いしない。興味を示した子ども1～3人を誘う。 ・椅子に座るよう伝え、椅子に座った子どもに画用紙と蜜蝋クレヨンを渡し、子どもの様子を見守る。 ☆絵を描いている子どもに声をかけ、やる気を引き出す。 ☆誘っても、椅子に座らず他児の様子を見ている子どもには「○○ちゃん、赤いクレヨンで絵を描いていますね、楽しそうですね」等、描画に対し興味をもつよう声をかける。 ☆少し描いてすぐに描くことをやめる子どもに「今度は○○色で描いてみますか」等、声をかけるが無理に引き止めない。 ☆子どもが蜜蝋クレヨンを口に入れないよう気をつける。 ・描き終わった後画用紙の隅にあらかじめつくっておいた子どもの名前シールを貼る。 ☆室内遊びの間に、興味を示す子どもから順に画用紙に絵を描くよう誘っていく。何枚も描きたがる子どもには、画用紙の裏側にも描けることを伝えたり、新しい画用紙を渡す。 ・描きたい子どもが描き終わったら、テーブルや画用紙等を片づける。 ・散歩に行くことを伝え、担任に引き継ぐ。

評価

指導者所見

［4］NG例とOK例の比較

① 製作

　このNG例は実際によく見られる内容である。環境構成図，予想される子どもの活動，実習生の援助・配慮が詳しく書かれておらず，子どもや実習生が行う内容のみ書いてある。単に行うことだけを書くのではなく「ねらい」を達成するために，とくに必要なことや保育を行う際にポイントになる内容を考え記入することが大切である。

　部分実習や責任実習を行う前に「実習生の援助・配慮」をたくさん考えておくことは，実際に子どもと接し実習を進めるときに起こるアクシデントに対応する準備となる。子どもの姿を予想しても実際にはまったく違う反応がある場合もある。臨機応変に対応するためにも常に子どもの姿，それに対してどう対処するかを考えておこう。

　製作のOK例は興味をもった子どもから蜜蠟クレヨンでの描画を行っている。0歳児クラスのため，全員一斉には行わず個別対応を基本としている。

② 身体を動かす遊び・ふれあい遊び

　次ページにあげたNG例は，個別対応ではなく一斉保育を計画したものである。この実習生は事前に担任との相談が足りず，計画そのものがNGとなった。この実習生は常に全員一緒に行うと考え，興味をもたない子どもを誘うことに重点を置いて指導案を立案した。高月齢児全員で行う体操「からだダンダン」は事前に担任にCDを使用していいかを確認していなかったため，日常の保育とは異なる内容になってしまった。

　CDを使用し，子どもたちが知っている音楽を流すと子どもはよろこぶが，音量・内容によっては刺激が強く，その音楽がほかの遊びをしている子どもの遊びを中断してしまうことがある。

　実習する園がどのような保育形態・保育方法であるか，大切にしていることは何かを事前に十分把握することが大切である。

　OK例は，わらべ歌「一本橋こちょこちょ」や，ふれあい遊び「馬はとしとし」「お船はぎっちらこ」を個別に行うよう立案している。0歳児の保育は個別対応が基本となる。事前に担任保育者と十分相談し，納得のいく指導案を作成しよう。

● 0歳児（高月齢児）指導案（身体を動かす遊び）NG例

(部分)・責任（半日・全日）実習指導計画案		XYZ大学

実習生氏名　　○○　○○　㊞	指導者氏名　　○○　○○　先生　㊞

実施日：令和　○年　　6月　　○日（　○曜日）　　　　天気：晴れ

クラス：　　○組（　0歳児）	在籍　　12名　（出席人数：　12名（男　　5名、女　　7名）　　欠席：　　0名）

前日までの子どもの姿	・実習生に慣れず、実習生の様子を遠くから見ていた子どもは大分慣れ、お気に入りの絵本をもち、自分から実習生の傍に行き、読んではしいとアピールする姿が見られる。 ・高月齢児は、手遊びが大好きで担任保育者と「うた絵本」を見ながら歌ったり、身体を動かしたり楽しむ姿がある。	ねらい	・手遊びを楽しむ。 ・体操を楽しみ、体を動かす。
		主な活動	・手遊び「トントントンひげじいさん」「げんこつ山のたぬきさん」、体操「からだダンダン」を行う。

時間	環境構成	予想される子どもの姿	実習生の援助・配慮
9:40	(保育室)	(高月齢児) ・朝のおやつを食べた後、おむつ交換が終わった子どもから、室内で担当保育者と好きな遊びを楽しむ。 （ベビーキューブ・型落とし・マルチパーツ・室内用ジャングルジム・室内用滑り台・絵本の読み聞かせ・描画等）	・朝のおやつの片づけの手伝いを行う。 （食器片づけ・テーブルと床の拭き掃除・エプロンの仕分け等） ・おやつの片づけが終わった後、高月齢児の子どものおむつ交換を行う。 ☆子どもたちに清潔になる心地よさを実感できるよう「おむつを替えてさっぱりしてから遊びましょうね」と声をかけながら行う。
9:45	・保育室の棚には子どもがすぐに手を伸ばし取れる場所に遊具を置いている。		
			全員一緒という考えではなく、一人ひとりの遊びを大切にしてください
10:00	保育室の環境図等を記入しましょう	・実習生が行う手遊び「トントントンひげじいさん」を行う。	・高月齢児6名の子どもたちに「これから楽しいことをします」と声をかけ、実習生の傍に座るよう伝える。 ☆傍に来た子どもたちに座る場所を示す。全員集まるよう他の遊びをしている子どもを誘いに行く。
		予想される子どもの姿をもっと記入しましょう	全員ではなく、興味を持った子どもだけでいいです
			・全員揃ったことを確認し「トントントンひげじいさん」の手遊びを行う。 ☆全員集まらなかった場合は無理に誘わず、先に集まった子どもたちと始めながら、遠くから見ている子どもの様子を見る。 ☆子どもの表情・反応を見ながらゆっくり歌いながら行う。子どもがもっとやりたいというサインを受け止め、繰り返す。
10:05	＜図＞ △　○　○　○ ○　○　○　△ ★	・「からだダンダン」の体操を行う。 ・体操を知らない子どもも実習生を見ながら身体を動かす。	「からだダンダン」の体操を行う。
			配慮を記入しましょう　　　CDを使用した体操等は、行っていいか事前に担任保育者に相談してください
	★実習生　○子ども　△担任 ・ほふく室で手遊び・体操等を行う。		☆体操の途中や、体操しないで他の遊びをしている子どもに「○○ちゃん、また今度しましょうね」と笑顔で伝える。 体操が終わった後どこに座るか記入
10:15	(準備) ・CDデッキ ・「からだダンダン」のCD	・絵本「いないいないばあ」の読み聞かせを聞く。	・絵本「いないいないばあ」を読む。
		予想される子どもの姿をもっと記入しましょう	配慮を記入しましょう
10:20			・最後に「げんこつ山のたぬきさん」の手遊びを行う。 ☆子どもたちの顔を見ながら動作を大きくし、ゆっくりと歌う。
		・「げんこつ山のたぬきさん」を楽しそうに行う。	・散歩に行くことを伝え、担任に引き継ぐ。

評価

指導者所見

070　2．0歳児の指導案作成

(部分)・責任（半日・全日）実習指導計画案		XYZ大学

実習生氏名　　○○　○○ ㊞	指導者氏名　　○○　○○ 先生　㊞

実施日：令和　○年　6月　○日（　○曜日）　　　天気：晴れ

クラス：　　○組（　0歳児）　｜　在籍　12名（出席人数：　12名（男　5名、女　7名）　欠席：　0名）

前日までの子どもの姿	・実習生に慣れず、実習生の様子を遠くから見ていた子どもは大分慣れ、お気に入りの絵本をもち、自分から実習生の傍に行き、読んで欲しいとアピールする姿が見られる。 ・高月齢児は、手遊びが大好きで担任保育者と「うた絵本」を見ながら歌ったり、身体を動かしたり楽しむ姿がある。	ねらい	・実習生と「ふれあい遊び（わらべ歌）」を通して、関わりを深める。 ・マンツーマンでゆったりと接し、情緒の安定を図り、信頼関係を深める。 ・「馬はとしとし・お船はぎっちらこ」を楽しみながら体幹を鍛える。
		主な活動	・実習生と「ふれあい遊び（一本橋・馬はとしとし・お船はぎっちらこ）」を楽しむ。 ・バランスを取りながら「馬はとしとし・お船はぎっちらこ」を行い身体を動かす。

時間	環境構成	予想される子どもの姿	実習生の援助・配慮
9:40 9:45 9:55 10:15	（保育室） ・保育室の棚には子どもがすぐに手を伸ばし取れる場所に遊具を置いている。 ［室内配置図：トイレ・沐浴室／水道／棚／構成遊び等／絵本／ままごと／ベッド／ほふく室］ ［ふれあい遊びの配置図］ ★実習生　○子ども　担任▲ ・ほふく室でふれあい遊びを行う。	（高月齢児） ・朝のおやつを食べた後、おむつ交換が終わった子どもから、室内で担当保育者と好きな遊びを楽しむ。 （ベビーキューブ・型落とし・マルチパーツ・室内用ジャングルジム・室内用滑り台・絵本の読み聞かせ・描画等） ・実習生が行うわらべ歌「一本橋」に興味を示す子どもと、遠くから様子を見ている子どもがいる。 ・他児が楽しそうにしている姿を見て、興味を示し実習生の傍に近づき「自分もやってほしい」というサインを実習生に送る子どもがいる。 ・「一本橋こちょこちょ」が気に入り、何回もして欲しいと要求する。 ・「馬はとしとし・お船はぎっちらこ」のわらべ歌遊びに興味を示す。 ・最初は実習生の足の上に座ることを嫌がる子どもがいるが、他児の楽しそうな様子を見て、自ら実習生の足に座ろうとする。 ・1回終わった後、もっとやってほしいと、ずっとそのままの姿勢で自分の順番を待つ子どもがいる。 ・近くに来て実習生と他児の様子を見ている子どもがいる。 ・「げんこつ山のたぬきさん」を楽しそうに行う。手を動かすが、タイミングがつかめない子どもがいる。	・朝のおやつの片づけの手伝いを行う。 　（食器片づけ・テーブルと床の拭き掃除・エプロンの仕分け等） ・おやつの片づけが終わった後、高月齢児の子どものおむつ交換を行う。 ☆子どもたちに清潔になる心地よさを実感できるよう「おむつを替えてさっぱりしてから遊びましょうね」と声をかけながら行う。 ・人見知りをせず実習生の傍で遊んでいる子どもに声をかけ「一本橋こちょこちょ」のわらべ歌遊びを行う。 ☆子どもの表情・反応を見ながら歌いながら行う。子どもが嫌がる場合はすぐにやめ「○○ちゃん、また今度しましょうね」と笑顔で伝える。 ・ふれあい遊びに興味を示し傍に寄ってきた子どもに「一本橋」のわらべ歌遊びを行う。 ☆何回もやってほしいというサインを出した子どもには、子どもの手を替えて子どもが満足するまで行う。子どもが複数集まってきた場合は順番に行う。 ☆順番を待っている子ども同士が押し合わないよう担当保育者に傍についていただく。 ・子どもたちが満足した後、ふれあい遊び「馬はとしとし・お船はぎっちらこ」をマンツーマンまたは子ども二名を相手に行う。 ☆子どもが途中で嫌がった場合は、すぐにやめる。 ☆何回もやってほしいというサインを出した子どもには、他児の様子を見ながら何回か繰り返し行う。 ☆基本はマンツーマンで行うが最大二名同時に行う。 ☆6名全員が興味を示した場合は、担当保育者に一緒に「馬はとしとし・お船はぎっちらこ」を行っていただくよう、事前に伝えておく。 ☆見ている子どもに「○○ちゃんもやりますか」と聞き、無理に誘わない。ほかの遊びをしている子どもや、実習生と他児とのやり取りを見ている子どもの様子にも常に気を配る。 ・最後に「げんこつ山のたぬきさん」の手遊びを行う。 ☆子どもたちの顔を見ながら動作を大きくし、ゆっくりと歌う。 ・散歩に行くことを伝え、担任に引き継ぐ。

評価

指導者所見

3 1歳児の指導案作成

　ここでは，1歳児クラスの指導案作成をするために必要な発達の特徴と指導案の作成例を紹介する。

[1] 1歳児クラスの子どもの発達と特徴

　1歳児クラスの子どもたちは，0歳児同様の著しい発達の見られる時期で個人差が大きく，保育においては一人ひとりの子どもの成長・発達に応じた援助が求められる。子どもたちに適切に関わるためには1歳児の子どもの発達の理解が必要である。1歳児の発達の特徴をまとめると以下の5点になる。

　① 直立歩行の確立など基本的な運動機能が次第に発達する
　② 手や指先を動かす微細運動がだいぶできるようになる
　③ 発声が明瞭になり，語彙が増加しコミュニケーション能力が急速に発達する
　④ 自我が芽生え，好奇心が発達し，認知能力・他者への意識が強くなる
　⑤ 周囲の人や物に対する興味や関心が深まり，探索活動が活発になる

　人間関係の発達では，自我が芽生えることで自己主張が強くなり，何でも自分でやりたがるようになる，感情が豊かになる，大人の行動のまねをする姿が増えてくることがあげられる。

　他児とおもちゃなどの物を取り合ったり，子ども同士の関わりが増えてくる時期である。他児に関心をもつようになるが，物の取り合いから相手にかみつくことがあるため，注意が必要である。

　こうした発達の特徴を踏まえ，この時期の子どもにふさわしい生活や遊びが充実できるような環境をつくることが重要である。

[2] 愛着形成と応答的な関わり

　1歳児の愛着の形成と保育者の関わりについて説明する。子どもは，自分を温かく受け入れてくれる保育者との信頼関係・愛着関係に支えられ，安心感をもってやりたいことを取り組むようになる。1歳児は情緒的な関わりを通して愛着が形成された親密な保育者との関係を安全基地として，積極的に環境に関わり経験を積み重ねる探索活動を行う。保育者は子ども一人ひとりの状況を把握し，その思いを受け入れることが大切である。

子どもにとっての安全基地である保育者が常に自分のそばにいて見守ってくれているという安心感から，保育者から少し離れて探索活動を行うことができる。安全基地の存在は，その後の人間関係の基礎になり，学びに向かう力となるといえる。

また，探索活動を行うことで，子どもは多くの経験や体験をする。探索行動とは，知らない物事に興味を示し，それがどんなものなのかを確かめ，知ろうとする行動のことである。子どもは自分の目に見えたことに興味・関心をもち，触ってみたり探してみたりするなど，まわりの環境に好奇心や探究心をもち関わる。探索活動を行うことは，意欲や工夫，予想や見通し，発見のよろこびや事物のおもしろさなどといった見方や考え方などの基礎を培う。

[3] 1歳児クラスの実習指導案の立案

1歳児クラスの子どもたちの保育も基本は個別対応である。1歳児も0歳児と同様，一人遊びをたっぷりと楽しむ時期であり，子どもの一人遊びが充実できるよう保障することが大切である。

遊びの主導権は子どもにあると考え，保育者は子どもの発見や遊びを見守り，子どもの気持ちを受け止め，適切に関わることが求められる。0歳児と同じように特定の保育者が関わることで，保育者との情緒的な絆を形成し，その存在が子どもにとっての「心の安全基地」となる。

実習生が1歳児クラスで責任実習を行うことはやはり難しいため，観察・参加実習が中心になる。ときには部分実習として手遊びや絵本・紙芝居の読み聞かせを行うことがあるので，十分に準備を行うことが必要である。

0歳児と同じように，1歳児は月齢による発達の差が大きく，どの月齢の子どもに焦点を当てて立案するか迷うところではあるが，事前に担任保育者に相談し実習内容を考えることが重要である。

次ページに紹介する製作の事例は「シール貼り」を立案したものである。子どもたちはシール貼りが大好きである。個人差を考慮し，全員一斉には行わず個別対応を基本に3〜5人でシール貼りを行うよう計画した。

（部分）・責任（半日・全日）実習指導計画案		XYZ大学

実習生氏名　　○○　○○　㊞	指導者氏名　　○○　○○　先生　㊞

実施日：令和　○年　　7月　　○日（　○曜日）　　　天気：晴れ

クラス：　　　○組（　1歳児）　　在籍　15名（出席人数：　15名（男　　8名、女　　7名）　欠席：　0名）

前日までの子どもの姿	・毎朝保育者が読む絵本を楽しみにする姿がある。食べ物や動物の絵本が人気である。 ・今週からシャワーを浴びるようになり、自分でズボンを脱ごうとする姿がある。 ・型はめパズルで遊ぶ子どもが多い。	ねらい	・指先の発達を促す。 ・シールを台紙から剥がしたり、紙コップに貼ることを楽しむ。
		主な活動	・紙コップにシールを貼り、風鈴飾りをつくる。

時間	環境構成	予想される子どもの姿	実習生の援助・配慮
9:30 9:40	室内遊びの時間帯に興味をもった子どもからシール貼り遊びを行う。 パズル・粘土・型はめ・描画等 棚 絵本 ままごと 汽車・車 カーペット 積木コーナー 環境図等を記入しましょう		・朝のおやつが終了した後、一人ひとりオムツが濡れていないか確認し、オムツ交換を行う。 ☆実習生の配慮を記入しましょう ・テーブル1台と椅子4脚を室内の一角に動かす。 ・紙コップと、シールを入れたカゴを5つ、ゴミを入れる容器を5つ、テーブルの中央に置く。見本用の紙コップ2つは棚の上に置いておく。 ☆準備中に来た子どもに「もう少し待っててね」と声をかける。
		・実習生が準備している姿を見て興味をもち傍に来る子どもがいる。実習生に「もう少し待っててね」と声をかけられうなずき、準備している様子を見ている。 予想される子どもの姿をもっと記入しましょう ・実習生のそばにいる子どもから、椅子に座りシール貼りを始める。 予想される子どもの姿をもっと記入しましょう （シール貼り） ・実習生が見せた紙コップとシールに興味をもつ。 予想される子どもの姿をもっと記入しましょう	・準備ができたことを傍にいる子どもに伝え、3～4人ずつ椅子に座るよう促す。 ☆実習生の配慮を記入しましょう （シール貼り） ・完成品のコップにシールを貼ったものを紙コップ子どもに見せる。 ・実際にシールを貼りながらシールの剥がし方、貼り方、シールを剥がした台紙を入れる容器について説明する。 ・紙コップとシールが入ったカゴを渡す。 ・好きな大きさ・色のシールを台紙から剥がし紙コップに貼るよう伝え、最初の数枚はシールを一緒に剥がす。
	（シール貼り） ①紙コップにいろいろな色の丸い形のシールを自由に貼る。 ②コップの内側に名前シールを貼る（実習生）。 ③コップの底にひもを通す（実習生）。 ④コップのふちに紙テープを貼る（実習生）。貼るテープの色は食後子どもに選ばせる。 ⑤保育室に飾る。	予想される子どもの姿をもっと記入しましょう ・貼り終わった子どもは実習生に紙コップを渡し、ほかの遊びコーナーに行く。 ・空いた席に次にやりたい子どもが座り、シール貼りを行う。 予想される子どもの姿をもっと記入しましょう ・シール貼りをしない子どもがいる。	☆実習生の配慮を記入しましょう ・貼り終わった子どものコップの内側に名前シールを貼り、受け取る。 ・空いた席に次にやりたい子どもを呼ぶ。 ☆実習生の配慮を記入しましょう ・園庭に出る前に終了とし、片づける。 ・担任保育者に引き継ぐ。
10:10			

評価

指導者所見

(部分)・責任（半日・全日）実習指導計画案		XYZ大学
実習生氏名　　○○　○○　㊞		指導者氏名　　○○　○○　先生　㊞

実施日：令和　○年　7月　○日（　○曜日）　　　　天気：晴れ

クラス	○組（　1歳児）	在籍　15名（出席人数：15名（男　8名、女　7名）　欠席：　0名

前日までの子どもの姿	・毎朝保育者が読む絵本を楽しみにする姿がある。食べ物や動物の絵本が人気である。 ・今週からシャワーを浴びるようになり、自分でズボンを脱ごうとする姿がある。 ・型はめパズルで遊ぶ子どもが多い。	ねらい	・指先の発達を促す。 ・シールを台紙から剥がしたり、紙コップに貼ることを楽しむ。
		主な活動	・紙コップにシールを貼り、風鈴飾りを作る。

時間	環境構成	予想される子どもの姿	実習生の援助・配慮
9:30 9:40 10:10	室内遊びの時間帯に興味をもった子どもからシール貼り遊びを行う。 ［図：室内レイアウト パズル・粘土・型はめ・描画等／棚／絵本／ままごと／汽車・車／カーペット積木コーナー］ 人数は、1テーブルで座ってできる3～4人ずつ行う。 ほかの子どもたちは、担任保育者と遊ぶ。 ★実習生　○子ども ［図：テーブルと椅子の配置 ★○○／○○］ （シール貼り） ①紙コップに色々な色の丸い形のシールを自由に貼る。 ②コップの内側に名前シールを貼る（実習生）。 ③コップの底にひもを通す（実習生）。 ④コップのふちに紙テープを貼る（実習生）。貼るテープの色は食後子どもに選ばせる。 ⑤保育室に飾る。 ［風鈴のイラスト］	・実習生が準備している姿を見て興味をもち傍に来る子どもがいる。実習生に「もう少し待っててね」と声をかけられうなずき、準備している様子を見ている。 ・実習生が準備していることにまったく興味を示さない子どももいる。 ・実習生のそばにいる子どもから、椅子に座りシール貼りを始める。自分もやりたいという子どもがいるが、担任に誘われほかの遊びコーナーに行く。 （シール貼り） ・実習生が見せた紙コップとシールに興味をもつ。 ・実習生から紙コップとシールを受け取る。配られたものを見て楽しそうに触る。 ・すぐにシールを貼る子ども、なかなかシールが剥がせない子どもがいる。 ・すぐにコツをつかみ、シールを剥がす子ども、集中して何枚もシールを貼る子どもがいる。 ・同じ色を貼る、片側だけ貼る、数枚貼って終わりにする子どもがいる。 ・シールを口にいれようとする子どももいる。 ・貼り終わった子どもは実習生に紙コップを渡し、ほかの遊びコーナーに行く。 ・空いた席に次にやりたい子どもが座り、シール貼りを行う。 ・一つ貼り終わり、もっと貼りたいと要求する子どもがいる。 ・シール貼りをしない子どもがいる。	・朝のおやつが終了した後、一人ひとりオムツが濡れていないか確認し、オムツ交換を行う。 ☆子ども一人ひとりに言葉かけを行い、ゆったりと子どもに接する。ズボンをはく等、子どもが自分でできるところは見守り、できない部分だけ手伝う。 ・テーブル1台と椅子4脚を室内の一角に動かす。 ・紙コップと、シールを入れたカゴを5つ、ゴミを入れる容器を5つ、テーブルの中央に置く。見本用の紙コップ2つは棚の上に置いておく。 ☆準備中に来た子どもに「もう少し待っててね」と声をかける。 ・準備ができたことを傍にいる子どもに伝え、3～4人ずつ椅子に座るよう促す。 ☆4人以上の子どもが来た場合は「もう少ししたら呼びますね」と説明する。 （シール貼り） ・完成品のコップにシールを貼ったものを紙コップ子どもに見せる。 ・実際にシールを貼りながらシールの剥がし方、貼り方、シールを剥がした台紙を入れる容器について説明する。 ・紙コップとシールが入ったカゴを渡す。 ・好きな大きさ・色のシールを台紙から剥がし紙コップに貼るよう伝え、最初の数枚はシールを一緒に剥がす。 ☆子どもたちがシールを貼る様子を見ながら、台紙からシールを上手く剥がせない子どもは剥がしやすくなるようシールの端を少しめくり、剥がしやすくする。 ☆いろいろな場所にシールを貼るよう声をかけるが、同じ色を貼る、片側だけ貼る、数枚貼って終わりにする子どもには無理強いせず、子どもたちが自由に貼るよう見守る。 ☆シールやシールの台紙を口に入れないよう見守り、口に入れようとした子どもには口に入れないよう声をかける。 ・貼り終わった子どものコップの内側に名前シールを貼り、受け取る。 ・空いた席に次にやりたい子どもを呼ぶ。 ☆一つ貼り終わり、もっと貼りたいと要求する子どもに対しては、ほかに貼りたい子どもがいなくなってから呼ぶことを伝える。 ☆シール貼りをしない子どもを誘うが、無理強いしない。 ・園庭に出る前に終了とし、片づける。 ・担任保育者に引き継ぐ。

評価

指導者所見

［4］NG例とOK例の比較

① シール貼り（紙コップの風鈴製作）

シール貼りは台紙からシールをはがす行為と，はがしたシールを好きな場所に貼ることが楽しいため，子どもたちには人気がある。しかし，1歳児にとってシールをはがすことはかなり難しく，苦戦する子どもも多い。

このNG例は，環境構成と予想される子どもの姿，実習生の配慮の記述が不足している。普段なかなか接することがない0〜2歳の子どもたちとどう接するか，どのような活動ができるか予想するのは難しいと思うが，実習中に子どもたちの遊ぶ様子を観察し，計画を立て，担任保育者に相談することで，方向性が見えてくる。シールはがしは簡単だが，年齢的にシールを口にいれようとする子どもがいると予測し、注意して見守ることも必要である。

OK例と比較し，OK例の配慮点を読み，1歳児の子どもの姿を想像してみよう。

② 手遊び・絵本・赤ちゃんハイハイ

次ページに紹介する事例は「絵本の読み聞かせ」からホールに移動する間に模倣遊びとして「赤ちゃんハイハイ」と「馬のポーズ」で歩くことを立案した。とくに「赤ちゃんハイハイ」と「馬のポーズ」は，一斉保育のように皆で行いたいと計画したため，個別配慮として参加しない子どもを無理に誘っていない。そのときは参加しない子どもも，実習生とほかの子どもが楽しそうにしている姿を見て，自分もやってみたいという気持ちをもってほしいと考えたからである。

1歳児は激しく人見知りをする子どもがいることもあり，クラスでの部分実習は実習生に興味をもち，やってみたいと思う子どもだけ参加すればよいという気持ちで子どもたちに接するとよい。遠くで様子を見ている子どもに積極的に関わろうとすればするほど，尻込みをする場合がある。

NG例は，予想される子どもの姿と実習生の配慮の記述が不足している。環境構成の欄に「手遊び」や「絵本のタイトル」などを記入するとよい。

1歳児クラスは複数担任である。実習生一人では，同時にクラス全員の子どもに応答することはできない。担任保育者と連携を取り，個別配慮をお願いするなど，十分に打ち合わせを行い実習に取り組も必要がある。

●1歳児クラス指導案（手遊び・絵本・赤ちゃんハイハイ）NG例

(部分)・責任（半日・全日）実習指導計画案		XYZ大学

実習生氏名　　○○　○○　㊞	指導者氏名　　○○　○○　先生　㊞

実施日：令和　○年　7月　○日（　○曜日）　　　天気：晴れ

クラス：　○組（　1歳児）	在籍　15名（出席人数：　15名（男　8名、女　7名）　欠席：　0名）

前日までの子どもの姿	・毎朝保育者が読む絵本を楽しみにする姿がある。食べ物や動物の絵本が人気である。 ・今週からシャワーを浴びるようになり、自分でズボンを脱ごうとする姿がある。 ・型はめパズルで遊ぶ子どもが多い。	ねらい	・絵本「がたんごとん　がたんごとん」を見て言葉を楽しむ。 ・友達や保育者・実習生と一緒に体を動かす。
		主な活動	・手遊び「やさいのうた」を楽しむ。 ・絵本「がたんごとん　がたんごとん」の読み聞かせを楽しむ。 ・赤ちゃんハイハイ等をしながら体を動かす。

時間	環境構成	予想される子どもの姿	実習生の援助・配慮
9:30 9:40 9:50 9:55 10:00 10:10	（保育室） ○室内遊び （ままごと・構成遊び・パズル・木製汽車レール・動物積木・型はめ・描画等） ・保育室の棚には子どもがすぐに手を伸ばし取れる場所に遊具を置いている。 （図：パズル・粘土・型はめ・描画等／棚／絵本／ままごと／汽車・車／カーペット積木コーナー） ★実習生　○子ども　担任▲ ・手遊びや絵本のタイトル等を記入しましょう	・朝のおやつ後、自分の好きな遊びを楽しむ。 ・順番にオムツ交換を行う。オムツが濡れていない子どもは便器に座ってみる。 ・自分でズボンを脱いだりはいたりしようとする子どもがいる。 ・実習生の声かけに気づき、絵本コーナーに行き実習生の前に座る。 ・ほかの遊びを続けている子どもがいる。 ○手遊び「やさいのうた」を行う。 予想される子どもの姿をもっと記入しましょう ・2回目の手遊びを楽しむ。 ○絵本「がたんごとん　がたんごとん」の読み聞かせを楽しむ。 予想される子どもの姿をもっと記入しましょう 予想される子どもの姿をもっと記入しましょう ・ハイハイをしながらホールに行く。 ・実習生の声かけで両腕と両足を伸ばした「馬のポーズ」を行う。 予想される子どもの姿をもっと記入しましょう ・「よーいどん」のかけ声で同じ方向に走り、壁の前で止まり、その場所に座る。	・朝のおやつが終了した後、一人ひとりオムツが濡れていないか確認し、オムツ交換を行う。 ☆実習生の配慮を記入しましょう ・オムツ交換を行っている間は、ほかの子どもたちは好きな遊びを楽しむ。 ・全員オムツ交換が終わったことを確認し、子どもたちに絵本コーナーに集まって実習生の前のシートの上に座るよう伝える。 ☆ほかの遊びを続けている子どもは無理に誘わない。 ○手遊び「やさいのうた」を行う。 ☆実習生の配慮を記入しましょう ○絵本「がたんごとん　がたんごとん」を読む。 ☆子どもの反応を見ながら、子どものペースに合わせて絵本を読み進める。声の大きさに気をつける。 ☆実習生の配慮を詳しく記入しましょう ・ホールにいくことを子どもたちに伝える。 ・「赤ちゃんになってホールに行きましょう」とハイハイの姿勢になるよう促し、実習生、担任保育者、子どもは保育室内をしばらくハイハイで動いた後、廊下からホールまでハイハイで移動する。 ☆実習生の配慮を記入しましょう ・ホールについてからは「お馬さんになりましょう」と声をかけ、両腕・両足を伸ばして前に進むよう伝える。 ☆実習生の配慮を記入しましょう ・約1周ホールをその姿勢のまま歩き、その後役立つよう声をかけ、「よーいどん」の掛け声で同じ方向に皆で走る。 ・壁の前で止まり、その場所に座るよう伝える。 ・全員座ったことを確認し、担任保育者に引き継ぐ。

評価

指導者所見

3．1歳児の指導案作成　　077

●1歳児クラス指導案（手遊び・絵本・赤ちゃんハイハイ）OK例

（部分）・責任（半日・全日）実習指導計画案		XYZ大学

実習生氏名　　○○　○○㊞	指導者氏名　　○○　○○　先生㊞

実施日：令和　○年　　7月　　○日　（　○曜日）　　　天気：晴れ

クラス：　　○組　（　1歳児）　　　在籍　　15名　（出席人数：15名（男　8名、女　7名）　　欠席：　0名）

前日までの子どもの姿	・毎朝保育者が読む絵本を楽しみにする姿がある。食べ物や動物の絵本が人気である。 ・今週からシャワーを浴びるようになり、自分でズボンを脱ごうとする姿がある。 ・型はめパズルで遊ぶ子どもが多い。	ねらい	・絵本「がたんごとん　がたんごとん」を見て言葉を楽しむ。 ・友達や保育者・実習生と一緒に体を動かす。
		主な活動	・手遊び「やさいのうた」を楽しむ。 ・絵本「がたんごとん　がたんごとん」の読み聞かせを楽しむ。 ・赤ちゃんハイハイ等をしながら体を動かす。

時間	環境構成	予想される子どもの姿	実習生の援助・配慮
9:30 9:40 9:50 9:55	（保育室） ○室内遊び （ままごと・構成遊び・パズル・木製汽車レール・動物積木・型はめ・描画等） ・保育室の棚には子どもがすぐに手を伸ばし取れる場所に遊具を置いている。 パズル・粘土・型はめ・描画等 棚　絵本 ままごと 汽車・車　カーペット積木コーナー ★実習生　○子ども　担任▲	・朝のおやつ後、自分の好きな遊びを楽しむ。 ・順番にオムツ交換を行う。オムツが濡れていない子どもは便器に座ってみる。 ・自分でズボンを脱いだりはいたりしようとする子どもがいる。 ・実習生の声かけに気づき、絵本コーナーに行き実習生の前に座る。ほかの遊びを続けている子どもがいる。 ○手遊び「やさいのうた」を行う。 ・実習生を見ながら手を動かすが、初回はほとんど見ている子どもが多い。「もう一回（やって）」とサインを送る子どもがいる。 ・2回目の手遊びを楽しむ。 ○絵本「がたんごとん　がたんごとん」の読み聞かせを楽しむ。 ・「がたんごとん」という言葉を実習生と一緒にいう子どもがいる。 ・立ち上がり絵本を指さす子どもがいる。 ・「もう一回」と催促する子どもがいる。	・朝のおやつが終了した後、一人ひとりオムツが濡れていないか確認し、オムツ交換を行う。 ☆子ども一人ひとりに言葉かけを行い、ゆったりと子どもに接する。ズボンをはく等、子どもが自分でできるところは見守り、できない部分だけ手伝う。 ・オムツ交換を行っている間は、ほかの子どもたちは好きな遊びを楽しむ。 ・全員のオムツ交換が終わったことを確認し、子どもたちに絵本コーナーに集まって実習生の前のシートの上に座るよう伝える。 ☆ほかの遊びを続けている子どもは無理に誘わない。 ○手遊び「やさいのうた」を行う。 ☆初めて行う手遊びのため、子どもの表情や動きを見ながらゆっくり行う。子どもの反応を見ながら2回行う。 ☆「いろいろな野菜ができましたね」と子どもたちに話し、次に絵本を読むことを伝える。 ・絵本「がたんごとん　がたんごとん」を読む。 ☆子どもの反応を見ながら、子どものペースに合わせて絵本を読み進める。声の大きさに気をつける。 ☆絵と言葉を子どもと一緒に読む。 ☆途中で立ち上がる子どもには、座るよう伝える。 ☆もう一回みたいという要求に応え、絵本のページをゆっくりめくっていく。
10:00 10:10	手遊び「やさいのうた」 トマトはトントントンで キャベツはキャッキャッキャッ キュウリはきゅっきゅっきゅって ダイコンはコンコンコン ピーマンはピッピッピッピで かぼちゃはチャッチャッチャッ にんじんはニンニンニンで ハクサイはくさーいくさい 絵本「がたんごとん　がたんごとん」 福音館書店、安西水丸作	・実習生の声かけでハイハイの姿勢を取る。 ・「赤ちゃんだー」という子どもがいる。 ・ハイハイするのは、ひさしぶりのようで、ニコニコと笑いながらハイハイを実習生や担任保育者と一緒にハイハイをすることを楽しむ。 ・ハイハイをしながらホールに行く ・実習生の声かけで両腕・両足を伸ばした「馬のポーズ」を行う。「馬のポーズ」は難しく、膝が曲がる子どもが多いが、一人ひとりカッコいいとほめられよろこぶ。 ・「よーいどん」のかけ声で同じ方向に走り、壁の前で止まり、その場所に座る。	・ホールにいくことを子どもたちに伝える。 ・「赤ちゃんになってホールに行きましょう」とハイハイの姿勢になるよう促し、実習生、担任保育者、子どもは保育室内をしばらくハイハイで動いた後、廊下からホールまでハイハイで移動する。 ☆ハイハイを嫌がる子ども、部屋に残りたい子どもの対応は担任保育者にお願いする。 ・ホールについてからは「お馬さんになりましょう」と声をかけ、両腕・両足を伸ばして前に進むよう伝える。 ☆「馬のポーズ」は難しく、肘が曲がる子どもが多いが、一人ひとりカッコいいとほめ、やる気を引き出す。 ・約1周ホールをその姿勢のまま歩き、その後立つよう声をかけ、「よーいどん」のかけ声で同じ方向に皆で走る。 ・壁の前で止まり、その場所に座るよう伝える。 ・全員座ったことを確認し、担任保育者に引き継ぐ。

評価

指導者所見

4 2歳児の指導案作成

　ここでは，2歳児クラスの指導案作成をするために必要な発達の特徴と指導案の作成例を紹介する。

[1] 2歳児クラスの子どもの発達と特徴

　2歳児は特定の大人との間に築かれた愛着関係をもとに，子どもの自我が芽生えていく。人や物への興味・関心が広がり，自我を拡大させながら，自己を形成し「自分で」という気持ちが強くなり，「反抗期」「イヤイヤ期」ともいわれる自己主張が始まる。信頼できる人間関係のなかで自分の思いを主張し，その思いや要求を受け止めてもらう経験を重ねることで，他者を受け入れることができるようになる。

　運動面では，走る，両足飛び，交互に足を出しながら階段の上り下りをするなど，身体運動のコントロールが上手になり，さらに指先を使った細かい動作ができるようになる。日常生活で使う言葉を理解し，自分の考えや要求などを言葉で表現しようとする。

　人間関係では，友達に興味をもち，一緒に遊ぼうとする姿が増えるが，お互いの思いがぶつかりあい，けんかになることがある。友達のために行ったことが，相手にとっては嫌なことだったなど，互いの気持ちのすれ違いから生じるいざこざもある。こうしたいざこざは，子どもだけで解決することは難しく，保育者の仲立ちが必要である。保育者の仲立ちにより，友達との関わり方が少しずつ身についてくる。年上の子どもに憧れてまねをしたり，大人の手伝いをしたりしようとする姿が増える。

　これらのことを理解し，実習での指導案を作成する必要がある。

[2] 遊びを通した人間関係の育ち

　2歳児は，社会性が芽生え，ほかの子どもへの関心が高まってくる。言葉による意思疎通がある程度できるようになってくるが，まだ自分の思いを的確に相手に伝えられず，相手の気持ちを読み取る力は弱い。

　並行遊びが中心で，それぞれが思い思いの遊びを楽しんでいることが多い。2歳児クラス後半になるとグループでのごっこ遊びを楽しめるようになってくるが，保育者の働きかけや見守りが必要である。

　まだ子どもたちだけでは集団遊びは成立しない。いろいろな遊びを通して，他児と一緒に遊ぶことでイメージや思いを共有することができるようになってくる。「見たて遊び」や「つもり遊び」などを保育者や友達と一緒に遊び，ごっこ遊びを楽しめるようになっていく。

[3] 2歳児クラスの実習指導案の立案

① 子どもの発達を捉える

　2歳児は，友達と関わり遊ぶことが増えるが，まだ並行遊びが多く，一人でじっくりと遊んでいる。自分のイメージをもち，遊びのなかで自己主張やこだわりをもち，子ども同士でぶつかり合う場面が増えてくる。

　実習では，子ども一人ひとりの思いを大切にし，入ったクラスの子どもたちはどんなことに興味をもっているか，子ども同士の関わりはどれくらいあるかなど，まず子どもの発達や特徴を把握することから始めることが重要である。

　幼稚園での教育実習は3～5歳児の子どもを対象としているが，保育所・認定こども園での実習は0～2歳児クラスの子どもも加わる。「3～5歳児は幼稚園実習で十分接していると思うので，保育所の責任実習は2歳児クラスで行いましょう」といわれる場合もあるようだ。

② 部分実習にむけて

　今回紹介する指導案の1例目は，多くの実習生が行うと思われる「絵本の読み聞かせ」とした。

　「絵本の読み聞かせ」の実習指導案の書き方は，実習前に養成校で学び，実際に立案した学生が多いと思われる。しかし，実際に実習園に提出される部分実習指導案は，選んだ絵本や手遊びが子どもたちの発達や興味にあっていない場合や，実習生の援助・配慮の記入がまったく書けていないことが多い。そのような場合，子どもの姿や環境設定の記入も不足していることが多い。

　次ページの「絵本の読み聞かせ」の指導案NG例とOK例を比較し，違いを考えたい。

●2歳児クラス指導案（絵本の読み聞かせ）NG例

部分・責任（半日・全日）実習指導計画案			XYZ大学
実習生氏名　○○　○○　㊞		指導者氏名　○○　○○　先生　㊞	
実施日：令和　○年　10月　○日（　○曜日）　　天気：晴れ			
クラス：　○組（　2歳児）	在籍　17名（出席人数：16名（男　8名、女　8名）　欠席：　1名）		

		ねらい	・絵本に親しむ。 ・絵本「おおきなかぶ」を見て実習生と一緒に「うんとこしょ、どっこいしょ」という呼びかけを行い、言葉のやりとりを楽しむ。 ・いろいろな手遊びを知る。
前日までの子どもの姿	・手遊びが大好きで、実習生が行った手遊びを一緒にやろうと、催促する子どもがいる。 ・ペグ差しやパズル、粘土等、手先を使う遊びをする子どもが多い。 ・担任が読む絵本や紙芝居に興味を示し、よく見て聞いている。絵本の感想を言う姿がある。	主な活動	・手遊び「まあるいたまご」「パンパンパンやさん」を楽しむ。 ・絵本「おおきなかぶ」「しろくまちゃんのほっとけーき」を見る。

時間	環境構成	予想される子どもの姿	実習生の援助・配慮
9:40	（保育室） ○室内遊び （ままごと・構成遊び・パズル・レンガ積木・木製汽車レール・動物積木・粘土・型はめ・描画等）	・朝のおやつを食べ終わった子どもからトイレで排泄を行う。おむつを着用している子どもは保育者に手伝ってもらいながら新しいものに替える。	・おやつの片づけが終わった後、排泄の様子を見守る。 ☆実習生の配慮を記入しましょう
9:45		・排泄・手洗いが終わった子どもから保育室に戻り、実習生が示す場所に座る。	・排泄・手洗いが終わった子どもと保育室に戻り、実習生の前のカーペットに座るよう場所を示す。ほかの子どもは担任保育者と一緒に保育室に戻る。実習生は子ども用の椅子に座る。
9:55		○絵カードのシルエットクイズに積極的に答える。予想される子どもの姿をもっと記入しましょう ○手遊び「キャベツのなかから」 ・実習生をみながら一緒に手遊びを行う。	・全員が揃うまで、絵カードを使用したシルエットクイズを行う。 ☆実習生の配慮を記入しましょう ○手遊び「キャベツのなかから」 ・全員座ったことを確認し、手遊び「キャベツのなかから」を行う。 ☆実習生の配慮を記入しましょう
	・絵カード（シルエットクイズ） リンゴ・バナナ・ブドウ・さくらんぼのシルエットを見て何の果物か当てる。	○絵本「おおきなかぶ」 ・実習生が読む絵本に集中する。 ・「このお話し知っている」という子どもがいる。予想される子どもの姿をもっと記入しましょう	○絵本「おおきなかぶ」の読み聞かせ ☆実習生の配慮を記入しましょう ☆実習生の配慮を記入しましょう
	・手遊び「キャベツのなかから」 「パンパンパンやさん」	・絵本の読み聞かせの後、「もう一回見たい」という子どもがいる。	・卵からいろいろな動物が出てきたことを子どもたちと振り返る。もう一回見たいという子どもには「後で読みますね」と答える。
10:10	絵本 「おおきなかぶ」福音館書店 A.トルストイ・再話 内田梨沙子・訳 佐藤忠良・画	○手遊び「パンパンパンやさん」 ・実習生をみながら一緒に手遊びを行う。 予想される子どもの姿をもっと記入しましょう	○手遊び「パンパンパンやさん」 ・手遊び「パンパンパンやさん」を行う。 ☆実習生の配慮を記入しましょう
10:15	「しろくまちゃんのほっとけーき」こぐま社　わかやまけん・作	○絵本「しろくまちゃんのほっとけーき」 予想される子どもの姿をもっと記入しましょう	○絵本「しろくまちゃんのほっとけーき」を読むことを伝え、「しろくまちゃんのほっとけーき」を読み始める。 ☆実習生の配慮を記入しましょう
10:20	★実習生　○子ども　担任▲		・担任保育者に引き継ぐ。

評価

指導者所見

●2歳児クラス指導案（絵本の読み聞かせ）OK例

(部分)・責任（半日・全日）実習指導計画案			XYZ大学

実習生氏名 ○○ ○○ ㊞	指導者氏名 ○○ ○○ 先生 ㊞

実施日：令和 ○年 6月 ○日 （ ○曜日） 天気：晴れ

クラス ○組（ 2歳児）	在籍 17名（出席人数： 16名（男 8名、女 8名） 欠席： 1名）

前日までの子どもの姿	・手遊びが大好きで、実習生が行った手遊びを一緒にやろうと、催促する子どもがいる。 ・ペグ差しやパズル、粘土等、手先を使う遊びをする子どもが多い。 ・担任が読む絵本や紙芝居に興味を示し、よく見て聞いている。絵本の感想を言う姿がある。	ねらい	・絵本に親しむ。 ・絵本「たまごのあかちゃん」を見て実習生と一緒に「でておいでよー」という呼びかけを行い、言葉のやりとりを楽しむ。 ・いろいろな手遊びを知る。
		主な活動	・手遊び「まあるいたまご」「パンパンパンやさん」を楽しむ。 ・絵本「たまごのあかちゃん」「しろくまちゃんのほっとけーき」を見る。

時間	環境構成	予想される子どもの姿	実習生の援助・配慮
9:40 9:45 9:55 10:00 10:05	（保育室） ○室内遊び （ままごと・構成遊び・パズル・レンガ積木・木製汽車レール・動物積木・粘土・型はめ・描画等） 〔見取り図：パズル・粘土・型はめ・描画等／棚／絵本／ままごと／汽車・車／カーペット 積木コーナー〕 ・絵カード（シルエットクイズ） リンゴ・バナナ・ブドウ・さくらんぼのシルエットを見て何の果物か当てる。 ・手遊び「まあるいたまご」 「パンパンパンやさん」	・朝のおやつを食べ終わった子どもからトイレで排泄を行う。おむつを着用している子どもは保育者に手伝ってもらいながら新しいものに替える。 ・排泄・手洗いが終わった子どもから保育室に戻り、実習生が示す場所に座る。 ○絵カードのシルエットクイズに積極的に答える。ほとんどの子どもがすぐに何のシルエットかわかる。 ○手遊び「まあるいたまご」 ・実習生をみながら一緒に手遊びを行う。 ○絵本「たまごのあかちゃん」 ・実習生が読む絵本に集中する。 ・「このお話知っている」という子どもがいる。 ・実習生が読む絵本のセリフ「でておいでよー」と、一緒に言ったり、興奮して立ち上がる子どもがいるが、実習生の声かけで座る。 ・絵本の読み聞かせの後、「もう一回見たい」という子どもがいる。	・おやつの片づけが終わった後、排泄の様子を見守る。 ☆子どものやる気を引き出すような声かけを行いながら、トイレットペーパーの取り方・拭き方、下着をズボンに入れる等の身支度、おむつ交換を手伝う。 ・排泄・手洗いが終わった子どもと保育室に戻り、実習生の前のカーペットに座るよう場所を示す。ほかの子どもは担任保育者と一緒に保育室に戻る。実習生は子ども用の椅子に座る。 ・全員が揃うまで、絵カードを使用したシルエットクイズを行う。 ☆シルエットカードを見てわからない場合は、イメージが広がるようヒントになる言葉を伝える。 ○手遊び「まあるいたまご」 ・全員座ったことを確認し、手遊び「まあるいたまご」を行う。 ☆子どもたちの様子を見ながら、最初はゆっくり歌いながら動作を大きく行う。笑顔で子どもたちのペースに合わせて行う。 ○絵本「たまごのあかちゃん」の読み聞かせ ・子どもたちに「たまごのあかちゃん」の表紙を見せ、全員が見えているか確認する。見えない子どもがいる場合は、実習生が少し動くか、見えない子どもに座る位置に動くよう伝え、座る場所を伝える。 ☆ゆっくりはっきり読み、子どもたちの顔を見ながらページをめくる。 ☆子どもたちの反応や絵本のセリフに合わせて発する「でておいでよー」という声を受け止めるが、興奮して立ち上がった場合は座るよう伝える。 ・卵からいろいろな動物が出てきたことを子どもたちと振り返る。もう一回見たいという子どもには「後で読みますね」と答える。
10:10 10:15 10:20	絵本 「たまごのあかちゃん」福音館書店 かんざわ としこ・文 やぎゅう げんいちろう・絵 「しろくまちゃんのほっとけーき」 こぐま社 わかやまけん・作 〔見取り図：▲／★／○〕 ★実習生 ○子ども 担任▲	○手遊び「パンパンパンやさん」 ・実習生をみながら一緒に手遊びを行う。すぐに歌を覚える子ども、タイミングが上手く合わない子どももいる。実習生にほめられよろこぶ。 ○絵本「しろくまちゃんのほっとけーき」 ・絵本に興味を示す。 ・絵本を見ながら「おいしそう」という子どもがいる。 ・自分の感想を言い、子ども同士で会話をかわす。	○手遊び「パンパンパンやさん」 ・手遊び「パンパンパンやさん」を行う。 ☆初めて行う手遊びのため、最初はゆっくり歌いながら動きを伝える。子どもの様子を見ながら2～3回繰り返して行う。子どもたちを誉め、やる気を引き出す。 ○絵本「しろくまちゃんのほっとけーき」を読むことを伝え「しろくまちゃんのほっとけーき」を読み始める。 ☆子どもの集中力が続かないと判断したときは、絵本の読み聞かせは行わず手遊びで終了にする。読み聞かせを行う場合は、読む前に全員が見えているか確認し、座る場所の調整を行う。 ☆子どもたちの反応を見ながら、絵本をゆっくりと読む。 ☆読み終わった後、子どもたちに「おいしいホットケーキが焼けてよかったですね」と伝え、子どもたちの感想を聞き、受け止める。 ・担任保育者に引き継ぐ。

評価

指導者所見

［4］NG例とOK例の比較

① 絵本の読み聞かせ

このNG例は，手遊びを2つ行い，絵本を2冊読む計画になっている。絵本を2冊読む場合は，選ぶ絵本により1冊で十分である場合がある。今回実習生が選んだ「おおきなかぶ」は2歳児クラスの子どもたちにも人気があるが比較的長い話になるため，この1冊だけにしたほうが子どもたちは集中するだろう。

最初に行う手遊び「キャベツのなかから」は繰り返しが楽しい手遊びだが，手遊びを2つする場合，もう少し短いものが適切である。子どもたちの興味や集中により臨機応変に対応できる指導案の作成が望ましい。

NG例の指導案も，予想される子どもの活動，実習生の援助・配慮が詳しく書かれていない。実際に絵本の読み聞かせを行うときに気をつけたいと思うことを実習生の援助・配慮に記入しておかないと，うまくいかない可能性がある。

絵本の読み聞かせのOK例も手遊びを2つを行い，絵本を2冊読む計画になっている。NG例との違いは，1回目の手遊びや読む絵本が短いものを選んでいること，さらに2回目の手遊びの集中度により，2冊目の絵本は読まずに終了するという計画である。絵本を1冊読むだけと安易に考えず，目の前の子どもに合わせた計画を立案するような心がけが必要である。

② 集団遊び「むっくりくまさん」

散歩先の公園での集団遊びを立案した。NG例は，公園ではじめて「むっくりくまさん」の歌や動く内容を説明すると立案している。そばに来た子どもに，その場で説明しても，なかなか歌や動きは覚えられないと予測される。

OK例では，実習生は数日前から保育中に「むっくりくまさん」の歌を子どもたちが覚えるよう遊びのなかで紹介し，一緒に歌うなどの準備を始めている。くまの人形を使い，歌を歌っているたため，くまから逃げるというイメージをもって集団遊びに参加しているので，公園での集団遊びがスムーズに行えると思われる。NG例では，子どもがくま役をやりたいと言っても「今度ね」と断っている。どうすれば子どもの気持ちに応えられるか検討が必要である。

OK例の計画は子どもを全員集めず，興味を示した子どもが行う計画である。園によっては「全員でやらなければならない」という考えの場合もある。こうしたときは，散歩先ではなく，ホールや保育室，園庭などで行うと集中し参加する子どもが増えると思われる。

集団遊びを行うとき，実習生が一人でがんばっても上手くいかないことがある。事前に担任保育者に相談し，見本役や子ども役，一緒に動くなど，実習生が一人でできないところをフォローしてもらうようお願いしておく必要がある。

●2歳児クラス指導案（集団遊び「むっくりくまさん」）NG例

（部分）・責任（半日・全日）実習指導計画案			XYZ大学

実習生氏名　　○○　○○　㊞		指導者氏名　　○○　○○　先生　㊞

実施日：令和　○年　10月　○日　（　○曜日）　　　　天気：晴れ

クラス：　○組　（　2歳児）　　在籍　17名　（出席人数：16名（男　8名、女　8名）　欠席：　1名）

前日までの子どもの姿	・幼児クラスが園庭で行っている運動会の練習（リレー・遊戯・リトミック等）に興味を示し、ベランダで保育者と一緒に応援することや、一緒に身体を動かす子どもが多い。	ねらい	・友達と一緒に集団遊びを楽しく行う。 ・友達や保育者とのやりとりを通して、遊びのルール（方法）を学ぶ。
		主な活動	・皆で「むっくりくまさん」を楽しむ。 ・公園で探索活動や走る等、身体を動かして遊ぶ。

時間	環境構成	予想される子どもの姿	実習生の援助・配慮
10:20 10:40 10:45	（原っぱ公園） [図：森のコーナー／芝生広場／WC] （むっくりくまさん） [図：くま役を囲む円形] ★実習生　▲担任　○子ども ①「むっくりくまさん」の歌をゆっくり歌いながら「くま」のまわりを歩く。 ②歌い終わった後「くま」に「くまさん、おはよう─」と声をかける。 ③起きて追いかけて来る「くま」から逃げる。 （歌） むっくりくまさん、むっくりくまさん、穴の中 眠っているよグーグー 寝言を言ってムニャームニャー 目を覚ましたら、目を覚ましたら、 食べられちゃうよ （くまが起き）ガオーッ	（散歩…原っぱ公園） ・「原っぱ公園」に着き、人数確認が終了後、落ち葉やドングリ・虫・花探し、保育者との追いかけっこ等、興味のある遊びを楽しむ。 （むっくりくまさん） ・実習生に誘われ、興味をもった子どもは実習生と手をつなぎ円形をつくる。 予想される子どもの姿を考え、詳しく記入しましょう ・虫探し等、自分の好きなことをしている子どもたちは、そのままその遊びを継続する。 予想される子どもの姿を考え、詳しく記入しましょう ・追いかけてくる「くま」から走って逃げる。 ・後ろを何回も振り返りながら走り転ぶ子どもがいる。 ・入りたいと途中から参加する子どもがいる。 予想される子どもの姿を考え、詳しく記入しましょう ・後一回と聞き「もっとやりたい」と言う子どもがいる。 ・終了後も歌っている子どもがいる。	（散歩…原っぱ公園） ・公園に着いた後、保育者と子どもの人数確認を行う。 　（保育者は保育園に電話し、公園に到着したこと、公園の混み具合等を報告する） ・保育者と共に子どもたちと遊びながら、子ども全員の様子を把握する。 （むっくりくまさん） ・芝生広場にいる子どもたちに声をかけ「むっくりくまさん」（集団遊び）を皆で行うことを伝える。 ☆子どもが全員参加しなくても無理に誘わず、興味をもち実習生の声かけで集まった子どもたちと始める。 ☆実習生は子どもたちに説明しながら「むっくりくまさん」を行う。 ・子どもたちは担任保育者Aと手をつなぎ、中央にしゃがみ目を閉じ寝ているポーズを取っている「くま役」の担任保育者Bのまわりに丸くなる。 ・実習生と一緒に「むっくりくまさん」の歌をゆっくり歌いながら「くま」のまわりを歩く。歌い終わった後「くま」に「くまさん、おはよう─」と子どもたちと声をかけるよう伝え、起きて追いかける「くま」から逃げるよう伝える。 ☆「くま役」の担任保育者Bには子どもを追いかけるときは、ゆっくり走るよう事前にお願いしておく。 ☆子ども同士がぶつからないよう気をつける。 ・「くま役」は実習生または保育者が行い、子どもたちの様子を見ながら数回行う。 ☆途中から入りたいとそばに来た子どもは歌の途中でも手をつなぎ参加できるようにする。 ☆まだ子どもたちに「くま役」を行うことは難しいため「くま役」をやりたい、という子どもには「今度くまをしましょうね」と伝える。 ☆最後に行う前に「後もう一回で終わりにします」と子どもたちに伝えてから始める。 ・担任の保育者に引き継ぐ。
11:00			

評価

指導者所見

(部分)・責任（半日・全日）実習指導計画案		XYZ大学

実習生氏名　　○○　○○　㊞		指導者氏名　　○○　○○　先生　㊞

実施日：令和　○年　10月　○日（　○曜日）　　天気：晴れ

クラス：　○組（　2歳児）　　在籍　17名（出席人数：　16名（男　8名、女　8名）　　欠席：　1名）

前日までの子どもの姿	・幼児クラスが園庭で行っている運動会の練習（リレー・遊戯・リトミック等）に興味を示し、ベランダで保育者と一緒に応援することや、一緒に身体を動かす子どもが多い。	ねらい	・友達と一緒に集団遊びを楽しく行う。 ・友達や保育者とのやりとりを通して、遊びのルール（方法）を学ぶ。
		主な活動	・皆で「むっくりくまさん」を楽しむ。 ・公園で探索活動や走る等、身体を動かして遊ぶ。

時間	環境構成	予想される子どもの姿	実習生の援助・配慮
10:20 10:40	（原っぱ公園） 森のコーナー 芝生広場　　WC 	（散歩…原っぱ公園） ・「原っぱ公園」に着き、人数確認が終了後、落ち葉やドングリ・虫・花探し、保育者との追いかけっこ等、興味のある遊びを楽しむ。	（散歩…原っぱ公園） ・公園に着いた後、保育者と子どもの人数確認を行う。 （保育者は保育園に電話し、公園に到着したこと、人数確認を行ったこと、公園の混み具合等を報告する） ・保育者と共に子どもたちと遊びながら、子ども全員の様子を把握する。
	（むっくりくまさん） くま役 ★実習生　▲担任　○子ども	（むっくりくまさん） ・実習生に誘われ、興味をもった子どもは実習生と手をつなぎ円形をつくる。その中央に保育者一人がしゃがみ目を閉じ寝ているポーズを取ると喜ぶ。 ・虫探し等、自分の好きなことをしている子どもたちは、そのままその遊びを継続する。	（むっくりくまさん） ・芝生広場にいる子ども達に声をかけ「むっくりくまさん」（集団遊び）を皆で行うことを伝える。 ☆子どもが全員参加しなくても無理に誘わず、興味をもち実習生の声かけで集まった子ども達と始める。 ☆あらかじめ保育者1名に「くま役」になることをお願いしておく。 ・子どもたちと手をつなぎ、中央にしゃがみ目を閉じ寝ているポーズを取っている「くま役」の保育者のまわりに丸くなる。 ☆子どもの人数によっては保育者にもう一人、子どもたちと手をつなぐようお願いする。
10:45	①「むっくりくまさん」の歌をゆっくり歌いながら「くま」のまわりを歩く。 ②歌い終わった後「くま」に「くまさん、おはよう」と声をかける。 ③起きて追いかけて来る「くま」から逃げる。	・数日前から実習生と歌っている「むっくりくまさん」の歌を歌いながら「くま役」の保育者のまわりを歩く。歌い終わった後「くまさん、おはよう、起きてくださーい」と声をかける。	・「むっくりくまさん」の歌をゆっくり歌いながら「くま」のまわりを歩く。歌い終わった後「くま」に「くまさん、おはよう」と子どもたちと声をかけ、起きて追いかけて来る「くま」から逃げる。 ☆子どもたちが事前に歌を覚えるよう数日前から保育室で子どもたちに歌ったり、一緒に歌うことを楽しむ（くまの人形を使用する）。
	（歌） むっくりくまさん、むっくりくのさん、穴の中 眠っているよグーグー 寝言を言ってムニャームニャー 目を覚ましたら、目を覚ましたら、食べられちゃうよ （くまが起き）ガオーッ	・追いかけてくる「くま」から走って逃げる。 ・後ろを何回も振り返りながら走り転ぶ子どもがいる。 ・入りたいと途中から参加する子どもがいる。 ・「くま役」をやりたい、という子どもは実習生または保育者と一緒に「くま役」を行う。 ・後一回と聞き「もっとやりたい」と言う子どもがいる。 ・終了後も歌っている子どもがいる。	☆「くま役」の保育者には子どもを追いかけるときは、ゆっくり走るよう事前にお願いしておく。 ☆子ども同士がぶつからないよう気をつける。 ・「くま役」は保育者または実習生が行い、子どもたちの様子を見ながら数回行う。 ☆途中から入りたいとそばに来た子どもは歌の途中でも手をつなぎ参加できるようにする。 ☆「くま役」をやりたい、という子どもは実習生または保育者と一緒に「くま役」をするようにする。 ☆最後に行う前に「後もう一回で終わりにします」と子どもたちに伝えてから始める。
11:00			・担任の保育者に引き継ぐ。

評価

指導者所見

5 ─ 3歳児の指導案作成

　ここでは，3歳児クラスの指導案作成をするために必要な発達の特徴と指導案の作成例を紹介する。

[1] 3歳児クラスの子どもの発達と特徴

① 運動能力が発達し，いろいろな動作や運動をする

　歩ける距離が長くなり，走り方が安定する。ケンケンやスキップ，三輪車など「〜しながら〜する」というように，別々のことを同時に行えるようになる。全身のバランスをとるなど，複合的な動きができるようになる。こうしたことから全身の運動機能が発達し，遊びの幅が広がる時期といえる。

② 手先の機能が発達し，できることが増えてくる

　ハサミで簡単な形を切り抜く，形があるものを描けるようになる。

③ 生活習慣がほぼ自立し，自分でやりたいという気持ちが強くなる

　食事，服や靴の着脱，手洗い，うがいなど身のまわりのことはほぼ自分でできるようになり，自信をもつ。

④ 仲よしの友達と遊ぶこと，関わりを楽しむ

　共通したイメージをもち，ごっこ遊びや見立て遊びを楽しむようになる。まだ並行遊びが中心の子どももいるが，簡単なルールのある集団遊びを楽しんだり，役割を決めて遊んだりすることができるようになる。

⑤ 集団生活のマナーを知り，社会性を身につけていく

　自己中心的な言動もみられるが，その子どもの思いを受け止めながら，人との関わりのなかで相手の思いを伝えることで，少しずつ相手の気持ちに気づくようになっていく。

　幼児クラスへ仲間入りをした3歳児クラスの子どもたちにとって，4月当初は，入園や幼児クラスへの進級など，子どもにとって環境の変化が大きい時期といえる。一人ひとりの子どもにていねいに関わり，子どもたちの思いをしっかり受け止めることが大切である。一人ひとりの子どもが落ち着かないとクラス全体が落ち着かない。「みんなで一緒に」と焦っても上手くいかないことが多い。はじめて集団生活でとまどう

子どもには，とくに個別対応が必要である。

　3歳児は「自分でやりたい」気持ちと「（大人に）やってもらいたい」という気持ちがある。自分の考えたこと，やりたいことを実行しようとするが上手くできないことも多い。子どもの「自分でやりたい」という気持ちを尊重し，一人ひとりの子どもが満足できるような活動計画を作成する必要がある。

［2］3歳児クラスの実習指導案の作成

① 製作「秋のリース」をつくる

　ここでの3歳児クラスの指導案は，11月に行う保育実習を想定している。描画，粘土，折紙，ハサミで切るなど，造形遊びが好きな子どもたちであること，散歩でどんぐり公園に行き，どんぐりをたくさん拾ったり，紅葉したきれいな落ち葉を拾ったり，秋の自然を楽しむ姿から「秋のリース」づくりを立案した。今回はデザインと糊づけのみの製作だが，子どもたちが工夫してつくるよう見守ることを目標とした。

② 身体を動かして遊ぶ

　ホールでは，ピアノに合わせていろいろな表現をし，楽しむことを目標に「ピアノに合わせ，身体を動かす遊び」を立案した。10月の運動会が終わり，全身の運動機能がますます発達した子どもたちが楽しめるよう，日ごろ子どもたちが行っているリトミックをアレンジしている。

　リトミックを始める前に，手遊び「みんながあつまった」を行うことを計画している。「お隣さんの肩たたこう」の箇所で相手の肩をそっとたたき，友達とのつながりを深めるきっかけをつくることが目的である。

　実習生がピアノを弾きながら，子どもに動きの合図を出したり，言葉をかけたりする場合，担任保育者に子どもと一緒にピアノに合わせて動いてもらうよう事前に相談し，お願いしておくことが大切である。また，やりたくないと意思表示をする子どもは，無理強いせず担任保育者と一緒に皆の様子を見ることとする。

　次ページの製作「秋のリース」の指導案NG例とOK例を比較し，その違いを検討・説明する。

第3章

指導案の作成

●3歳児クラス指導案（製作「秋のリース」）NG例

部分・責任（半日・全日）実習指導計画案			XYZ大学

実習生氏名　　○○　○○　㊞	指導者氏名　　○○　○○　先生　㊞

実施日：令和　○年　11月　○日（　○曜日）　　　天気：晴れ

クラス：　○組（　3歳児）　　在籍　19名（出席人数：19名（男　9名、女　10名）　欠席：　0名）

前日まで の子ども の姿	・室内では、お絵かき、粘土、折紙等、造形遊びを楽しんでいる。 ・散歩でどんぐり公園に行き、どんぐりをたくさん拾ったり、紅葉したきれいな落ち葉を拾ったり、秋の自然を楽しむ姿があった。	ねらい	・紅葉など秋の自然について考える。 ・秋の紅葉や木の実をイメージして、リースを作る。 ・適量の糊を塗ること知る。
		主な活動	・製作「秋のリース」を作る。 ・秋の紅葉や木の実をイメージして、リースをデザインする。

時間	環境構成	予想される子どもの姿	実習生の援助・配慮
10:00 10:10 10:15 10:20 10:25 11:00	（保育室） ○室内遊び （ままごと・構成遊び・パズル・レンガ積木・木製汽車レール・動物積木・粘土・型はめ・描画等） 棚　レンガ積木 汽車コーナー 絵本・構成遊び　カーペット ・絵カード（秋のクイズ） リンゴ・バナナ・ブドウ・さくらんぼのシルエットを見て何の果物か当てる ・手遊び「大きな栗の木の下で」 ☆リースのつくり方を図入りで記入しましょう	○室内遊び ・実習生の声かけで片づけを始める。 ・遊びに熱中して片づけ続けている子どもがいる。実習生と一緒に片づける。 ・片づけが終わった子どもからトイレに行く。 ・保育室に戻り自分の席に座る。 予想される子どもの姿を考え、詳しく記入しましょう ○実習生と「大きな栗の木の下で」の手遊びを行う。 予想される子どもの姿を考え、詳しく記入しましょう ○製作「秋のリース」をつくる。 ・実習生の説明を聞く。 ・完成したリースを見て製作のイメージを広げる。 ・実習生からリースの土台、葉・どんぐり・栗が入ったトレイ、糊、濡れた手拭きタオルを受け取る。 ・すぐに糊で貼ろうとする子どもがいるが実習生の声かけでやめ、実習生の説明を聞く。 ・貼りたいものをトレイからとり、1枚ずつ糊で台紙に貼る。 ・糊を沢山指に取り、葉や台紙、指が糊だらけになる子どもがいる。 ・自分が選んだものを全部貼り終わったら、完成したリースを実習生に渡す。 ・製作が終わった子どもは手を洗い、他の遊びコーナーで遊ぶ。 ・最後までていねいに貼り続ける子どもがいる。	・子どもたちにおもちゃ等を片づけるよう伝え、一緒に片づける。 ・片づけず遊び続けている子どもには個別に声をかけ、片づけを手伝う。 ・片づけ終わった子どもからトイレに行くよう伝える。 トイレでの配慮も記入しましょう ・排泄・手洗いが終わった子どもに保育室に戻り、自分の席に座るよう伝える。 ☆トイレ・保育室は誰が見るか記入しましょう ○全員が椅子に座るまで「秋のクイズ」を行う。 ☆実習生の配慮を記入しましょう ○手遊び「大きな栗の木の下で」を行う。 ☆子どもたちが全員そろったことを確認し手遊びを始める。 ☆実習生の配慮を記入しましょう ○製作「秋のリース」をつくる。 ・子どもたちにリースの土台、色画用紙で作成した葉（3種類各3色）、どんぐり（2色）、栗（2色）を見せ、リースの土台に葉などを糊で貼りリースをつくることを説明する。完成した見本を3種類子どもに見せる。 ☆2つはていねいに葉等を貼ったリース、1つは数枚のみ貼ったリースを提示し、できるだけたくさん貼るよう伝える。 ・グループごとにリースの土台、葉・どんぐり・栗が入ったトレイ、糊、濡れた手拭きタオルを配る。 ☆リースの裏面にあらかじめ子どもの名前を書いておく。 ☆実習生の配慮を記入しましょう ・まず貼りたいものをトレイからとり、リースの上に並べてみるよう例を示しながら説明する。 ☆実習生の配慮を記入しましょう ・選び終わった子どもに葉・どんぐり・栗等に糊をつけ土台に貼るよう伝える。 ☆実習生の配慮を記入しましょう ・貼り終わった子どもから完成したリースを受け取り、糊が乾くまで壁に作品クリップでとめる。貼り終わった子どもは手を洗い、他の遊びコーナーに行くよう伝える。遊びコーナーは担任保育者Aにお願いする。 ☆実習生の配慮を記入しましょう ・担任保育者に引き継ぐ。 ・糊・手拭きタオル・トレイ・シート等を片づける。

評価

指導者所見

● 3歳児クラス指導案（製作「秋のリース」）OK例

(部分)・責任（半日・全日）実習指導計画案		XYZ大学

実習生氏名　　○○　○○　㊞	指導者氏名　　○○　○○　先生　㊞

実施日：令和　　○年　　11月　　○日（　○曜日）　　　天気：晴れ

クラス：　　○組（　3歳児）　　在籍　19名（出席人数：19名（男　9名、女　10名）　欠席：　0名）

前日までの子どもの姿	・室内では、お絵かき、粘土、折紙等、造形遊びを楽しんでいる。 ・散歩でどんぐり公園に行き、どんぐりをたくさん拾ったり、紅葉しきれいな落ち葉を拾ったり、秋の自然を楽しむ姿があった。	ねらい	・紅葉など秋の自然について考える。 ・秋の紅葉や木の実をイメージし、デザインを考えリースをつくる。 ・適量の糊を塗ること知る。
		主な活動	・製作「秋のリース」をつくる。 ・秋の紅葉や木の実をイメージして、リースをデザインする。

第3章　指導案の作成

時間	環境構成	予想される子どもの姿	実習生の援助・配慮
10:00 10:10 10:15 10:20 10:25 11:00	（保育室） ○室内遊び （ままごと・構成遊び・パズル・レンガ積木・木製汽車レール・動物積木・粘土・型はめ・描画等） レンガ積木／汽車コーナー／棚／絵本・構成遊び／カーペット ・絵カード（秋のクイズ） リンゴ・バナナ・ブドウ・さくらんぼのシルエットを見て何の果物か当てる。 ・手遊び「大きな栗の木の下で」 （秋のリース製作） ①リースの土台の上にいろいろな色の葉・どんぐり・栗等を並べ、リースのデザインを考える。 ②葉・どんぐり・栗等に糊をつけ土台に貼る。 ③完成。	○室内遊び ・実習生の声かけで片づけを始める。 ・遊びに熱中し、遊び続ける子どもがいる。実習生と一緒に片づける。 ・片づけが終わった子どもからトイレで排泄を行う。保育者や実習生に守られ、できない部分を手伝ってもらう。 ・排泄・手洗いが終わった約半数の子どもは実習生と一緒に保育室に戻り、自分の席に座る。トイレに残っている子どもは担任保育者Bと一緒に保育室に戻り自分の席に座る。 ・実習生と「大きな栗の木の下で」の手遊びを行う。ほとんどの子どもが知っている歌だが、振付が違うと指摘する子どもがいる。実習生が伝える振付をすぐに覚え、数回行う。 ○製作「秋のリース」をつくる。 ・実習生の説明を聞く。 ・完成したリースを見て製作のイメージを広げる。 ・実習生からリースの土台、木の葉・どんぐり・栗が入ったトレイ、糊、濡れた手拭きタオルを受け取る。 ・すぐに糊で貼ろうとする子どもがいるが実習生の声かけでやめ、実習生の説明を聞く。 ・貼りたいものをトレイからとり、リースの上に並べる。たくさん並べる子ども、数枚のみ並べ満足している子どもがいる。 ・友達と公園で見つけた木の葉やどんぐりについて話しながら並べる。 ・形や色の選び方は子どもの個性が現れている。実習生にほめられよろこぶ。 ・台紙の上に並べた葉・どんぐり・栗等を1枚ずつ糊で台紙に貼る。 ・糊を沢山指に取り、葉や台紙、指が糊だらけになる子どもがいる。 ・自分が選んだものを全部貼り終わったら、完成したリースを実習生に渡す。 ・製作が終わった子どもは手を洗い、ほかの遊びコーナーで遊ぶ。 ・最後までていねいに貼り続ける子どもがいる。	・子どもたちにおもちゃ等を片づけるよう伝え、一緒に片づける。 ・片づけず遊び続けている子どもは個別に声をかけ、片づけを手伝う。 ・片づけ終わった子どもからトイレに行くよう伝える。 ・トイレットペーパーの取り方・拭き方、下着をズボンに入れる等の身支度等を見守り、できないところは手伝う。 ・排泄・手洗いが終わった子どもに保育室に戻るよう伝え、約半数位の子どもと先に保育室に戻る。子どもたちに自分の席に座るよう伝える。 ・全員が椅子に座るまで「秋のクイズ」を行う。イメージがわくように絵カードを使用する。紅葉については理解できるよう、詳しく説明する。 ・全員が揃った後も「秋のクイズ」を続ける。 ・手遊び「大きな栗の木の下で」を行う。 ☆子どもたちの顔を見ながらゆっくりと歌を歌いながら1回行う。子どもたちが知っている振付と違う場合は、1回行った後、振付の確認を行う。次に少しスピードを早くして行う。 ○製作「秋のリース」をつくる。 ・子どもたちにリースの土台、色画用紙で作成した木の葉（3種類各3色）、どんぐり（2色）、栗（2色）を見せ、リースの土台に葉などを糊で貼りリースをつくることを説明する。完成した見本を3種類子どもに見せる。 ☆2つはていねいに木の葉等を貼ったリース、1つは数枚貼ったリースを提示し、できるだけたくさん貼るよう伝える。 ・グループごとにリースの土台、木の葉・どんぐり・栗が入ったトレイ、糊、濡れた手拭きタオルを配る。☆リースの裏面にあらかじめ子どもの名前を書いておく。 ☆すぐに糊で貼ろうとする子どもにまだ貼らずに先にすることがあると伝える。 ・まず貼りたいものをトレイからとり、リースの上に並べてみるよう例を示しながら説明する。 ☆形や色は自由に選ぼう一人ひとりに声をかけながら、リースの上にどのように並べているか確認する。土台の白い部分が隠れるように置きましょう、とたくさん選ぶよう伝えるが、無理強いしない。子どもが選んだ形や色のバランスをほめ、自信をもたせる。 ・選び終わった子どもに木の葉・どんぐり・栗に糊をつけ土台に貼るよう伝える。 ☆糊は葉等に1枚ずつ薄く塗るよう具体的な塗り方をテーブルごとに見せ、子どもたちの塗り方をチェックする。一人ひとりが台紙に貼るバランスを再度確認する。指が糊でベタベタになる前に手拭きタオルで拭くよう伝える。 ・貼り終わった子どもから完成したリースを受け取り、糊が乾くまで壁に作品クリップでとめる。貼り終わった子どもは手を洗い、ほかの遊びコーナーに行くよう伝える。遊びコーナーは担任保育者Aにお願いする。 ☆最後の子どもが貼り終わるまで見守る。少し貼り「できた」と言う子どもにはもっと貼るよう伝えるが無理強いしない。 ・担任保育者に引き継ぐ。 ・糊・手拭きタオル・トレイ・シート等を片づける。

評価

指導者所見

[3] NG例とOK例の比較

① 製作「秋のリース」

当初この指導計画は，日頃から造形遊びを楽しんでいる子どもたちの姿を捉え，散歩先で見つけた色づいた木の葉やどんぐりを使ってリースを製作することを考えた。しかし，落ち葉やどんぐりなどを台紙に貼ることは難しいと担任保育者から助言があり，事前に実習生が色画用紙で落ち葉やどんぐりの形を作成し，子どもたちはそれらを台紙に並べて糊で貼ることを計画した。

OK例は，子どもがまずリースの土台に色画用紙でつくった木の葉やどんぐり，栗などを並べて自分で秋のイメージをデザインすることを大切にした。このとき，同じグループの子ども同士で，公園の紅葉した木の葉やどんぐりを見つけたことを話しながら並べたり糊づけしたりしながら，お互いのデザインをほめ合ってほしいと考えている。土台の上に一度並べたものを1枚ずつ糊で貼ることで，自分のイメージ通りの作品ができる。

NG例は，トレイから選んだ木の葉などを1枚ずつリースの台紙に貼る計画である。この方法でも製作はできるが，今回は「自分でデザインする」ことをねらいにしていることと，すぐに台紙に貼ると，どのような作品になるか予測できない。指導案には製作の手順や作品の完成図，予想される子どもの姿，実習生の援助・配慮事項も不足している。製作は糊でベトベトになった手を拭くための濡れた手拭きタオルの用意や，いつ材料を各テーブルに配るかなど，事前に考えておくことが大切である。

② 身体を動かして遊ぶ

全員で一緒に行える手遊びやリトミックだが，やりたくないという3歳児の子どもの気持ちを受け止め，どう対応するか事前に考えておく必要がある。

NG例では，全員が行うことを前提に立案されている。当日子どもがやりたくない，という意思表示をした場合どうするか，まったく考えられていない。このまま部分実習を行うと当日どう対応すればよいか困ると思われる。

また，ホールに移動したあと，「実習生の前に集まるように伝える」と書かれているが，集まったあと具体的にどうするかがわからない。実習生の前に行き，その場所に立ち次の指示を待つのか，床に座るのか，そこまで記入しておくべきである。3歳児は「ここに座ってください」と個別に座る場所を示すことで，場所の取り合いなどが起こらない。この指導案も予想される子どもの姿，実習生の援助・配慮事項の記入が不足している。環境構成は書けているが，「なぞなぞ」の内容を加えるとわかりやすいものになる。

(部分)・責任（半日・全日）実習指導計画案		XYZ大学

実習生氏名　　〇〇　〇〇　㊞	指導者氏名　　〇〇　〇〇　先生　㊞

実施日：令和　〇年　11月　〇日（　〇曜日）　　天気：晴れ

クラス：　〇組（　3歳児）	在籍　19名（出席人数：19名（男　9名、女　10名）　欠席：　0名）

<table>
<tr><td rowspan="2">前日まで
の子ども
の姿</td><td rowspan="2">・4・5歳児クラスが園庭で行って
いる運動会の練習（リレー・遊
戯・リトミック等）に興味を示
し、ベランダで保育者と一緒に応
援することや、一緒に身体を動か
す子どもが多い。</td><td>ねらい</td><td>・手遊び「みんながあつまった」ではとなりにいる子どもの肩を
そっとたたけるよう加減するよう意識する。
・友達と一緒に身体を動かすことを楽しむ。
・ピアノに合わせていろいろな表現をすることを楽しむ。</td></tr>
<tr><td>主な活動</td><td>・手遊び「みんながあつまった」を行う。
・ピアノに合わせ、身体を動かす（リトミック）。</td></tr>
</table>

時間	環境構成	予想される子どもの姿	実習生の援助・配慮
10:00 10:10 10:15	（保育室） ○室内遊び （ままごと・構成遊び・パズル・レ ンガ積木・木製汽車レール・動物積 木・粘土・型はめ・描画等） ［レンガ積木 汽車コーナー／棚／絵本・構成遊び／カーペット の配置図］	・朝のおやつを食べた子どもから トイレで排泄を行う。おむつを着用 している子どもは保育者にてつ だってもらいながら新しいものに 替える。 ・排泄・手洗いが終わった約半数の 子どもは実習生と一緒にホールに 移動する。実習生の前に座る。 ・トイレに残っている子どもは担任 保育者Bと一緒にホールに向かう。	・子どもたちにおもちゃ等を片づけるよう伝え、一緒に片づける。 ・片づけず遊び続けている子どもには個別に声をかけ、片づけを手 伝う。 ・片づけ終わった子どもからトイレに行くよう伝える。 ☆子どものやる気を引き出すような声かけを行いながら、トイレッ トペーパーの取り方・拭き方、下着をズボンに入れる等の身支度 等を見守り、できないところは手伝う。 ・排泄・手洗いが終わった子どもにホールに行くことを伝え、約半 数の子どもと一緒に先にホールに向かい、実習生の前に集まるよ うに伝える←どこにどのように座りますか？ ・ほかの子どもは担任保育者Bと一緒にホールに向かう。
10:20	・手遊び「みんながあつまった」 ［円形の配置図　P］	○手遊び「みんながあつまった」を 実習生と一緒に楽しむ。 ・予想される子どもの姿を考え記入 する	○手遊び「みんながあつまった」 ・手遊び「みんなが集まった」を行う。 ☆子どもたちの様子を見ながら行う。 　　↓ 配慮を詳しく記入 やりたくない子どもへの配慮も考える
10:25	★実習生　▲保育者　○子ども （リトミック） ・ピアノに合わせ、歩く・走る・ ジャンプする・動物や乗物の動き を全身で表現する。 ［円形の配置図　矢印　★P］	○ピアノに合わせて身体を動かす （リトミック） ・実習生の説明を聞く。 ・実習生の声かけとピアノに合わせ て、走る・歩く・ジャンプする・ いろいろな動物等の動きを身体全 体を使って表現する。 ・予想される子どもの姿を考え記入 する ・実習生の問いかけに「〇〇が楽し かった」「疲れた」等いろいろな 感想を言う。	○ピアノに合わせて身体を動かす（リトミック） ・子どもたちに、これからピアノの曲に合わせ、走る・歩く・ジャ ンプする・いろいろな動物等の動きを行うということを説明する。 ・ピアノを弾き始める前に「歩きます」と声をかけてからピアノを 弾く。「走ります」「ジャンプ」「象さんになって歩きましょう」「キ リン」「トンボ」「ちょうちょ」「車」「汽車」「お昼寝」「どんぐりこ ろころ」等、ピアノの曲調を変える前に子どもたちに声をかける。 ☆走るときに子ども同士ぶつからないよう、同じ方向に動くよう伝 える。 ☆担任保育者Bに子どもたちと一緒にピアノに合わせて身体を動か していただくようお願いしておく。 配慮事項を詳しく記入する やりたくない子どもへの配慮も考える
10:45	・なぞなぞの内容も記入しましょう		・最後に皆でホールの中央に集まり床に座るように伝え、どんな動 きが楽しかったか子どもたちに聞く。 ・担任の保育者に引き継ぐ。

評価

指導者所見

右側余白：第3章　指導案の作成

●3歳児クラス指導案（リトミック）OK例

<table>
<tr><td colspan="3">(部分)・責任（半日・全日）実習指導計画案</td><td>XYZ大学</td></tr>
<tr><td colspan="2">実習生氏名　　○○　○○　㊞</td><td colspan="2" align="right">指導者氏名　　○○　○○　先生　㊞</td></tr>
<tr><td colspan="3">実施日：令和　○年　11月　○日（　○曜日）</td><td>天気：晴れ</td></tr>
<tr><td colspan="2">クラス：　○組（　3歳児）</td><td colspan="2">在籍　19名（出席人数：　19名（男　9名、女　10名）　欠席：　0名）</td></tr>
</table>

前日までの子どもの姿	・4・5歳児クラスが園庭で行っている運動会の練習（リレー・遊戯・リトミック等）に興味を示し、ベランダで保育者と一緒に応援することや、一緒に身体を動かす子どもが多い。	ねらい	・手遊び「みんながあつまった」ではとなりにいる子どもの肩をそっとたたけるよう加減するよう意識する。 ・友達と一緒に身体を動かすことを楽しむ。 ・ピアノに合わせていろいろな表現をすることを楽しむ。
		主な活動	・手遊び「みんながあつまった」を行う。 ・ピアノに合わせ、身体を動かす（リトミック）。

時間	環境構成	予想される子どもの姿	実習生の援助・配慮
10:00 10:10 10:15 10:20	（保育室） ○室内遊び （ままごと・構成遊び・パズル・レンガ積木・木製汽車レール・動物積木・粘土・型はめ・描画等） （図：レンガ積木・汽車コーナー・棚・絵本・構成遊び・カーペット） ・手遊び「みんながあつまった」 （図：円形にP・子ども・実習生★・保育者▲） ★実習生　▲保育者　○子ども	○室内遊び ・実習生の声かけで片づけを始める。 ・遊びに熱中し、遊び続ける子どもがいる。実習生と一緒に片づける。 ・片づけが終わった子どもからトイレを行う。保育者や実習生に守られ、できない部分を手伝ってもらう。 ・排泄・手洗いが終わった約半数の子どもは実習生と先にホールに移動し、実習生が示す場所に座る。トイレに残っている子どもは担任保育者Bと一緒にホールに向かう。 ・手遊び「みんながあつまった」を実習生と一緒に楽しむ。最初はどう手を動かしていいかとまどっていた子どもも数回行うことで隣に座っている子どもの肩をたたきながら歌うようになる。	・子どもたちにおもちゃ等を片づけるよう伝え、一緒に片づける。 ・片づけず遊び続けている子どもには個別に声をかけ、片づけを手伝う。 ・片づけ終わった子どもからトイレに行くよう伝える。 ☆子どものやる気を引き出すような声かけを行いながら、トイレットペーパーの取り方・拭き方、下着をズボンに入れる等の身支度等を見守り、できないところは手伝う。 ・排泄・手洗いが終わった子どもにホールに行くことを伝え、約半数の子どもと一緒に先にホールに向かい、ホールの中央に座るよう伝え、座る場所を示す（円形に座る）。ほかの子どもは担任保育者Bと一緒にホールに向かう。 ☆参加したくない子どもには、担任保育者Aと皆の様子を見て、いつでも参加してくださいと伝える。 ・全員が集まるまで「なぞなぞ」を行う。子どもたちに質問し、答えを聞く。 ○手遊び「みんながあつまった」 ・全員円形に座ったことを確認し、手遊び「みんなが集まった」を行う。 ☆初めて行う手遊びのため、最初はゆっく歌いながら動作を伝える。 ☆「お隣さんの肩たたこう」の箇所で相手の肩をそっとたたくよう手本を示す。
10:25 10:45	（リトミック） ・ピアノに合わせ、歩く・走る・ジャンプする・動物や乗物の動きを全身で表現する。 （図：円形に矢印・子ども・実習生★・P） （なぞなぞ） ・緑色の野菜は何がありますか。 ・赤い色の果物は何がありますか等の質問をし、子どもたちが答える。	○ピアノに合わせて身体を動かす（リトミック） ・実習生の説明を聞く。 ・実習生の声かけとピアノに合わせて、走る・歩く・ジャンプするいろいろな動物等の動きを身体全体を使って表現する。 ・興奮して実習生の声かけやピアノの音と違う動きをする子どもや、皆の動きは反対方向に走り始める子どもがいる。 ・担任保育者Bの動きを見ながら、自分で考えた動きを考え楽しむ。 ・皆と一緒に行わず、担任保育者Aとホールの隅に座り皆のことを見ている子どもがいる。 ・実習生の問いかけに「○○が楽しかった」「疲れた」等いろいろな感想を言う。	○ピアノに合わせて身体を動かす（リトミック） ・子どもたちに、これからピアノの曲に合わせ、走る・歩く・ジャンプする・いろいろな動物等の動きを行うということを説明する。 ・ピアノを弾き始める前に「歩きます」と声をかけてからピアノを弾く。「走ります」「ジャンプ」「象さんになって歩きましょう」「キリン」「トンボ」「ちょうちょ」「車」「汽車」「お昼寝」「どんぐりころころ」等、ピアノの曲調を変える前に子どもたちに声をかける。 ☆走るときに子ども同士ぶつからないよう、同じ方向に動くよう伝える。 ☆子どもたちの様子を見ながら子どもたちの動きに合わせてピアノを弾く。早いテンポの動きと、ゆっくりとした動きを組み合わせる。 ☆最初は全員で行うが、子ども達が少し疲れた後半は、女児と男児の2グループに別れ、交互に行う。 ☆参加しない子どもがいても無理に誘わず、ピアノを弾きながらその子どもの様子に気を配る（参加しない子どもは担任保育者Aと皆の様子を見る）。 ☆担任保育者Bに子どもたちと一緒にピアノに合わせて身体を動かしていただくよう事前にお願いしておく。 ・最後に皆でホールの中央に集まり床に座るように伝え、どんな動きが楽しかったか子どもたちに聞く。 ・担任の保育者に引き継ぐ。

評価

指導者所見

6 ── 4歳児の指導案作成

　ここでは，4歳児クラスの指導案作成をするために必要な発達の特徴と指導案の作成例を紹介する。

[1] 4歳児クラスの子どもの発達と特徴

　運動機能は，全身バランス感覚がさらに発達し，スキップやケンケンパー，ボールを蹴りながら走る，棒を登るなど，できる運動の種類が増える。活動的になり，いろいろな運動を行うことを楽しむ。

　手先が器用になり，描画でていねいに色を塗ることやハサミを使った製作などにも積極的に取り組む姿が見られる。箸を使っての食事ができるようになる。

　語彙数が増え，言葉への関心が高まり，覚えた言葉を積極的に使って話すことを楽しむ姿がある。同時に悪い言葉も覚え，わざと使う子どもがいる。

　人間関係の発達では「他児を意識して自分を表現する」ことができるようになる。具体例を以下にあげる。

① 特定の友達と遊ぶことが増える

　他児のしていることに興味をもち，同じことをしていくなかで，友達と一緒にしたい，特定の友達と遊びたいという気持ちが強くなってくる。4歳児はおしゃべりが盛んになる時期である。好きな友達とおしゃべりを楽しみながら自分の思いやイメージを表現し，友達とのつながりをつくっていく。

② 自制心が育ち，仲間とのつながりが深まる

　少しずつ自意識が明確になり，「自分はまわりの人からどう思われているのだろう」と他者を意識するようになる。自分の思い通りにならないという体験を通し，自制する心が育っていき，友達との関係を深めていく。

　仲よしグループや友達とイメージを共有しながらごっこ遊びを楽しむなど，ますます遊びが豊かに広がっていくが，お互いの主張をぶつけあう姿や勝ち負けに強くこだわる姿がある。

③ ルールのある遊びを友達と楽しむ

　ルールが理解できるようになり，ルールを守って遊んだり生活をしたりすることができるようになる。

④ 競争心が芽生える

気の合う友達に積極的に関わり，関係を深めていくが，同時に競争心も芽生え，けんかが増える時期である。自分たちで解決できない場合，保育者に自分の思いを訴え，解決を求める子どももいる。

⑤ 保育者や年長児，友達のように振る舞いたいという気持ちが芽生える

感情が豊かになり，身近な人との関わりが増える。年長児や友達から刺激を受け，自分もやってみたいという気持ちが芽生える。保育者が乳児クラスの子どもと接する姿を見て，自分も優しくしたいという気持ちをもって，乳児クラスの子どもに関わろうとする姿がある。

[2] 4歳児クラスの実習指導案の作成

4歳児クラスの指導案は，2月に行う保育実習を想定している。子どもたちはもうすぐ年長クラスになるという期待とよろこびにあふれている。年長クラスの子どもたちに憧れ自分も同じようになりたい，という気持ちを受け止め，活動を計画した。

この園は「子どもの主体性を大切にした保育」を大切にしている。保育室に遊びコーナーを設定し，子どもが自分で遊びを選び，じっくり遊べる空間と時間を確保している。一斉活動が中心の園とは異なり，自分でやりたいと思った子どもから製作コーナーに行き，製作を行っている。

次ページの製作「ブンブンコマ」の指導案は，全員一斉には行わず，遊びのなかの一つのコーナーと考え立案している。4歳児クラスの子どもがつくったコマを見て興味をもった年長クラスの子どもにもつくってほしいと考えている。

NG例は，予想される子どもの姿と実習生の配慮の記述が不足している。予想される子どもの姿は，実際に経験を積まないと想像できない。したがって，1回目の保育実習や教育実習で，子どもの発達をしっかりと捉えることが重要なポイントになる。また，養成校での授業で各年齢の子どもの発達や特徴を学ぶことも大切である。子どもの姿が想像できないと，どのような配慮をすべきか見当がつかないと思われる。事前に指導案をたくさん作成し，考えておくとよいだろう。

(部分)・責任（半日・全日）実習指導計画案		XYZ大学

実習生氏名　　○○　○○　㊞		指導者氏名　　○○　○○　先生　㊞

実施日：令和　○年　2月　○日（　○曜日）　　　天気：晴れ		

クラス：　ぞう組（　4歳児）	在籍　20名（出席人数：　20名（男　9名、女　11名）　欠席：　0名）	

前日までの子どもの姿	・鼻水や咳などの風邪の症状が出ている子どもが増えている。 ・戸外では鬼ごっこや大縄跳びで遊ぶ。鬼ごっこでは、タッチした、していないという内容でもめることがあるが、自分たちで解決している。 ・室内ではカプラや積木遊びが主流。	ねらい	・コマの色やデザインを工夫し、自分なりの表現を楽しむ。 ・つくったブンブンコマを回して遊ぶ。
		主な活動	・ブンブンコマをつくる。 ・ブンブンコマを回し、コマの色の変化や回すときに出る音を楽しむ。

時間	環境構成	予想される子どもの姿	実習生の援助・配慮
10:10 10:20 11:20	（室内遊び） 保育室にはいろいろな遊びのコーナーを常に設定している。子どもたちがいつでも遊びを選べる環境が設定されている。 （ままごと・構成遊び・パズル・レンガ積木・木製汽車レール・動物積木・粘土・型はめ・描画等） ［図：積木カプラコーナー・棚・カーペット］ ［図：★実習生　○子ども］ ★実習生　○子ども （ブンブンコマ） ①コマの台紙を丸・正方形どちらか1枚選ぶ。 板目の中央に1cm幅で2つの穴をあけておく。 ②台紙の両面にクレヨンで模様を書き、いろいろな色を塗る。 ③台紙の中央の2つの穴にタコ糸を通す。 ［図：丸・三角］ 穴を通しやすいようタコ糸の両端にボンドを塗り硬くしておく。 ［図］ ④完成。	（室内遊び） ・実習生が準備している姿を見て興味をもち傍に来る子どもがいる。実習生に「もう少し待っていてね」と声をかけられうなずき、準備している様子を見ている。 予想される子どもの姿を記入しましょう ・実習生の準備が終わったことを確認し、準備を始める。 ○製作「ブンブンコマ」 ・自分のクレヨンをロッカーに取りに行き製作コーナーの椅子に座る。 予想される子どもの姿を記入しましょう ・実習生がまわすブンブンコマを見て自分もつくって回したいと思う子どもが多い。 ・ブンブンコマの台紙を1枚選び、クレヨンで模様を書き、塗りつぶす。 ・見本のコマを見て自分で考え、デザインや色を考える。 予想される子どもの姿を記入しましょう ・台紙に色を塗った子どもは台紙の中央の2つの穴にタコ糸を通し、ひもを結び完成させる。 予想される子どもの姿を記入しましょう ・クレヨンを片づけ完成したブンブンコマを回す。 予想される子どもの姿を記入しましょう ・つくりたい子どもだけが作成するが、後日つくりたい子ども、2つめをつくりたい子どもは、製作コーナーで後でつくる。	（室内遊び） ・子どもたちの遊ぶ様子を見ながら、製作コーナーの準備を行う。 ・テーブルを2つ並べ、ビニールシートを敷き「ブンブンコマ」の台紙が入ったトレイを各テーブルに2つずつ置く。 ・タコ糸が入ったトレイを各テーブルに1つ置く。 ・実習生がつくった見本のブンブンコマを数種類テーブルに置く。 ☆実習生の配慮を記入しましょう ○製作「ブンブンコマ」 ☆全員一斉に行うのではなく、興味を示しつくりたい子どもからブンブンコマをつくる。 ・準備ができたことを傍にいる子どもに伝え、ロッカーに自分のクレヨンを取りに行き、椅子に座るよう伝える。 ☆実習生の配慮を記入しましょう ・自分のクレヨンをもち、テーブルに座った子どもに完成したブンブンコマを見せ、実際にタコ糸を引いてコマを回し遊び方を紹介する。 ・コマの台紙は丸・正方形どちらか1枚選び、台紙の両面にクレヨンで模様を書き、いろいろな色を塗るよう説明する。 ☆実習生の配慮を記入しましょう ・色を塗り終わった子どもは台紙の中央の2つの穴にタコ糸を通す。 ☆実習生の配慮を記入しましょう ・通したタコ糸の両端を実習生または、担任保育者が結び完成。 ☆実習生の配慮を記入しましょう ・自分のクレヨンを片づけてからブンブンコマを回してみるよう伝え、回し方を個別に伝える。 ☆実習生の配慮を記入しましょう ☆順番にブンブンコマをつくるよう伝えるが、つくらない子どもがいても無理強いしない。午後や、翌日等つくりたい時につくりましょうと伝える。後でつくりたい子ども、2つめをつくりたい子どもが後で自由につくれるよう、製作コーナーにしばらくコマの台紙をおいておく（タコ糸は別の場所に保管し、台紙が完成した子どものみに渡す）。 ・食事の時間になる前に製作コーナーを片づけ、担任保育者に引き継ぐ。

評価

指導者所見

●4歳児クラス指導案（製作「ブンブンコマ」）OK例

(部分)・責任（半日・全日）実習指導計画案	XYZ大学

実習生氏名　　○○　○○　㊞	指導者氏名　　○○　○○　先生　㊞

実施日：令和　○年　2月　○日（　○曜日）　　　　天気：晴れ

クラス：　　ぞう組（　4歳児）　　在籍　20名（出席人数：20名（男　9名、女　11名）　欠席：　0名）

前日までの子どもの姿	・鼻水や咳などの風邪の症状が出ている子どもが増えている。 ・戸外では鬼ごっこや大縄跳びで遊ぶ。鬼ごっこでは、タッチした、していないという内容でもめることがあるが、自分たちで解決している。 ・室内ではカプラや積木遊びが主流。	ねらい	・コマの色やデザインを工夫し、自分なりの表現を楽しむ。 ・つくったブンブンコマを回して遊ぶ。
		主な活動	・ブンブンコマをつくる。 ・ブンブンコマを回し、コマの色の変化や回すときに出る音を楽しむ。

時間	環境構成	予想される子どもの姿	実習生の援助・配慮
10:10 10:20 11:20	（室内遊び） 保育室にはいろいろな遊びのコーナーを常に設定している。子どもたちがいつでも遊びを選べる環境が設定されている。 （ままごと・構成遊び・パズル・レンガ積木・木製汽車レール・動物積木・粘土・型はめ・描画等） 積木 棚　カプラコーナー カーペット ★実習生　○子ども （ブンブンコマ） ①コマの台紙を丸・正方形どちらか1枚選ぶ。 板目の中央に1cm幅で2つの穴をあけておく。 ②台紙の両面にクレヨンで模様を書き、いろいろな色を塗る。 ③台紙の中央の2つの穴にタコ糸を通す。 穴を通しやすいようタコ糸の両端にボンドを塗り硬くしておく。 ④完成。	（室内遊び） ・実習生が準備している姿を見て興味をもち傍に来る子どももいる。実習生に「もう少し待っていてね」と声をかけられうなずき、準備している様子を見ている。 ・実習生が準備していることにまったく興味を示さない子どももいる。 ・実習生の準備が終わったことを確認し、準備を始める。 ○製作「ブンブンコマ」 ・自分のクレヨンをロッカーに取りに行き製作コーナーの椅子に座る。 ・自分もつくりたいと後から来た子どもが座る場所がなく、怒る子どももいる。実習生から後でつくることができると聞き、他の遊びのコーナーに行く。 ・実習生がまわすブンブンコマを見て自分も作って回したいと思う子どもが多い。 ・ブンブンコマの台紙を1枚選び、クレヨンで模様を書き、塗りつぶす。 ・見本のコマを見て自分で考え、デザインや色を考える。 ・クレヨンで少し書き「できた」と言う子ども、ていねいに色を塗る子ども、デザインや色をじっくりと考える子どももいる。 ・台紙に色を塗った子どもは台紙の中央の2つの穴にタコ糸を通し、ひもを結び完成させる。タコ糸を穴に通せない子どもは実習生または担任保育者に手伝ってもらう。タコ糸の両端を結ぶことは実習生または担任保育者が行うが、自分で結びたいと結ぶ子どももいる。 ・クレヨンを片づけ完成したブンブンコマを回す。すぐに上手に回せない子ども、なかなかこつをつかめない子どもがいる。 ・つくりたい子どもだけが作成するが、後日つくりたい子ども、2つめをつくりたい子どもは、製作コーナーで後でつくる。	（室内遊び） ・子どもたちの遊ぶ様子を見ながら、製作コーナーの準備を行う。 ・テーブルを2つ並べ、ビニールシートを敷き「ブンブンコマ」の台紙が入ったトレイを各テーブルに2つずつ置く。 ・タコ糸が入ったトレイを各テーブルに1つ置く。 ・実習生がつくった見本のブンブンコマを数種類テーブルに置く。 ☆準備中に興味を示し傍に来た子どもに、準備が出来たら声をかけると伝え、手早く準備を進める。 ○製作「ブンブンコマ」 ☆全員一斉に行うのではなく、興味を示しつくりたい子どもからブンブンコマをつくる。 ・準備ができたことを傍にいる子どもに伝え、ロッカーに自分のクレヨンを取りに行き、椅子に座るよう伝える。 ☆7〜9人まではテーブルに座れるが、希望者がそれ以上になった場合は後でつくることができると伝える。クレヨンを取りに行く前に人数を確認する。 ・自分のクレヨンを持って、テーブルに座った子どもに完成したブンブンコマを見せ、実際にタコ糸を引いてコマを回し遊び方を紹介する。 ☆コマの台紙は丸・正方形どちらか1枚選び、台紙の両面にクレヨンで模様を書き、いろいろな色を塗るよう説明する。 ☆見本のブンブンコマの模様と回したときに現れる模様を見せ、各自デザインや色を考えるヒントを示す。 ☆クレヨンを濃く塗ると回ったときに色がきれいに出たり、模様が変わったりすることを伝える。 ・色を塗り終わった子どもは台紙の中央の2つの穴にタコ糸を通す。 ☆穴を通しやすいようタコ糸の両端にボンドを塗り硬くしておく。 ☆穴にタコ糸をなかなか通せない子どもは実習生が手伝い、タコ糸の端を少し穴に入れ、その後は自分でタコ糸を引っ張るよう伝える。 ・通したタコ糸の両端を実習生または、担任保育者が結び完成。 ☆子どもが自分でひもを結びたいと言った場合は、結び方を教える。自分で結びたい気持ちはあるが、結べない子どもに対しては一緒に結ぶ。 ・自分のクレヨンを片づけてからブンブンコマを回してみるよう伝え、回し方を個別に伝える。 ☆なかなか回せない子どもにはタコ糸を引っ張るコツを教える。 ☆順番にブンブンコマをつくるよう伝えるが、つくらない子どもがいても無理強いはしない。午後や、翌日等つくりたいときにつくりましょうと伝える。後でつくりたい子ども、2つめをつくりたい子どもが後で自由につくれるよう、製作コーナーにしばらくコマの台紙をおいておく（タコ糸は別の場所に保管し、台紙が完成した子どものみに渡す）。 ・食事の時間になる前に製作コーナーを片づけ、担任保育者に引き継ぐ。

評価

指導者所見

[3] NG例とOK例の比較

① 製作「ブンブンコマ」

前ページでも説明しているが，この指導案は子どもが全員で一斉に行うのではなく，ブンブンコマをつくりたいと思った子どもからつくるよう立案している。部分実習を行った時間につくらず，ほかの日にち，ほかの時間につくってもよいと考えている。一人で数個つくる子ども，まったく興味を示さない子どもがいると考えられる。4歳児がコマを回している姿を見て，年長クラスの子どももコマをつくりたいという気持ちになると予想して，材料をたくさん準備しておくことも配慮の一つである。

OK例での工夫は，子どもが台紙の穴に通しやすくなるようタコ糸の端にボンドを塗り硬くしておくことと，台紙の穴を少し大きくしておくことである。

ブンブンコマをつくりながら，コマで遊びながら友達との会話を楽しみ，関わりを広げていけるような保育を目指すことが重要である。

② なかあて

「なかあて」を選んだ理由は，年長クラスの子どもたちが行っているドッジボールに4歳児が興味を示し，数人がときどき加わっている姿からドッジボールよりも簡単な「なかあて」を部分実習で行いたいと考えたからである。「なかあて」のルールを理解し，楽しめるようになると，ドッジボールのルールの理解は早いと思われる。

NG例は全員でホールに行き，担任保育者と子ども数人に協力してもらいルールを説明するよう立案している。実習生がその場ですぐに子どもたちが理解できるような説明を行うことは，かなり難しいと予測される。

OK例は朝の会が終了後，ホールに行く前にホワイトボードを使い「なかあて」のルールを説明している。マグネットを使ったルールの説明とボールが首から上にあたった場合はセーフとすること，ボールは顔や頭を狙って投げないことなどを確認してからホールに行くよう立案している。さらに担任保育者と子ども数人に協力してもらいルールの確認を行うことで，理解しやすいと考えた。実習生と担任保育者は初回の外野になるが，外野の人数が増えたら審判役になり，ホイッスルを使用し，内野があたったらホイッスルを軽く吹く，外野同士でボールを取り合ったら軽く吹くなど，ゲームにメリハリをつけながら子どもの動きを見守ることが大事である。

NG例は，予想される子どもの姿と実習生の配慮が不足している。配慮は保育をする上で欠かせないため，指導案を書きながらさまざまな想像をして，詳しく書くことが大事である。

●4歳児クラス指導案（なかあて）NG例

(部分)・責任（半日・全日）実習指導計画案		XYZ大学

実習生氏名　　○○　○○　㊞	指導者氏名　　○○　○○　先生　㊞

実施日：令和　○年　　2月　　○日（　○曜日）　　　　天気：晴れ

クラス：　　ぞう組（　4歳児）　　在籍　20名（出席人数：　18名（男　8名、女　10名）　欠席：　2名）

前日まで の子ども の姿	・年長クラスの子どもたちが卒園に向けていろいろな活動をしている姿を見て、もうすぐ自分たちが年長クラスになるという思いが強くなっている。 ・年長クラスが行っているドッジボールに数人の子どもが加わっている。	ねらい	・友達と一緒に集団遊びを楽しく行う。 ・友達や保育者とのやりとりを通して、「なかあて」のルール（方法）を学ぶ。
		主な活動	・「なかあて」を行う。 ・「なかあて」のルールを理解し、楽しむ。

時間	環境構成	予想される子どもの姿	実習生の援助・配慮
9:40		・朝の会が終わり、実習生の話を聞く。	・朝の会が終わった後、「なかあて」をすることを伝える。
9:45		・実習生の言葉かけにグループごとに保育室の入口に並び、ホールに歩いていき、壁の前の床に座る。	・グループことに保育室入口に2列に並ぶように声をかけ、子どもたちと歩いてホールに行く。 ・子どもたちにホールの壁の前の床に座るよう伝える。
9:55		・実習生から「なかあて」のルールを説明を聞く。 ・「なかあて」のルールを知っている子どもと、まったく知らない子どもがいる。	・「なかあて」のルールを説明する。 ☆実習生の配慮を記入しましょう
	★実習生　○子ども　担任▲ 実習生からルールを聞く	○「なかあて」をする。 ・子どもに促され、子どもは全員なかあてのコートの中に入り、なかあてのゲームを始める。	○「なかあて」をする。 ・子どもたち全員がコートの中に入るよう伝え、実習生と担任が外野になり「なかあて」を開始する。開始の合図はホイッスルを吹く。
10:05		予想される子どもの姿をもっと記入しましょう	☆実習生の配慮を記入しましょう ☆あたっても痛くならないよう柔らかいボールを使用する。
	（なかあてのルール） ①外野を2～3人決める。今回は外野になった子どもはボールをコート内の子どもにあててもコートの中にはもどれない。 ②コート内で外野が投げたボールにあたった子どもは外野になる。 ③首から上が当たった場合はセーフとする。ただし、ワンバウンドや転がったボールにあたった子どもは外野に出る。 ④最後まで残った子どもがチャンピオンとなり、次のゲームの外野になる。 ⑤初回の外野は担任と実習生が行う。	・担任保育者と実習生が投げるボールをよける。ボールがあたった子どもは外野になりボールを投げる。ルールを理解し、楽しみながら行う。	☆実習生はホイッスルを使用する（弱く吹く）。ホイッスルは、子どもがボールにあたったときに吹く。外野がボールを取り合ったり、外野がなかなかボールを投げないときにもホイッスルを吹く。 ・初回はルールを確認しながら行う。内野が3～4人になるまで行う。
		予想される子どもの姿をもっと記入しましょう ・回数を重ねるうちにボールの投げ方や、ボールのよけ方が上手くなる。	☆実習生の配慮を記入しましょう ・子どもたちの様子を見ながら、2回戦を行うことを伝える（3回戦も）。
10:50		予想される子どもの姿をもっと記入しましょう ・グループごとにホール中央に並び、歩いて保育室に戻る。	☆実習生の配慮を記入しましょう ・2回戦（3回戦）が終わった後、なかあてを終了することを伝え、グループごとにホール中央に並ぶよう声をかける。 ・子どもたちと歩いて保育室に戻る。 ・担任保育者に引き継ぐ。

評価

指導者所見

●4歳児クラス指導案（なかあて）OK例

(部分)・責任（半日・全日）実習指導計画案			XYZ大学
実習生氏名　　○○　○○　㊞		指導者氏名　　○○　○○　先生　㊞	

実施日：令和　○年　2月　　○日（　○曜日）　　　　天気：晴れ

クラス：　　ぞう組（　4歳児）	在籍　　20名（出席人数：　18名（男　8名、女　10名）　　欠席：　2名）

前日までの子どもの姿	・年長クラスの子どもたちが卒園に向けていろいろな活動をしている姿を見て、もうすぐ自分たちが年長クラスになるという思いが強くなっている。 ・年長クラスが行っているドッジボールに数人の子どもが加わっている。	ねらい	・友達と一緒に集団遊びを楽しく行う。 ・友達や保育者とのやりとりを通して、「なかあて」のルール（方法）を学ぶ。
		主な活動	・「なかあて」を行う。 ・「なかあて」のルールを理解し、楽しむ。

時間	環境構成	予想される子どもの姿	実習生の援助・配慮
9:40 9:45 9:55 10:05 10:50	（棚・積木カプラコーナー、カーペットの配置図） ホワイトボードを使い「なかあて」の説明をする （コート配置図 P ★ ▲ ○○○○○○○○○○） ★実習生 ○子ども 担任▲ 実習生からルールを聞く （なかあて コート図 P ▲） なかあてのコートはあらかじめビニールテープを貼っておく （なかあてのルール） ①外野を2～3人決める。今回は外野になった子どもはボールをコート内の子どもにあててもコートの中にはもどれない。 ②コート内で外野が投げたボールにあたった子どもは外野になる。 ③首から上が当たった場合はセーフとする。ただし、ワンバウンドや転がったボールにあたった子どもは外野に出る。 ④最後まで残った子どもがチャンピオンとなり、次のゲームの外野になる。 ⑤初回の外野は担任と実習生が行う。	・朝の会が終わり、実習生の話を聞く。 ・「なかあて」のルールを知っている子どもと、まったく知らない子どもがいる。 ・実習生の説明を聞き、すぐに理解する子どももいるが、実際にゲームを行いながらではないと理解できない子どももいる。説明に「わからない」と答える子どももいる。 ・実習生の言葉かけにグループごとに保育室の入口に並び、ホールに歩いていき、壁の前の床に座る。 ・実習生に呼ばれた5人の子どもはなかあてのコートに入る。担任保育者と実習生が外野役になり、実際にボールを投げる様子を見ながらルールを覚える。ボールがあたったらコートから出て外野になることを理解する。 ・まだよくわかっていない子どもは、実際になかあてをやりながらルールを覚えていく。 ・実習生に促され、子どもは全員なかあてのコートの中に入り、なかあてのゲームを始める。 ・担任保育者と実習生が投げるボールをよける。ボールがあたった子どもは外野になりボールを投げる。ルールを理解し、楽しみながら行う。 ・外野の人数が多くなるとコートの外に出たボールを外野同士でボールを取り合ったり、同じ子どもだけがボールを投げたりする。 ・ボールがあたっても「あたっていない」と外野になるのを嫌がる子どもがいる。 ・すぐにあてられ、おこる子ども、上手にボールにあたらないよう身をかわす子どもがいる。 ・回数を重ねるごとにボールの投げ方やよけ方が上手くなる。 ・最後まで残った子ども3～4人がチャンピオンになり、次のゲームの外野役になる。 ・途中でやりたくないと意思表示した子どもは応援する。 ・グループごとにホール中央に並び、歩いて保育室に戻る。	・朝の会が終わった後、「なかあて」をすることを伝える。 ・「なかあて」のルールを説明する。 ☆ホワイトボードに書いた「なかあて」のコートとマグネットを使用し、外野（コートの外にいる子ども）が投げたボールにあたった子どもはすぐにコートから出て外野になることを説明する。イメージがわくように、内野・外野・ボールのマグネットの色を変える。子どもたちの反応を見ながらていねいに説明し、理解が難しいようなら説明をやめ、ホールでの説明を多くする。 ・グループごとに保育室入口に2列に並ぶように声をかける。 ・子どもたちと歩いてホールに行く。 ・子どもたちにホールの壁の前の床に座るよう伝える。 ・「なかあて」のルールを説明する。 ☆事前にホールにテープを貼りつくったコート内に子ども数人に入ってもらい、担任保育者と実習生が外野役になりボールを投げる等、子どもたちにわかりやすいよう説明する。ボールは首から下にする。首から上（顔・頭・耳等）に当てた場合は無効、ワンバウンドやころがったボールにあたった場合は外野になる、ボールがあたった子どもは外野になる、外野はボールをあてても内野には戻れない等をわかりやすく伝える。 ・子どもたち全員がコートの中に入るよう伝え、実習生と担任が外野になり「なかあて」を開始する。開始の合図はホイッスルを吹く。 ☆あたっても痛くならないよう柔らかいボールを使用する。 ☆実習生はホイッスルを使用する（弱く吹く）。ホイッスルは、子どもがボールにあたったときに吹く。外野がボールを取り合ったり、外野がなかなかボールを投げないときにもホイッスルを吹く。 ・初回はルールを確認しながら行う。内野が3～4人になるまで行う。 ☆外野が増えてきたら、実習生は審判役になり常に全体を把握する。 ・とくにボールあたった・あたっていないということをよく見る。 ・子どもたちの様子を見ながら、2回戦を行うことを伝える（3回戦も）。 ☆最後に残った3～4人に外野になるようお願いする。嫌がるようなら、実習生と担任保育者が外野になる。「もうやりたくない」という子どもは壁の前に座り、皆を応援するよう伝える。 ・2回戦（3回戦）が終わった後、なかあてを終了することを伝え、グループごとにホール中央に並ぶよう声をかける。 ☆子どもたちの様子を見ながら、2回戦で終了するか3回戦まで行うか担任保育者と相談して決める。 ・子どもたちと歩いて保育室に戻る。 ・担任保育者に引き継ぐ。

評価

指導者所見

7 ─ 5歳児の指導案作成

　ここでは，5歳児クラスの指導案作成をするために必要な発達の特徴と指導案の作成例を紹介する。

[1] 5歳児クラスの子どもの発達と特徴

　運動機能が発達し，力のコントロールができるようになり，活動がよりダイナミックになる。大人が行う動きのほとんどができるようになってくる。縄跳び，竹馬，跳び箱，登り棒などにもチャレンジし，ボールを使ったチームゲームができるようになる。

　手先・指先の微細な運動が洗練され，あやとり，指編み，折紙，コマ回し，泥団子づくりなど，細かい作業ができるようになる。人物画など細かい描写ができる。

　語彙の数は2,000を超え，自分の感情や考えを言葉で表現するようになる。自分が経験したことを相手に伝わるよう説明する，同時に相手の言葉の意味を理解する力がつき，保育者や友達との会話が成立する。「読み，書き，計算」への関心が芽生える。生活習慣の自立や物事に集中して取り組む姿勢，「学びに向かう力」が育つ。

　人間関係の発達では「他児の思いを受け止め調整し自分を表現する」ことができるようになる。具体例を以下にあげる。

① 仲間意識が芽生え，仲間と目的を共有し活動することが増える

　子どもによって個人差はあるが，言葉による共通のイメージをもち目標に向かい努力をしたり工夫したり，励ましあう姿がある。自分の気持ちと相手の気持ちに折り合いをつけ，いざこざを乗り越える経験が増え，その経験を通して，それぞれのよさを認め合い，集団での達成感を感じられるようになる。

② 役割分担のなかで自分の役割を果たし，協力し合う

　当番活動や共同製作等，協力しながらいろいろな活動を行うことは，子どもの自信につながる。子ども同士で認め合い，お互いに感謝し合う心をもつことで，達成感を味わえる。グループ活動に意欲的に取り組めるよう，話し合いなどをサポートする。

③ イメージを膨らませ，役割のある遊びを楽しむ

　共通のイメージをもち，友達と一緒に遊びが発展するよう役割を決め，子ども同士で楽しむようになる。

④ クラスの仲間という意識が強くなる

みんなで発表会の取り組みとして歌を歌う，劇の練習をする，運動会や卒園式の練習をするなど，見通しをもち，クラスの仲間と一緒に取り組むことを楽しむ。みんなで協力し合い楽しむことで，みんなのなかの自分という意識が生まれる。

[2] 5歳児クラスの実習指導案の作成

5歳児クラスの指導案は，11月の初旬に行う保育実習を想定している。運動会が終わり，ひとまわり成長した5歳児クラスの子どもたちは，いろいろなことに興味を示し活動をしている。園庭ではドッジボールやリレー，氷鬼など，みんなで力を合わせて遊ぶことを楽しんでいる。室内遊びでは，空き箱製作からお店屋さんごっこに発展し，どんなお店をつくろうか検討中である。そのなかでどんなお店があるか，どんな仕事があるか考えるようになった。

子どもたちは，自分の家族，または園の職員の仕事，地域のお店や公共の仕事などに興味をもち始めているため，11月の「勤労感謝の日」について説明しようと考えた。たとえば，消防士が火事を消す，郵便物は配達する人がいるなど，身近な人が日々働いているため，生活が成り立っていることを説明し，一番身近な家族，またほかの仕事をしている人に感謝をこめ，カードをつくることを立案した。

NG例は，環境構成の図や説明，予想される子どもの姿，実習生の援助・配慮事項の記入が不足している。予想される子どもの姿，実習生の援助・配慮事項を詳しく考えることで部分実習に落ち着いて取り組める。

教育実習で行った内容をそっくりそのまま保育実習でも行う学生がいる。その逆のパターンもある。年齢は同じでも実習の時期や子どもの違い，実習園の保育形態や保育方法，子どもたちの興味や関心には違いがある。実習園の実態に合ったものになるよう事前に担任保育者とよく相談し，実習指導案を立案する必要がある。

以下にNG例とOK例の違いを比べる。

（部分）・責任（半日・全日）実習指導計画案			XYZ大学

実習生氏名　　○○　○○　㊞		指導者氏名　　○○　○○　先生　㊞	

実施日：令和　○年　11月　○日（　○曜日）　　天気：晴れ

クラス：きりん組（ 5歳児）　在籍　20名（出席人数：19名（男　9名、女　10名）　欠席：　1名）

前日までの子どもの姿	・室内遊びでは、空き箱製作からお店屋さんごっこを行い、それぞれがいろいろな種類の店と品物をつくっている。 ・男児はカプラ・積木に加え、ウノ・トランプ等のカードゲームに熱中している。 ・園庭では引き続きドッジボール遊びが中心である。	ねらい	・いろいろな仕事に味をもち、勤労感謝の日を理解する。 ・自分でデザインし、カードを作成する。
		主な活動	・飛び出すカードを作成する。 ・「勤労感謝の日」の意味を知り、感謝をこめてカードを作成する。

時間	環境構成	予想される子どもの姿	実習生の援助・配慮
10:15 10:25 10:30	（保育室） ○室内遊び （お店屋さんごっこ・空き箱製作・パズル・積木・カプラ・ウノ・トランプ等） 保育室の環境図等を記入しましょう	（室内遊び） ・実習生の声かけで遊んでいたものを片づけ、カーペットに座る。トイレに行きたい子どもはトイレに行ってからカーペットに座る。 ・実習生と「大きくなったらどんな仕事をしてみたいか」を考え、自分のなりたいものを言う。 ・絵本「大きくなったらなになる」の読み聞かせに集中する。 ・「勤労感謝の日」があることを理解し、飛び出すカードを送る相手を考える。 予想される子どもの姿を記入しましょう ○製作「飛び出すカード」 ・飛び出すカードのつくり方の説明を聞き、グループごとに自分の色鉛筆・ハサミ・糊を道具箱から出し自分の席に座る。	・子どもたちにおもちゃ等を片づけるよう伝え、一緒に片づける。 ・片づけ終わった子どもからカーペットの上に座るよう伝え、座る場所を示す。 ・トイレに行きたい子どもはトイレに行くよう声をかける。 ・トイレの見守りは担任保育者にお願いする。 ☆全員が揃うまで「大きくなったらどんな仕事をしてみたいか」を子どもたちに聞き、仕事に対するイメージを膨らませる。 ○全員揃ったことを確認し「大きくなったらなになる」の絵本を読む。 ☆実習生の配慮を記入しましょう ・「勤労感謝の日」について説明し、身近にいる大人に「仕事を頑張ってしてくれてありがとう」という意味をこめてカードをつくることを提案する。母・父・祖父母等家族、または保育所に勤務する職員、地域の方（例えば警察官、医師、商店の方）、自分がカードを渡したい人を決めるよう伝える。 ○製作「飛び出すカード」 ・飛び出すカードの見本を見せ、簡単にどのように作るか説明する。
10:15 10:25 10:30	（飛び出すカード） ①グループごとに呼び、色画用紙を2枚（1枚は切り込む線が書いてあるもの）を選ぶ。 ②色画用紙を2枚半分に折り、一枚は切り込みの線にそってハサミで切る。 ③切った部分を飛び出すように折る。 ④色画用紙2枚を糊で貼りあわせる。 ⑤飛び出す部分に貼る絵を考え白画用紙に絵を描き、ハサミでまわりを切る。 ⑥カードの飛び出す部分に糊で貼る。 ⑦カードに言葉を書く。 ⑧カードに絵を描いたりシールを貼ったり、デコレーションする。 ⑨完成。 ありがとう	・グループごとに呼び、色画用紙を2枚（1枚は切り込む線が書いてあるもの）を選ぶ。 ・色画用紙を2枚半分に折り、一枚は切り込みの線にそってハサミで切る。 ・切った色画用紙を確認し、切った部分を飛び出すように折る。 予想される子どもの姿を記入しましょう ・色画用紙2枚を糊で貼りあわせる。 予想される子どもの姿を記入しましょう ・どんなデザインにするか考え飛び出す部分に貼る白画用紙に絵を描く。 予想される子どもの姿を記入しましょう ・描いた絵に色を塗り、ハサミで周りを切り、カードの飛び出す部分に糊で貼る。 ・糊で貼る前に実習生に貼る位置を確認する。 ・カードに書く言葉を考える。 予想される子どもの姿を記入しましょう ・カードにも直接絵をかいたり、シールを貼ったり自由にデコレーションする。 予想される子どもの姿を記入しましょう	・グループごとに自分の色鉛筆・ハサミ・糊を道具箱から出し自分の席に座るよう伝える。その間に白画用紙（小）を人数分、濡れタオルを（テーブルに2枚）グループごとに配る。 ・全員自席に座ったことを確認し、グループごとに呼び、色画用紙を2枚（1枚は切り込む線が書いてあるもの）を選ぶよう伝え、選んだ色画用紙を確認する。 ・全員が選んだ後、色画用紙を2枚半分に折り、一枚は切り込みの線にそってハサミで切るよう伝える。各グループに行き、切った色画用紙を確認し、切った部分を飛び出すように折るよう折り方を説明する。 ☆実習生の配慮を記入しましょう ・色画用紙2枚を糊で貼りあわせるよう伝え、貼り方のコツを説明する。 ☆実習生の配慮を記入しましょう ・次に飛び出す部分をどんなデザインにするか考え、白画用紙に絵を描くよう促す。 ☆実習生の配慮を記入しましょう ・各グループに丸（大・小）や星型のシールが入ったトレイを置く。 ・描いた絵に色を塗り、ハサミでまわりを切り、カードの飛び出す部分に糊で貼るよう個別に伝える。☆貼る場所を子どもと一緒に考える。 ・カードに書く言葉を考える。 ☆実習生の配慮を記入しましょう ・カードにも直接絵をかいたり、シールを貼ったり自由にデコレーションしていいと説明する。 ☆実習生の配慮を記入しましょう ・カードが完成した子どものカードを受け取り、ロッカーの上に飾る。 ・カードをつくった子どもはハサミ・色鉛筆・糊を片づけほかのコーナーで遊ぶ。 ☆実習生の配慮を記入しましょう ・机を拭き、濡れタオルを片づける。 ・担任保育者に引き継ぐ。

評価	

指導者所見	

(部分)・責任（半日・全日）実習指導計画案		XYZ大学

実習生氏名 　○○　○○　㊞	指導者氏名　　○○　○○　先生　㊞

実施日：令和　○年　11月　　○日（　○曜日）　　　天気：晴れ

クラス：　きりん組（　5歳児）　　在籍　20名（出席人数：　19名（男　　9名、女　　10名）　　欠席：　1名）

前日までの子どもの姿	・室内遊びでは、空き箱製作からお店屋さんごっこを行い、それぞれがいろいろな種類の店と品物をつくっている。 ・男児はカプラ・積木に加え、ウノ・トランプ等のカードゲームに熱中している。 ・園庭では引き続きドッジボール遊びが中心である。	ねらい	・いろいろな仕事に興味をもち、勤労感謝の日を理解する。 ・自分でデザインし、カードを作成する。
		主な活動	・飛び出すカードを作成する。 ・「勤労感謝の日」の意味を知り、感謝をこめてカードを作成する。

時間	環境構成	予想される子どもの姿	実習生の援助・配慮
10:15 10:25 10:30 11:15	（保育室） ○室内遊び （お店屋さんごっこ・空き箱製作・パズル・積木・カプラ・ウノ・トランプ等） ★実習生　○子ども　担任▲ ・カーペットに座り実習生の説明を聞く。 棚　積木 　　カプラコーナー カーペット （飛び出すカード） ①グループごとに呼び、色画用紙を2枚（1枚は切り込む線が書いてあるもの）を選ぶ。 ②色画用紙を2枚半分に折り、一枚は切り込みの線にそってハサミで切る。 ③切った部分を飛び出すように折る。 ④色画用紙2枚を糊で貼りあわせる。 ⑤飛び出す部分に貼る絵を考え白画用紙に絵を描き、ハサミでまわりを切る。 ⑥カードの飛び出す部分に糊で貼る。 ⑦カードに言葉を書く。 ⑧カードに絵を描いたりシールを貼ったり、デコレーションする。 ⑨完成。 ありがとう	（室内遊び） ・実習生の声かけで遊んでいたものを片づけ、カーペットの上に座る。トイレに行きたい子どもはトイレに行ってからカーペットに座る。 ・実習生と「大きくなったらどんな仕事をしてみたいか」を考え、自分のなりたいものを言う。 ○絵本「大きくなったらなにになる」の読み聞かせに集中する。 ・「勤労感謝の日」があることを理解し、飛び出すカードを送る相手を考える。なかなかイメージがわかない子どもがいる。 ○製作「飛び出すカード」。 ・飛び出すカードのつくり方の説明を聞き、グループごとに自分の色鉛筆・ハサミ・糊を道具箱から出し自分の席に座る。 ・グループごとに、色画用紙を2枚（1枚は切り込む線が書いてあるもの）を選ぶ。 ・色画用紙を2枚半分に折り、1枚は切り込みの線にそってハサミで切る。 ・切った色画用紙を確認し、切った部分を飛び出すように折る。 ・どこを切り、どう折るかわからない子どもがいる。 ・色画用紙2枚を糊で貼りあわせる。 ・飛び出る部分をそのまま貼りあわせようとし、糊をどこにどのように貼るか開く子どもがいる。 ・どんなデザインにするか考え飛び出す部分に貼る白画用紙に絵を描く。 ・なかなか考えが浮かばない子どもや、画用紙に描く絵を失敗する子どもがいる。 ・描いた絵に色を塗り、ハサミで周りを切り、カードの飛び出す部分に糊で貼る。 ・糊で貼る前に実習生に貼る位置を確認する。 ・カードに書く言葉を考える。 ・実習生に言葉を書いてほしいと伝える。 ・自分で言葉を書く子どもがいる。 ・カードに直接絵をかいたり、シールを貼ったり自由にデコレーションする。 ・たくさん絵を描いたりシールを貼ったり、時間をかけて完成させる子どもや、すぐに終わりにする子ども、途中で集中できなくなり「後で続きをつくる」という子どもがいる。	・子どもたちにおもちゃ等を片づけるよう伝え、一緒に片づける。 ・片づけ終わった子どもからカーペットの上に座るよう伝え、座る場所を示す。 ・トイレに行きたい子どもはトイレに行くよう声をかける。 ・トイレの見守りは担任保育者にお願いする。 ☆全員が揃うまで「大きくなったらどんな仕事をしてみたいか」を子どもたちに聞き、仕事に対するイメージを膨らませる。 ○全員揃ったことを確認し「大きくなったらなにになる」の絵本を読む。 ・子どもたちの表情を見ながら読み、子どもの反応や問いかけにうなづく等で返す。 ・「勤労感謝の日」について説明し、身近にいる大人に「仕事を頑張ってしてくれてありがとう」という意味をこめてカードをつくることを提案する。母・父・祖父母等家族、または保育所に勤務する職員、地域の方（例えば警察官、医師、商店の方）、自分がカードを渡したい人を決めるよう伝える。 ○製作「飛び出すカード」。 ・飛び出すカードの見本を見せ、簡単にどのように作るか説明する。グループごとに自分の色鉛筆・ハサミ・糊を道具箱から出し自分の席に座るよう伝える。その間に白画用紙（小）を人数分、濡れタオルを（テーブルに2枚）グループに配る。 ・全員自席に座ったことを確認し、グループごとに呼び、色画用紙を2枚（1枚は切り込む線が書いてあるもの）を選ぶように伝え、選んだ色画用紙を確認する。 ・全員が選んだ後、色画用紙を2枚半分に折り、1枚は切り込みの線にそってハサミで切る。各グループに行き、切った色画用紙を確認し、切った部分を飛び出すように折るよう折り方を説明する。 ・わからないという子どもの援助をする。 ☆子ども同士でお互い確認しあうよう声をかける。 ・色画用紙2枚を糊で貼りあわせるよう伝え、貼り方のコツを説明する。 ☆グループをまわり、飛び出す部分は貼らないよう確認する。糊をつけすぎないよう声をかける。貼りあわせた色画用紙（カード台紙）はそのまま乾かすと伝える。 ・次に飛び出す部分をどんなデザインにするか考え、白画用紙に絵を描くよう促す。☆あまり大きく書くとカード台紙からはみ出るため、白画用紙をカードの大きさにあわせたり、見本を見せ説明する。 ☆何を描けばいいか迷っている子どもには似顔絵や好きなキャラクター、乗り物・花・動物何でも良いと伝える。各グループに丸（大・小）や星型のシールが入ったトレイを置く。 ・描いた絵に色を塗り、ハサミでまわりを切り、カードの飛び出す部分に糊で貼るよう個別に伝える。 ☆貼る場所を子どもと一緒に考える。 ・カードに書く言葉を考える。 ☆言葉は実習生がカードに書くが、自分で字が書ける子どもは自分で書くよう伝える。 ・カードにも直接絵をかいたり、シールを貼ったり自由にデコレーションしていくと説明する。 ☆子どもたちのイメージが膨らむような言葉かけをし、子どもの発想をほめ自信をもたせる。 ・カードが完成した子どものカードを受け取り、ロッカーの上に飾る。 ・カードをつくった子どもはハサミ・色鉛筆・糊を片づけ、ほかのコーナーで遊ぶ。 ☆全員がつくり終わるまで見守り、必要ならアイディアを一緒に考えたりできない部分を手伝う。途中でつくることに集中できなくなった子どもに後で続きをするよう伝え、カードを預かる。 ・机を拭き、濡れタオルを片づける。 ・担任保育者に引き継ぐ。

評価

指導者所見

[3] NG例とOK例の比較

① 製作「飛び出すカード」

　NG例の指導案を見て，これ以上何を書けばいかわからない，と感じる方も多いとは思うが，環境構成の図や説明，予想される子どもの姿，実習生の援助・配慮事項の記入がまだ不足している。

　ある養成校では，「実習日誌に白い部分，白く見える箇所がないよう，子どもの姿・保育者の配慮・実習生の気づきをたくさん書くように」「指導案は予想される子どもの姿，実習生の援助・配慮事項を細かく書くように」と指導しているようである。

　これらを細かく書き，担任保育者から「もっと簡単にまとめてください」といわれ，書きたい内容を精査して減らすことはすぐできる。しかし，「もっと予想される子どもの姿，実習生の援助・配慮事項を詳しく書いてください」といわれたとき，何を書けばよいのかわからず困るという学生が多い。常に考えていないと，どのようなことに着目すればよいのかがわからない。前ページのOK例とNG例を比較し，どのような配慮点があるか，考えるきっかけにしてほしい。

② じゃんけん列車

　「じゃんけん列車」を選んだ理由は，じゃんけんをして勝ち負けが決まること，負けても友達とつながり，自分の列車の先頭の子どもを応援することや，どんどん長くつながっていく楽しさを味わうことができ，5歳児クラスとして仲間と目的を共有できると考えたからである。

　この集団遊びを日ごろ行っている園は多いと思われる。しかし，手遊びや集団遊びは地域や園によって，歌やルールが異なることがある。子どもたちが「知っている」といっても，始める前にルールを確認し共有することが大切である。

　NG例は，環境構成の図や説明，予想される子どもの姿，実習生の援助・配慮事項の記入が不足している。

　5歳児クラスの子どもたちは実習生がていねいに説明しなくても，自分たちで考えゲームを楽しむ力をもっている。実習生の配慮が不足していても，うまくいく場合がある。しかし，実習生の意図と異なった内容になってしまうと，遊びが崩れ，ふざけたり，興奮したり，途中でゲームから抜けていく子どもが現われたりと，収拾がつかなくなる場合がある。こうしたことからも十分な準備が大切であると常に考えておきたい。

●5歳児クラス指導案（じゃんけん列車）NG例

(部分)・責任（半日・全日）実習指導計画案 ·			XYZ大学

実習生氏名　　○○　○○　㊞		指導者氏名　　○○　○○　先生　㊞

実施日：令和　○年　11月　　○日（　○曜日）　　　天気：晴れ

クラス：　きりん組（　5歳児）　　　在籍　20名（出席人数：20名（男　10名、女　10名）　　欠席：　0名）

前日までの子どもの姿	・散歩先の原っぱ公園では運動会で行ったリレーをメンバーを変えて行っている。 ・春から楽しんでいるドッジボールは保育者がそばにつかなくても自分たちでルールを守り行うようになっている。	ねらい	・友達とルールのある集団遊びを楽しむ。 ・友達とのじゃんけんのやり取り、友達につながる楽しさを味わう。
		主な活動	・友達と「じゃんけん列車」のゲームを楽しむ。

時間	環境構成	予想される子どもの姿	実習生の援助・配慮
10:10 10:20 10:30	(保育室) ○室内遊び (ままごと・パズル・積木・カプラ・スカリーノ・ラキュー・シルバニアファミリー・粘土等)	○室内遊び ・実習生の声かけで片づけを始める。 ・遊びに熱中し、遊び続ける子どもがいる。実習生と一緒に片づける。 ・片づけが終わった子どもからトイレに行き排泄を行う。 ・排泄・手洗いが終わった子どもは実習生と一緒にホールに移動し、壁の前の床に座る。トイレに残っている子どもは担任保育者と一緒にホールに向かう。	・子どもたちにおもちゃ等を片づけるよう伝え、一緒に片づける。 ☆片づけず遊び続けている子どもには個別に声をかけ、片づけを手伝う。 ・片づけ終わった子どもからトイレに行くよう伝える。 ・排泄・手洗いが終わった子どもにホールに行くことを伝え、早く終わった子どもと一緒にホールに行く。子どもたちにホールの壁の前の床に座るよう伝える。ほかの子どもは担任保育者と一緒にホールに向かう。 ・全員が集まるまで言葉遊び「泣いた泣いた」を行う。 ☆実習生の配慮を記入しましょう
10:35 10:40	保育室の環境図等を記入しましょう	○手遊び「やきいもグーチーパー」を実習生と一緒に楽しむ。 予想される子どもの姿を記入しましょう ・じゃんけん列車の説明を聞く。	・手遊び「やきいもグーチーパー」 ・全員が揃ったことを確認し、手遊び「やきいもグーチーパー」を行う。 ☆実習生の配慮を記入しましょう
                11:10	(じゃんけん列車) ①一人で音楽に合わせながら自由にホールを走る。 ②「今度の相手は君だ」の歌詞の部分でじゃんけんをする相手を見つける。 ③じゃんけんをし、じゃんけんに負けた子どもは勝った子どもの後ろに並び両肩に手をのせる。 ④2人組になり、曲に合わせてホール内を走り、次にじゃんけんをする相手を見つけ、じゃんけんをする。 ⑤じゃんけんに負けた子どもは勝った子どもの後ろにつながっていく。 ⑥最後の1人が勝つまで繰り返す。 ⑦最後に勝った子どもを先頭にして1列の長い列車になり、ホール内を歩く。	○「じゃんけん列車」 ・実習生の合図で「じゃんけん列車」を開始する。ピアノに合わせて一人でホールを走り、最初のじゃんけんの相手を見つける。 予想される子どもの姿を記入しましょう ・相手を見つけるとすぐにじゃんけんをする子どもがいる。「全員相手が見つかるまで待って」と言われ、負けた子どもは相手につながるのを待つ。 ・何回も繰り返すことで、実習生の合図を待つようになり、列車が長くなっていく。 予想される子どもの姿を記入しましょう ・列車が奇数になった場合は3人でじゃんけんを行う。 ・最後に勝った子どもを先頭にゆっくり1周ホールを歩く。 予想される子どもの姿を記入しましょう	○「じゃんけん列車」 ・子どもたちに「じゃんけん列車」の集団遊びを知っているか聞き、ルールの確認を行う。 ☆実習生の配慮を記入しましょう ・子どもたちに立ち、一人列車で走るよう伝え、「じゃんけん列車」の歌を歌いながらピアノを弾く。 ☆実習生の配慮を記入しましょう ・じゃんけん列車の弾き歌いを繰り返すことによって、列車がどんどん長くなっていくことを見守る。 ☆実習生の配慮を記入しましょう ・最後に勝った子どもの名前を発表する。 ☆最後に勝った子どもを先頭にし、一列になった後は「ゴーゴーゴー ゴー○○ちゃんの列車」と先頭の子どもの名前を歌詞に入れ、ホール内を1周するよう伝え、子どもたちと一緒に歌う。 ・最後に皆で拍手し、終了することを子どもたちに伝える。 ・担任保育者に引き継ぐ。

評価

指導者所見

第3章　指導案の作成

●5歳児クラス指導案（じゃんけん列車）OK例

(部分)・責任（半日・全日）実習指導計画案		XYZ大学

実習生氏名 　○○　○○　印		指導者氏名　　○○　○○　先生　印

実施日：令和　○年　11月　○日（　○曜日）　　　天気：晴れ

クラス：　きりん組（　5歳児）　　在籍　20名（出席人数：20名（男　10名、女　10名）　欠席：　0名）

前日までの子どもの姿	・散歩先の原っぱ公園では運動会で行ったリレーをメンバーを変えて行っている。 ・春から楽しんでいるドッジボールは保育者がそばにつかなくても自分たちでルールを守り行うようになっている。	ねらい	・友達とルールのある集団遊びを楽しむ。 ・友達とのじゃんけんのやり取り、友達につながる楽しさを味わう。
		主な活動	・友達と「じゃんけん列車」のゲームを楽しむ。

時間	環境構成	予想される子どもの姿	実習生の援助・配慮
10:10 10:20 10:30 10:35 10:40 11:10	(保育室) ○室内遊び (ままごと・パズル・積木・カプラ・スカリーノ・ラキュー・シルバニアファミリー・粘土等) ★実習生　○子ども　担任▲ (じゃんけん列車) ①一人で音楽に合わせながら自由にホールを走る。 ②「今度の相手は君だ」の歌詞の部分でじゃんけんをする相手を見つける。 ③じゃんけんをし、じゃんけんに負けた子どもは勝った子どもの後ろに並び両肩に手をのせる。 ④2人組になり、曲に合わせてホール内を走り、次にじゃんけんをする相手を見つけ、じゃんけんをする。 ⑤じゃんけんに負けた子どもは勝った子どもの後ろにつながっていく。 ⑥最後の1人が勝つまで繰り返す。 ⑦最後に勝った子どもを先頭にして1列の長い列車になり、ホール内を歩く。	○室内遊び ・実習生の声かけで片づけを始める。 ・遊びに熱中し、遊び続ける子どもがいる。実習生と一緒に片づける。 ・片づけが終わった子どもからトイレに行き排泄を行う。 ・排泄・手洗いが終わった子どもは実習生と一緒にホールに移動し、壁の前の床に座る。トイレに残っている子どもは担任保育者と一緒にホールに向かう。 ○手遊び「やきいもグーチーパー」を実習生と一緒に楽しむ。 ・最初はゆっくり歌い、テンポが速くなるにつれ、興奮する子どもがいる。 ・じゃんけん列車の説明を聞く ○「じゃんけん列車」 ・実習生の合図で「じゃんけん列車」を開始する。ピアノに合わせて一人でホールを走り、最初のじゃんけんの相手を見つける。 ・なかなか相手を見つけられない子がいる。 ・相手を見つけるとすぐにじゃんけんをする子どもがいる。「全員相手が見つかるまで待って」と言われ、負けた子どもは相手につながるのを待つ。 ・何回も繰り返すことで、実習生の合図を待つようになり、列車が長くなっていく。 ・途中でふざけ列が途切れるがあわててつながる子どもがいる。 ・列車が奇数になった場合は3人でじゃんけんをする。 ・最後に勝った子どもを先頭にゆっくり1周ホールを歩く。 ・「もう一回やりたい」という子どもがいる。何回か行い満足する。	・子どもたちにおもちゃ等を片づけるよう伝え、一緒に片づける。 ☆片づけず遊び続けている子どもには個別に声をかけ、片づけを手伝う。 ・片づけ終わった子どもからトイレに行くよう伝える。 ・排泄・手洗いが終わった子どもにホールに行くことを伝え、早く終わって子どもと一緒にホールに行く。子どもたちにホールの壁の前の床に座るよう伝える。ほかの子どもは担任保育者と一緒にホールに向かう。 ・全員が集まるまで言葉遊び「泣いた泣いた」を行う。 ☆子どものペースに合わせ、言葉を選ぶ。 ○手遊び「やきいもグーチーパー」 ・全員が揃ったことを確認し、手遊び「やきいもグーチーパー」を行う。 ☆最初はゆっく歌いながら行い、子どもたちがじゃんけんを理解していることを確認する。少しずつテンポを速くし、3回行う。 ○「じゃんけん列車」 ・子どもたちに「じゃんけん列車」の集団遊びを知っているか聞き、ルールの確認を行う。 ☆一人列車のときは早く走ってもいいが、列の長さが長くなってきたらゆっくりと動かないと、脱線したり転ぶ危険性があるということを説明する。 ・子どもたちに立ち、一人列車で走るよう伝え、「じゃんけん列車」の歌を歌いながらピアノを弾く。 ☆子どもの人数が奇数の場合は、担任保育者に子どもと一緒にじゃんけん列車を行っていただくようあらかじめ依頼しておく。 ☆一人列車で最初のじゃんけんの相手が全員みつかるまで先にじゃんけんをしないように伝える。全員じゃんけんの相手を見つけたことを確認し、じゃんけんをするよう合図を出す。負けた子どもは勝った子どもの後ろにつき両肩にてをのせ、つながっているか確認する。 ・じゃんけん列車の弾き歌いを繰り返すことによって、列車がどんどん長くなっていくことを見守る。 ☆子どもの様子を見ながらピアノを弾く。一人列車の時はテンポを早く弾き、列が長くなるにしたがい、ゆっくりとピアノを弾く。 ☆毎回、じゃんけんの相手を見つけたか確認し、相手が見つけられない子ども同士でじゃんけんをするよう伝える。 ・最後に勝った子どもの名前を発表する。 ☆最後に勝った子どもを先頭にし一列になった後は「ゴーゴーゴーゴー○○ちゃんの列車」と先頭の子どもの名前を歌詞に入れ、ホール内を1周するよう伝え、子どもたちと一緒に歌う。 ・子どもの様子を見ながら3回位行う。 ・最後に皆で拍手し、終了することを子どもたちに伝える。 ・担任保育者に引き継ぐ。

評価

指導者所見

8 ― 指導案作成の参考となる計画 ―全体的な計画とその他の保育計画―

　2017年に改定された保育所保育指針において，保育所が幼児教育を行う施設であると明確にされた。各保育所は「全体的な計画」を新たに作成し，それに伴い「年間指導計画」「毎月の指導計画」などの書式やその内容の見直しを行った保育所が多い。全体的な保育の計画とは，保育所保育の全体像を包括的に示すものである。全体的な保育の計画は，保育所保育指針，幼保連携型認定こども園教育・保育要領を踏まえ，各保育施設の理念や目標・方針をもとに保育施設の実態や，地域・子ども・家庭の状況，保育時間などを考慮し，創意工夫して保育ができるように作成されている。

　園の保育目標や保育方針を全体的な計画にもとづき，具体化したものが指導計画である。全体的な保育の計画にもとづき，具体的な保育が適切に展開されるよう子どもの生活や発達を見通した「長期的な指導計画」と，より具体的な子どもの日々の生活に即した「短期的な指導計画」が作成されている。

　現在，保育所などで使用している指導計画の書式は，各園によって異なっている。園が独自に考えて作成しているもの，社会福祉法人や株式会社，自治体で考えて作成されているものなど，書式はさまざまである。なかには市販のフォーマットを使用している保育所などもある。書式は異なっていても，そのベースに内容は，ほぼ共通している。研修などで各園の指導計画を比較する機会があるが，いろいろな書式があり各園の工夫を感じる。

　現在，指導案などの作成はパソコンでの入力が主流となっており，保護者に発信している園，少数ではあるが手書きで作成している例もあり，各園の実情に合わせて作成されている。

　実習する園の「全体的な計画」や「年間指導計画」，そして「毎月の指導計画」を見せてもらい，実習園が大切にしていること，保育目標などを理解し，その内容に沿った指導計画を立案することが望ましい。

　本書では，ある保育所の「全体的な計画」，4歳児クラスの「年間指導計画」，4歳児クラス「月間指導計画（月案）」と「個別指導計画（日案）」を参考例として紹介する。養護と教育，5領域，食育，家庭との連携，異年齢児保育，職員間の連携など，共通項目として，全体的な計画→年間指導計画→月間指導計画につながっている。どのように保育が展開されているのか，参考にしてほしい。月間指導計画に加えて「個別支援計画」や「週案」が作成されている。

法人理念				保育園
我が子をゆだねたい保育			・心も体も健康で元気に過ごす。	
・温かい心（ホスピタリティーマインド）をもって受け止め、子どもを愛します。 ・子どもの個性、独自性を大切にします。 ・保護者、地域社会と共に歩みます。 ・家庭的な保育園を目指します。			・自分で考え、自分で選んで主体的にあそぶ。 ・安心して自分を表現し、人との関わりから人への思いやりを	

	年齢	6ヶ月未満	6ヶ月〜1歳未満	1歳児	2歳児	
養護（保育士が行う事項）	生命の保持	・一人ひとりの子どもが快適に生活できるようにする。 ・一人ひとりの子どもの生理的欲求が十分に満たされるようにする。		・一人ひとりの子どもが健康で安全に過ごせるようにする。 ・一人ひとりの子どもの健康増進が積極的に図られるようにする。		
		・子どもの要求にこたえ、優しく対応することによって、生理的欲求を満たす。	・一人ひとりの発達や健康状態を把握し、生活リズムを整える。	・子どもの発達過程や特性を踏まえ、子どもの行動を予測、起こりやすい事故を想定し、環境に留意して事故防止に努める。 ・子どもの発達過程に応じた適切な生活リズムが作られていくようにする。	・行動範囲が広がるので、その活動を保障しながら、安心・安全な保育環境を整える。 ・身の回りの事を自分でしようとする意欲が育つように援助す。	・危険に対して、安全面に運動遊びをルする力な ・さりげなもに分かり示し、生活慣が身につ
	情緒の安定	・一人ひとりの子どもが安定感を持って過ごせるようにする。 ・一人ひとりの子どもが周囲から主体として受け止められ、主体として育ち、自分を肯定する気持ちが育まれていくようにする。		・一人ひとりの子どもがくつろいでともに過ごし、心身の疲れが癒されるよ		・一人ひ
		・子どもが表現した生理的欲求などに気づき、優しく丁寧に関わる。 ・特定の安心できる大人との関わり合いの中でゆったりと応答的な触れ合いや言葉かけを大切にする。 ・少人数、担当制で子どもの思いを汲み取る事を大切にする。	・応答的な触れ合いやスキンシップにより、安心感を得られる。 ・特定の保育士との愛情関係を築いた上で、好奇心を満たしていく。	・子どもの身振りや手振りから気持ちを汲み取って共感し、言葉にして返していく事で心の安定を図る。 ・少人数、担当制で子どもの思いを汲み取る事を大切にする。	・子どもの思いを受け止め、保育士との関わりの心地よさや、安心感を得るように接する。	・子どもがら、自分られるよう

		3つの視点					
教育	健やかに伸び伸び育つ	・身体感覚が育ち、快適な環境に心地良さを感じる。 ・伸び伸びと体を動かし、這う、歩くなどの運動をしようとする。 ・食事、睡眠等の生活リズムの感覚が芽生える。	充分に体を動かせる環境の中で寝返り、お座り、はいはい、伝い歩き、立つ、それぞれの発達にあった活動をする。	健康	・歩行が確立し、行動範囲が広がる。	・排泄が確立する。 ・運動、指先の機能が発達する。	・意欲をもっ ・基本的生活
	身近な人と気持ちが通じ合う	・安心出来る関係の下で、身近な人と共に過ごす喜びを感じる。 ・体の動きや表情、発声等により、保育士等と気持ちを通わせようとする。 ・身近な人と親しみ、関わりを深め、愛情や信頼感が芽生える。	優しい話しかけや、歌い掛けに対し、泣き声、喃語に応え、保育士との関係に信頼感を持つ。	人間関係	・身の回りの大人や子どもに関心を持ち関わろうとする。	・自我が育ち、自己主張するようになる。 ・保育士や友だちと一緒に遊ぶ楽しさを知る。	・身近な人と楽しむ。 ・生活の中単な決まりを
				環境	・身の回りの様々なものに触れ、外界に対する好奇心、関心を持ち探索活動をする。	・様々なものに関わる中で、興味、好奇心を持ち、探索や模倣などをして遊ぶ。	・身近な動植み、興味や関
	身近なものと関わり感性が育つ	・身の回りのものに親しみ、様々なものに興味や関心をもつ。 ・見る、触れる、探索するなど、身近な環境に自分からかかわろうとする。 ・身体の諸感覚による認識が豊かになり、表情や手足、体の動きで表現する。	遊びや視覚的教材など、ゆったり遊べる環境の中で、保育と楽しさを共有し、喜びを感じる。	言葉	・保育士の語り掛けを喜んだり、片言で話す事を喜ぶ。	・生活に必要な言葉がわかり、して欲しいことを言葉やしぐさで伝える。	・自分の思う表し、保育士りを楽しむ。
				表現	・保育士と一緒に様々な素材に触れて楽しむ。	・象徴機能が発達し、生活や遊びの様々な体験を通して想像力や感性が豊かになる。	・生活の中で出来事に触れ

健康支援/状態把握・増進・疾病対応	食育の推進	環境及び衛生管理並びに安全管理	
・健康及び発育発達状態の定期的、継続的な把握。 ・登園時及び保育中の状態把握、また異常が認められたときの適切な対応。 ・不適切な養育、虐待が疑われる場合の適切な対応。 ・年間保健計画の作成及び健康教育の実施。 ・委託医による健康診断（内科・歯科）・0歳児健診（月2回） ・感染症予防及び発生時の対応は「保育所における感染症対策ガイドライン」に沿って適切に行う。 ・アレルギー疾患を有する子どもの保育については「食物アレルギー疾患緊急対応の手引き」に沿って適切に行う。	※「食を営む力」の育成に向け、その基礎を培う。 ・食と健康…栄養バランスを考えた季節感のある安全な自園給食の提供。 ・食と人間関係…幼児クラス職員の指導食の実施。 ・食と文化…行事食、郷土食の提供。 ・いのちの育ちと食…菜園作りの実施。 ・料理と食…食材の下準備やクッキング、調理実習の実施。	・施設内外の設備、用具の清掃及び消毒、安全管理及び自主点検。 ・子ども及び職員の清潔保持。 ・交通安全教室の実施及び交通安全だよりの配布。 ・施設点検の実施（自治体事業）	・避難訓練の実施。 ・消火訓練の消防署へ ・被災時には ・年2回外部（自治体事業） ・地域の関
	保育園給食の手引き/年間食育計画/給食だより/献立会議 誤嚥・窒息事故防止マニュアル/保育所における食事の提供ガイドライン/児童福祉施設における食物アレルギー疾患緊急対応の手引き	小規模プールの安全・衛生管理/事故防止ガイドブック/睡眠チェック表/安全保育の手引き/誤嚥・窒息事故防止マニュアル/児童福祉施設における食物アレルギー疾患緊急対応の手引き	地域防災計 報メール/危
事故防止ガイドブック/ 認可保育所における感染症対応ガイドライン/ 安全保育の手引き/ほけんだより/年間保健指導計画			

情報公開等	重要事項説明書配布及び掲示/第三者評価/見学会/個人情報保護/苦情処理解決対応及び第三者委員
地域の実態と対応した保育事業と行事への参加	育児応援事業/職場体験/緊急一時保育/子育てマップの配布/食育フェア/にこにこ会/地域行事への参加/異世代交流
長時間保育	長時間にわたる保育については、子どもの発達過程、生活リズム及び心身の状態に十分に配慮して、保育の内容や方法、職員の協力体制、家庭との連携などを指導計画に位置付け、適切に行う。

園保育目標	保育方針
…持つ。	— 子どもの生きる力の基礎を育てる— ・子どもが心身共に健やかに成長するよう温かくゆったりとした環境をつくります。 ・子どもの個性と人格を尊重し、主体性と感性を育てます。 ・豊かな関わりの中で自分や人を大切に思い、自信を持てるように育てます。 ・保護者の気持ちに寄り添い信頼関係を築いていきます。 ・地域社会のニーズに応え、子育て環境を豊かにしていきます。

3歳児	4歳児	5歳児	小学校との連携(接続)
…する認識が不十分なので…に配慮しながら様々な…通し、体をコントロー… …い援助をしながら子ど…やすい方法でやり方を…必要な基本的生活習…ようにする。	・実力以上の事をしたがるので、様々な遊びをする中でルールを守る事を知らせ、安全への意識を高める。 ・子どもが意欲的に生活出来るよう適切に援助する事で、基本的生活習慣が身につくようにする。	・様々な活動を通して健康や安全に関心を持ち、自分の体を大切に考え行動出来るようにする。 ・生活に必要な基本的生活習慣や態度を身に着ける事の大切さを理解し、適切な行動を選択出来るよう配慮する。	・保育所保育が、小学校以降の生活や学習の基盤の育成につながることに配慮し、幼児期にふさわしい生活を通じて、創造的な思考や主体的な生活態度などの基礎を培う。 ・小学校教師との意見交換、研究の機会などを設け、「幼児期の終わりまでに育って欲しい姿」を共有するなどして、保育所保育と小学校教育との円滑な接続に努める。 ・子どもに関する情報共有に関して、就学に際し、市区町村の支援の下に、子どもの育ちを支えるための資料が保育所から小学校へ送付されるようにする。
…うにする。 …りの子どもが自分の気持ちを安心して表すことができるようにする。			小学校以上との連携に鑑みて
…気持ちを受け止めな…で気持ちを切り替え…にする。	・子どもの思い通りにいかない不安やつらさを理解し、受け止める事で、自分で気持ちを立て直せるようにする。	・子どもを認め肯定する気持ちを言葉や態度で子どもに伝え、自分への自信や人への信頼感を育む。 ・仲間との葛藤を経験しながら、お互いを認め合い、自らも肯定される気持ちが促されるように、一人ひとりの事もの気持ちを認める。	・乳児期からの確かなアタッチメントをもとに、主体的、対話的で深い学び(アクティブラーニング)を通して育まれた資質・能力が、小学校以上の個別の「知識や技能」「思考力・判断力・表現力等」「学びに向かう力、人間性等」につながるものであることを踏まえて、保育を行う。

教育			幼児期の終わりまでに 育ってほしい姿10項目	教育・保育において育みたい 資質・能力の3本柱
…て活動する。 …習慣が確立する。	・健康に関心をもつ。 ・様々な動きを組み合わせて積極的に遊ぶ。	・健康、安全な生活に必要な習慣や態度を身に付け、見通しを持って行動する	ア　健康な心と体	ア)豊かな体験を通じて、感じたり、気付いたり、分ったり、できるようになったりする。 「知識及び技能の基礎」
…関わり友たちと遊ぶ事を…決まりがある事を知り簡…行する。	・友だちとの繋がりを広げ、集団で生活することを楽しむ。	・社会生活における望ましい習慣や態度を身に付ける	イ　自立心 ウ　協同性 エ　道徳性・規範意識の芽生え オ　社会生活の関わり	
…物や自然事象にふれ親し…心を持つ。	・身の回りの人々の生活に親しみ、身近な社会の事象に関心を持つ。	・身近な事象を見たり、考えたり、扱ったりする中で、物の性質や数量、文字などに対する感覚を豊かにする。	カ　思考力の芽生え キ　自然との関わり・生命尊重	イ)気付いたり、できるようになったことなどを使い、考えたり、試したり、工夫したり、表現したりする。 「思考力・判断力・表現力等の基礎」
…た事や感じた事を言葉…や友だちと言葉のやり取…	・経験したことや思ったこと、感じたことを言葉で伝えあう楽しさを味わう。	・日常生活に必要な言葉がわかるようになるとともに、絵本や物語などに親しみ、言葉に対する感覚を豊かにし、保育士や友だちと心を通わせる。	ク　数量や図形、標識や文字などへの関心・感覚 ケ　言葉による伝え合い	ウ)心情、意欲、態度等が育つ中で、よりよい生活を営もうとする。 「学びに向かう力、人間性等」
…美しいものや心を動かす…い、想像力を豊かにする。	・様々な出来事の中で、感動したことを伝え合う楽しさを味わう。	・友だちとの繋がりを広げ、集団で生活することを楽しむ。	コ　豊かな感性と表現	

災害への備え	子育て支援	異年齢交流	職員の資質向上
…火災、地震、風水害、不審者対応)の…実施。(毎月) …の立ち入り検査。 …ける対応と備蓄。 …業者による消防設備点検。 …機関との連携。	・保育所の特性を生かした子育て支援。 ・保護者との相互理解。 ・保護者の状況に配慮した個別の支援。 ・不適切な養育が疑われる家庭への支援。 ・地域に開かれた子育て支援。 ・地域の関係機関との連携。	・異年齢の子どもたちの場を共有する。 ・日常の関わりの中でお世話やお手伝いの生活を通して、喜びや辛いなど、様々な人間関係が経験出来るように異年齢で過ごし関わりを深める。	・質の高い保育を展開するため、一人ひとりの職員についての資質向上及び職員全体の専門性の向上を図る。 ・保育所職員に求められる専門性を理解し、保育の質の向上に向けて組織的な取り組みを行う。 ・職場研修、外部研修など体系的な研修計画を作成し、結果を活用する。
…/保育園防災の手引き/災害時安否情…機管理委員会	子育て相談/緊急一時保育/行事への招待 子育てマップの配布/マイ保育園広場 看護師栄養士による子育て相談 親子の遊び場提供		江東区保育園人材育成指針/ 職員面談の実施/OJT/SDGs

特色ある教育と保育	保育園の社会的責任
研修計画	施設内外の研修/AED
自己評価等	保育の実践、振り返りや自己評価を園全体で行い、園の自己評価を推し進める。

●年間指導計画

令和5年度　　　4歳児　スカイ組　　　年　間　指

年間目標	・見通しを持ちながら生活に必要な基本的生活習慣を身につける。・色々なことに興味を持ち、発見・探求・発達など経験を重ねる中で知的探求心や自信を高めていく。・健康・安全への意識を高め、楽しく身体を動かした遊びを通して十分な体力や体幹をつけていく。・身の周りの物の色、形、数、量に興味や関心を持ち、数えたり並べ		
期		I期（4月〜5月）	II期（6月〜8月）
期のねらい		・進級、入園した喜びと期待を持ち、新しい環境や人間関係の中での不安を保育者に受け止められながら安心して生活する。 ・生活の流れや身支度のやり方を知り、自ら行動しようとする。 ・戸外に出て、春の生き物や草花に触れ飼育する楽しさや観察の奥深さを感じる。 ・様々なことに興味・関心を持ち、自分のやりたい遊びを選択して保育者や友だちと一緒に楽しむ。	・夏の過ごし方を知り、健康で安全に過ごせるようにする。 ・夏ならではの遊びや自然に親しみ、発見や楽しさを味わう。 ・生き物や植物を育てることで命の尊さや成長の喜びを感じる。 ・友だちとの関わりの中で、イメージや思いを共有する楽しさを味わう。
養護	生命の保持	・体調や気持ちを言葉で伝えようとする。 ・一日の生活の流れがわかり、健康に生活するための行動を身に付けていく。 ・戸外に出てのびのび遊ぶ中で自分の身体の動きを知っていく。 ・戸外から戻ったら手洗い、うがい、着替えを行っていき、清潔に保とうとする。	・生活リズムを整える大切さに気づき、意識して過ごそうとする。 ・汗をかいたら着替えをし、自分で衣服の調節が出来るようになる。 ・適度な運動と十分な休息、水分補給の大切さを知り、快適に生活していく。 ・水遊びやプールでのルールを知り、安全に楽しむ。
	情緒の安定	・保育者との信頼関係を基盤に、主体的に生活しようとする。 ・環境の変化への不安を保育者に受け止めてもらうことで安心して過ごせるようになる。 ・生活や遊びの中で、友だちや保育者との関わりを深めていくことで気持ちが安定する。	・生活に必要なことを自ら行うことで自信を持ち、様々なことに取り組もうとする。 ・遊びの中で嬉しい経験、悔しい経験を味わう通して、次へ進もうとしていく。 ・友だちとの関係の中で葛藤を味わいながら保育者から見守りと配慮を受けて乗り越える経験を積み、安心して過ごす。
教育（内容）	健康	・生活の流れやきまりを保育者と確認し合い、徐々に見通しを持って自分の身の回りのことを行う。 ・食事のマナー（姿勢や食具の使い方等）を意識しながら友だちとの食事を楽しむ。 ・排泄後の後始末を自分でやっていこうとする。 ・様々な遊具や用具に親しみ、安全な遊び方や使い方を知る。 ・保育者や友だちと一緒に体を動かして遊ぶ事を楽しむ。 ・少人数で着脱しを楽しむ。	・生活や遊びの中で約束や決まりの大切さを感じながら守ろうとする。 ・身支度や整理など自分で気付き、意欲的にやろうとする。 ・衣服の汚れや汗に気付き、その場に応じて自分で衣服の着脱を行う。 ・こまめに水分補給をし、休息をしっかり取りながら無理なく過ごす。 ・梅雨や夏を健康に過ごす為に必要な生活の仕方を知る。
	人間関係	・集団遊びを楽しみ、発見したことや喜びを共有するなど、一緒に楽しむ経験を通して友達との関わりを深めていく。 ・様々なものや道具を使い、友だちと一緒に遊ぶことを楽しむ。 ・友だちや保育者との関わりの中で、一緒に過ごすことで居心地の良さを感じ、繋がりを持つ。 ・地域の方々と触れ合い、畑での作業も一緒に行う中で親しみを持っていく。	・人との関わりの中で相手の思いに気付いていき、互いに認め合い自分の気持ちをコントロールしていく。 ・友だちと共通のイメージを持ち、一緒に作ったもので遊びを広げていく。 ・ルールを守ることで、気持ちよく遊んだり生活できることを知る。 ・地域交流で触れ合った地域の方々との時間を楽しんだりし、植物を共に育てることで信頼関係を深めていく。
	環境	・戸外で身近な自然に触れ、心地よさを味わう。 ・散歩の中で標識に気付き、交通ルールを知り、安全に歩こうとする。 ・花や植物の種まき、野菜の苗植え、水やりを行うことで、成長の過程を知り、世話をしようとする。	・梅雨や夏空の雲や水の心地よさを感じたり、セミやバッタなどの虫とりを楽しみ観察をしたり、分からない所を図鑑で調べたりして探求心を高めていく。 ・生き物や植物を実際に育ててみることで成長や変化に喜びや驚きを感じ、命があることを知る。 ・夏ならではの遊びを十分に楽しむ（水、プール、色水、氷など）。
	言葉	・友だちと一緒に絵本や童話を見たり、聞いたりして楽しむ。 ・簡単なあいさつをしようとする。 ・人の話を聞いたり、自分の経験したことや思っていることを話したりして、言葉で伝え合う楽しさを味わう。 ・友だちや保育者と一緒に、歌や言葉遊びを楽しむ。	・日常生活や友だちとの遊びの中で必要な言葉の使い方に気付き、使おうとする。 ・自分の意見に自信を持ち、友だちに伝えようとする。また、相手の話にも耳を傾けようとする。 ・文字や数字、色などに親しみを持ち、遊びの中で取り入れてみようとする。 ・絵本や物語に親しみ、言葉に対する感覚を豊かにする。
	表現	・音楽に合わせて歌を歌うこと、踊ること、楽器を鳴らすことを楽しむ。 ・クレヨン、色鉛筆、水性ペン、絵の具、草花の汁など、さまざまな道具や素材で自分のイメージを自由に表現することを楽しむ。 ・身近な生活経験や絵本、お話のイメージなど、思いを共有し、再現して遊ぶことを楽しむ。	・歌や音楽に合わせて、自由に身体を動かして楽しむ。 ・友だちとイメージを共有し、遊びを広げていく。 ・遊びの中の役割を友達同士で決め、役になりきって遊ぶ。 ・身近にあるもの、見たもの、経験したことを再現しようとする。 ・様々な素材や画材に触れ、表現することの喜びや楽しさを味わう。
環境構成と配慮		・進級、入園した喜びや不安を十分に受け止めながら、安定した気持ちで日々を過ごすことが出来るように配慮する。 ・自分でできたという達成感を大切にし、自信に繋がるような関わりをする。 ・身近な素材や廃材、道具を使い表現することができる環境を整え、個々の発達を考慮しながら見守る。 ・子どもの言葉に耳を傾け、考えや思いを尊重し、自信を持って発言出来る空間を作る。また、友だちと喧嘩したときに怪我のないよう近くで見守り、上手くいかない部分を保育者が補うようにする。 ・一緒に食事をしていくことで手本となり、楽しい雰囲気の中食事が出来るようにしていく。苦手な物も興味を持ち、一口食べてみようと試みる機会を作る。 ・午睡時間は身体を休める時間と言うことを伝え、早く起きた子どもは絵本やパズルをして過ごせるような環境にする。	・水分補給と休息を十分とれるように配慮し、一人ひとりの体調に寄り添う。 ・汗をかいたら着替えやシャワーをし、清潔が保てるようにする。 ・夏ならではの水遊びの楽しさを十分に味わえるように環境や道具を準備するとともに、危険性も知らせ、約束を守って安全に遊べるようにする。 ・子どもたちが自分から遊びや活動に取り組み、それを広げられるように、興味や関心に応じて環境を整えていく。また子どもたちの興味関心の変化を把握して、環境を再構成していく。 ・見つけた生き物や野菜など知りたい時に調べられるよう図鑑を用意し、成長の変化や喜びを子ども達と共有する。 ・友だちとと遊ぶ楽しさを味わう中で、自分の気持ちを伝えるだけでなく、相手の声に耳を傾ける大切さを知らせていく。 ・保育者が仲立ちとなり、遊びへの参加の仕方がわかるように場面を捉えて援助する。
食育		・完食や苦手な物を食べられた喜びを味わうことで、自信に繋げていく。 ・野菜を育てる喜びや、成長する様子を観察し、野菜に興味を持つ。 ・給食の簡単な手伝いを行うことで食材に興味を持って食べてみようとする。 ・食具の持ち方、食事のマナー、姿勢を意識しながら楽しく食べる。 ・野菜の皮むきを通して調理や野菜に興味を持つ。 ・自分でおにぎりを握って楽しく食事をする。	・野菜の成長に喜び、世話を自分たちの手ですることで収穫に期待を持つ。 ・自分たちで育てた野菜を収穫し、それを食べたり、自ら調理したりすることで意欲的に食べる。 ・野菜の皮むきを通して調理や野菜に興味を持つ。
異年齢交流		・日々の生活の中や保育室に遊びに行って異年齢で一緒に過ごしていく中で、親しみを持ち、5歳児には憧れを抱き、自分が経験したことを0〜3歳児にやってあげようとする。 ・一緒に散歩に出掛ける。	・収穫した野菜を他クラスにも見せにいき、共に喜びを分かち合う。 ・遊びや生活を共に過ごし、刺激をもらいながら遊びをより発展させていく。 ・年下の子どもと一緒に活動していく中で優しく接してみようとしたり、物事を教えようとする。
家庭との連携		・家庭と園の様子を互いに伝え合いながら、生活のリズムを整えていく。 ・送迎時やクラスだより、ドキュメンテーションなどで子どもの姿やエピソード、日々の成長を共有することで、信頼関係を築いていく。 ・保護者の喜びや不安、悩みを受け止め、安心できる機会を作る。 ・クラス交流会を通して、子どもの成長や一年間の見通しを持って過ごせるように伝えていく。懇談会を通して保護者同士の交流を深める機会を作る。	・感染症や体調を崩しやすい時期なので、一日を通して顔色や行動に変化がないか意識して見るようにし、子どもの健康状態で気付いたことをこまめに伝える。 ・今日の様子、クラスだより、ドキュメンテーションや登降園時に子どもの様子を伝え、成長を共有する。 ・子育てで悩んでいる保護者の気持ちを受けとめ、対話したり相談したりできるように信頼関係を深めていく。
職員間の連携		・子どもたちの個々の様子や集団生活の約束事を共通理解し、保育者一人ひとりが同じ方向性で保育が行えるように、振り返りの時間を作り考えを固めていく。 ・子どもたちの姿から必要な環境作りを共に考えて行っていく。 ・保育士間で声掛けや挨拶など心掛け、保育室の雰囲気を明るく保つようにする。	・暑さにより体調を崩しやすいので担任全員が子ども達の健康状態を把握し、つゆ入り夏を健康に過ごせるよう環境作り、水分補給の声掛けをしていく。 ・振り返りや子どもの姿、疑問点、悩みを共有して同じ意識で保育を行う。また保育環境も見直し、より過ごしやすい場になるよう相談し設定していく。
長期保育		・迎えが来るまで、落ち着いた雰囲気の中で過ごせるように配慮する。 ・体調や怪我などの情報を共有し、保護者へ伝えられるようにする。	・時間により気温が変わっていくのでそれに合わせて過ごしやすい空調にする。

導　計　画

・保育者との関わりを深め、相手の気持ちに気付き、集団での遊びを楽しむむ。　・友だちとの関わりの中で、自分の思いを言葉で伝えたり相手の気持ちに気づいていく。たりしながら遊びを楽しむ。　・友だちと一緒に遊びのイメージを共有しながら様々な表現を楽しむ。

Ⅲ期（9月～12月）	Ⅳ期（1月～3月）
・病気の予防・対策について知り、衣服の調節や手洗い・うがいを自ら行い、健康的に過ごす。 ・秋の自然に触れ、身近な素材と組み合わせながら表現を楽しむ。 ・友だちと一緒に色々な運動で表現することを楽しむ。 ・身近な社会や自然の出来事に興味・関心を持ち、見たり触れたりし楽しむ。	・冬の遊びを楽しんだり戸外で体を動かして健康に過ごす。 ・基本的な生活習慣を身につけ、見通しを持って生活をする。 ・イメージを共有し、役になりきり、物語を作り上げる楽しさを感じる。 ・友だちと一緒に共通の目的を持って活動に取り組むことを楽しむ。 ・自分の思いや気持ちを言葉で伝え、相手の思いに気付いていく。 ・年長児になることに期待を持ち、友だちと様々な活動に意欲的に取り組む。
・手洗い・うがいが感染症予防に重要なことを理解し、正しいやり方を確認しながら自ら行う。 ・気温に合わせて衣服の調節（上着の着用など）を自分で気付いていく。 ・病気予防や事故防止への意識を持って過ごせるようになっていく。 ・災害時などの行動の仕方がわかり、適切に行動できるようにする。	・身体を動かして体幹を鍛える。 ・健康、安全に必要な生活の仕方を理解して行動しようとし、身に付けた生活習慣に自信を持つ。 ・基本的な生活習慣が身につき、自分で考えて行動することに自信を持てるようになる。 ・自ら体を動かし、充実感を持って過ごせるようにする。
・ありのままの姿を認められ、自信を持って行事や活動に参加していく。 ・友だちと協力し合い、自分の力を尽くすことで満足感や達成感を味わう。 ・友だちとの遊びの中、葛藤や喧嘩などの経験を通して互いに思いを伝え合い、さらに関係を深め合う。 ・色々な活動を通して、友だちの思いを聞こうとし、自分の感じたことを言葉で表現しようとする。	・友だちとの関わりの中で、葛藤しながらも自分を振り返り、相手の立場に立って思いやりを持って行動しようとする。 ・進級への期待や不安を受け止められることで、大きくなったことを喜び自信となっていく。 ・自分の思いを言葉で表現し、自分の感情をコントロールしたり、他者の気持ちにも目を向けられるようになる。
・みんなで一緒に食べる楽しさを感じると共に、食事のマナーや姿勢を気にしながら食事を行う。 ・生活の流れがわかり、うがい、手洗い、鼻かみ等を自分で行い、健康に過ごそうとする。 ・戸外で身体を動かす遊びや活動に取り組み、動く心地良さを感じる。 ・病気の予防や事故防止、交通安全等に関心を持つ。	・安定した生活リズムの中で見通しを持って過ごし、自分で判断、行動しようとする。 ・排泄後の始末が出来るようになる。 ・全身を使った遊びや、ルールのある遊びを、友達と一緒に快活に楽しむ。 ・自分の健康に関心を持ち、様々な食べ物を進んで食べる。 ・箸を持って楽しく食事をする。
・友だちと関わる中で葛藤を経験しながら自身を見つめ、相手を受け止めていく。 ・集団遊びの場でルールの大切さを知り、それを守って皆で遊ぶことが楽しいと感じる中で仲間意識を深める。 ・友だちと遊びの場を作り、イメージを具体的に表して、一緒に楽しむ。 ・地域交流では畑での作業や行事で読み聞かせをしたり、伝統遊びなど一緒に行う。	・生活の中で友だちと一緒に経験したこと、感じたことを自由に表現し、イメージを共有しながら仲間意識を深める。 ・遊びを広げ、簡単なルールを作り出し、友だちと一緒に遊ぶことを楽しむ。 ・地域交流で親しくなった方々との時間を楽しむ。また、植物や畑で育つものへの興味関心を持ち、話を聞いたり、一緒に育てたりすることで知識を深める。
・秋の自然に触れ、落ち葉や木の実を集めたり、使ったりしながら表現する楽しさを味わう。 ・季節の行事の由来を知り、関心を持ちながら楽しむ。 ・秋植えの球根や野菜の苗を植え、成長を見守り、待つ。 ・ものの性質や仕組み、数量を時計などに興味や関心を持つ。	・危険な物や危険な箇所を知り、安全に気を付けて遊ぶ。 ・昔からある伝統的な遊び（コマ、凧あげ、福笑い・けん玉）を知り、遊ぶ。 ・数や量、時間に興味や関心を持ち、生活や遊びの中で意識する。 ・冬の自然現象に興味関心を持ち、感動したり、疑問を持ったりする。また、冬から春へと移る季節の変化への気付きをとらえ、身近な自然への好奇心を高めていく。
・自分の思いを言葉で伝えるとともに、相手の思いも聞こうとする。 ・保育者や友だちの話をよく聞き、内容を理解しようとする。 ・友達とイメージを共有し、互いに出し合いながら相手の思いを知り、協力しながら様々な遊具や素材の使い方を工夫して、遊びを展開していこうとする。	・場面に応じた言葉を使ったり、言葉を交わす喜びを味わったりする。 ・自分の思いや相手の気持ちに耳を傾け、やり取りを重ねていく中で譲歩すること、合意することが出来るようになる。 ・自分の思いや考えを友だちと伝え合い共有する楽しさを感じ遊びを広げていく。 ・文字や数字に関心を高め、遊びの中で書いてみようとする。
・音楽に合わせてみんなで歌や楽器を演奏すること、リズムに合わせて踊ることを楽しむ。 ・自分で考えた遊びやイメージを膨らませながら劇ごっこ遊びを楽しむ。 ・様々な遊具や素材を組み合わせることで、より自分の中のイメージを表現することを楽しむ。	・劇ごっこに必要な道具を作り、それらを使って役になりきって劇遊びをする楽しさを味わう。 ・生活の中で友達と一緒に経験したこと、感じたことを自由に表現する。また、自分のイメージを共有し動きや言葉など様々な方法で表現して遊び楽しさを味わう。 ・季節の歌をみんなで歌うことを楽しみ、好きな歌や音楽を見つけていく。
・感染症や風邪などの予防について意識できるような声掛けをしていく。 ・全身を使う遊びやルールのある遊び、友だちと競う遊びを取り入れていく。 ・普段の遊びや行事を通して一人ひとりが力を発揮し、自信が持てるように、出来るようになったことや頑張ったことを受け止め認めていく。 ・様々な活動の中で、互いに認め合いながら共通の目的に向かって取り組めるよう配慮する。 ・季節の行事について子どもたちと準備から楽しみ、参加したくなるような雰囲気や計画をする。 ・一人ひとりの興味・関心が遊びにつながり、最後までやりとげられるように環境を整える。 ・子ども同士のトラブルを見守り、子ども自身が気持ちを切り替えたり、解決したりする姿を十分に認めていく。	・進級する喜び、期待がもてるよう一人ひとりの成長した所を認め、伝えていく。 ・運動会の経験から「ちいさなめ」を通してクラス全体で行事に取り組み、皆で作り上げる楽しさを感じられるように配慮する。 ・友だちの関わりが更に広がるように様子を見守り、トラブルの際は子ども同士で解決に向かえるような見守りと必要に応じて援助をする。 ・伝統的な遊びや食べ物、行事の由来などについて子どもたちが興味を持てるような紹介をしていく。 ・子どもたちのイメージに合わせて道具や素材を用意し、ごっこ遊びや物作りにじっくり取り組めるように遊びの場を構成、展開に応じて変化させていく。 ・自ら考え、判断、行動しようとする姿を見守り、認める中で自信を持ち、自己肯定感につなげていく。 ・年長組の卒園に関連した行事に参加することを通して、自分たちが大きくなったことを認め合い、クラスの仲間と一緒に過ごせる喜びを感じられるようにしていく。
・簡単な自分で調理する機会を持つことで、食への関心をさらに高めていく。 ・食事のマナーや正しい姿勢を知り、意識して食べてみようとする。	・食べ物と身体の関係を知り、意識して食べてみようとする。 ・日本の伝統行事の食事について知り、興味を持って食べてみる。 ・食事のマナーや正しい姿勢を意識して食べる。
・他クラスの運動会ごっこや活動を見学することで応援したり、自分たちの日ごろの遊びの中に取り入れるなど楽しんでいく。 ・他クラスとも鬼ごっこやルールのある遊びを楽しんでいく。	・年長児との関わりの中で進級への意識が高まったり、年少児にも思いやりを持って接していこうとする。 ・年長児との交流から色々な遊びを自分たちの遊びに取り入れようとする。
・季節に応じての衣類の調節や健康管理について一緒に配慮していく。 ・行事への取り組む過程や姿、過程など成長の様子を丁寧に伝え共有していく。 ・日々の遊びや行事に向けての取り組みの過程や育ちを、口頭や今日の様子、クラスだより、ドキュメンテーションを通して伝え、子どもたちが興味や関心を持っていることを保護者と共有できるようにしていく。	・子どもたちの一年間の成長を伝え、喜びを共感し分かち合う。 ・進級への不安や喜びに寄り添い、支援していく（個人面談、クラスだよりなど）。 ・少しずつ年長児になることへの意識が持てるように、生活の見通しを伝えていく。
・子どもの動きが活発になってくるので、安全に関わる約束事を再確認し、動線や活動内容に応じた場所の確保など声を掛け合って安全に過ごせるようにしていく。 ・振り返りを行い、情報や子どもの姿、疑問点、悩みを共有して同じ意識で保育を行う。保育環境も見直し、より過ごしやすい場になるよう相談し設定していく。 ・日が沈むのが早くなってくるので不安に思うことがないよう明るい雰囲気作りをしていく。	・一人ひとりの成長や集団への育ちを振り返り、年長組への見通しや課題について共通理解を深めていく。 ・振り返りを行い、情報や子どもの姿、疑問点、悩みを共有して同じ意識で保育を行う。保育環境も見直し、より過ごしやすい場になるよう相談し設定していく。 ・進級への期待や不安に寄り添い、情緒や体調変化に気を配りながら見守っていく。

●年間目標

年間目標

0歳児	1歳児	2歳児	3歳児	4歳児	5歳児
・保育士との信頼関係のもとで、一人ひとりの欲求が満たされ安定し、安心して過ごす。 ・一人ひとりの子どもの生活リズムに合わせ、授乳・食事・睡眠・排泄等の生理的欲求を満たし、快適かつ健康に過ごす。 ・安全で快適な環境の中で運動遊びを十分に行い、安定した歩行を目指していく。 ・探索活動や好きなあそびを十分に楽しむ。 ・優しい語りかけや、喃語への応答や指差しを受け止めてもらい、発語の意欲を育む。	・自我の芽生えを大切にし、保育者と一緒に安心して過ごす。 ・自分でしようとする気持ちが尊重され基本的な生活習慣の芽生えを育てて過ごす。 ・落ち着いた環境のもと、探索活動を行いながら好きな遊びを見つけ、満足するまで楽しむ。 ・周りのものや人に関心を持つ。 ・保育者との応答的な関わりの中で、指差し、身振り、片言などで自分の気持ちを伝える。 ・手指を使って玩具で遊んだり、色々な素材に触れて遊ぶ。	・安心、安全で園生活を送り、十分に自己が発揮ができるようになる。 ・自分でしようとする気持ちが尊重される関わりの中で、身の回りの事を自分でしようとする。 ・いろいろな遊びを通して保育者や友だちとの関わりを楽しむ。 ・全身を使って遊んだり探索や発見を行いながら触れて遊ぶ。 ・言葉が豊かになり、自分の気持ちを言葉で表現したり、大人と言葉のやり取りを楽しむ。 ・様々な道具や素材を使い、経験したことや体験したことを表現して楽しむ。	・基本的な生活の仕方がわかり、身の回りのことを自分でやろうとする。 ・一人ひとりが主体的に生活する中で、色々なことに興味を持ち、充実感を持ってやりたいことに意欲的に取り組む。 ・安心して保育園生活をする中で、自分の思ったことを言葉で伝えたり取り組んで楽しむ。 ・保育者の関わりを深め、相手の気持ちに気づき、集団での遊びを楽しむ。 ・様々な遊具や素材を使い丈夫な体作りをしていく。 ・物の色や量、形に関心を持ちながら遊びを楽しむ。 ・見たり感じたり考えたりしたことを様々な素材や道具を使い表現することを楽しむ。	・見通しを持ちながら生活に必要な基本的生活習慣を身につける。 ・色々なことに興味を持ち、発見・探求・発展など経験を重ねながら知的探求心や自信を深めていく。 ・友だちとの関わりの中で、自分の思いに気づき、集団での遊びを楽しんでいく。 ・健康・安全への意識を高め、楽しく身体を動かして遊ぶことを通して十分な体力や体幹をつけていく。 ・身の周りの物の色、形、数、量に興味や関心を持ち、数えたり並べたりしながら遊びを楽しむ。 ・友だちと一緒に遊びのイメージを共有しながら様々な表現を楽しむ。	・生活に必要な基本的生活習慣が身につき、見通しを持って健康、安全に過ごす。 ・遊びの中で、自ら考えてやってみようとし、成功・失敗を繰り返しながら自分に自信を持つ。 ・物の性質や仕組みに興味を持ち、自ら調べたり話し合ったりすることで、思考力や認識力を高めていく。 ・異年齢や同年齢の友だちと関わり、力を合わせることの大切さを知ると共に、達成感や充実感を味わう。 ・生活の中で、数や量、図形、文字、時間に関心を持ち集団での活動を楽しむ。 ・感じたことや考えたことを自分なりに表現して豊かな感性や表現する力を養い、創造性を豊かにする。
1期(4・5月)	**1期(4・5月)**	**1期(4・5月)**	**1期(4・5月)**	**1期(4・5月)**	**1期(4・5月)**
・個々の生理要求を満たし新しい環境に慣れ、気持ちよく過ごす。 ・安心できる環境や大人のもとで見守られながら周りのものに興味や関心を持つ。	・新しい環境の中で、欲求や甘えを満たされ安心して過ごす。 ・保育者に見守られ、好きな遊びを見てもらいながら安心して自分の気持ちを伝えようとする。 ・春の自然に触れ、興味を持ちながらの探索を楽しむ。	・新しい環境に慣れ、生活の流れがわかり安心して過ごす。 ・保育者に不安な欲求を受け止めてもらいながら安心して自分の気持ちを表す。 ・自分の好きな遊びを見つけて遊ぶ。 ・保育者と一緒に見立て遊びやごっこ遊びを楽しんだり、仲立ちされながら友だちとの関わりを楽しむ。 ・自然に触れたり、季節の歌やわらべうた遊びをしたりしながら、のびのびと体を動かして遊ぶ。	・新しい環境に慣れ安心して過ごす。楽しいこと、やってみたいことを見つけて遊ぶ。 ・保育者に不安な欲求を受け止めてもらい安心して自分の気持ちを表す。 ・やりたいことを十分に行う中で、他児や大人との関わりが増えてくる。 ・戸外に出掛け、心地よい暖かさの中で、春の草花を見つけたり、虫捕りをしたりして春を感じる。	・進級、入園した喜びや期待を持ち、新しい環境への関わりの中での不安を保育者に受け止められながら安心して過ごす。 ・生活の流れや身支度のやり方を知り、戸外に出て、春の生き物や草花に触れ飼育する楽しさや成長の奥深さを感じる。 ・様々なことに興味・関心を持ち、自分のやりたい遊びを選択して保育者や友だちと一緒に楽しむ。	・基本的な生活習慣が自立し、見通しを持って生活をする。 ・戸外や室内でも身体を動かし、健康な体を作る。 ・保育者や友達の話を聞き、内容を理解する。 ・異年齢児に親しみをもって優しく関わったり、遊んだりする。
2期(6・7・8月)	**2期(6・7・8月)**	**2期(6・7・8月)**	**2期(6・7・8月)**	**2期(6・7・8月)**	**2期(6・7・8月)**
・一人ひとりが安心した生活リズムで過ごせるよう配慮しながら、暑い時期を快適に過ごす。 ・身近な人との信頼関係のもと、興味をもった好きな遊びを楽しむ。	・身の周りのことに興味を持ち、保育者と一緒にやってみようとする。 ・梅雨や夏の暑い時期も健康で快適に過ごす。 ・好きな遊びでじっくりと遊ぶ。 ・友だちに興味を持ち、模倣したり関わろうとする。 ・水、砂などに触れ、夏の遊びを楽しむ。	・思いを受け止められ、安心して自分の気持ちを表現できるようになる。 ・大人に援助されながら、着脱など身の回りのことを自分で行おうとし、できた喜びを感じる。 ・友だちや保育者と一緒に見立て遊びやごっこ遊びを楽しむ。 ・水遊び、感触遊び、造形遊び等夏ならではの素材に触れる。 ・虫や花など、自然物に興味、関心を持つ。	・保育者に見守られながら、身の周りのことを自分でしようとする。 ・水遊びや虫探りなどを通して、夏の発見や遊びを満喫する。 ・簡単なルールのある遊びを、友だちや保育者と一緒に行う。 ・自分の思いを相手に言葉で伝える。	・夏の過ごし方を知り、健康で安全に過ごせるようにする。 ・夏ならではの遊びや自然に親しみ、発見や喜びを味わう。 ・生き物や植物を育てることで命の尊さや成長の喜びを知る。 ・友だちとの関わりの中で、イメージや思いを共有する楽しさを味わう。	・夏を健康に過ごし、夏ならではの遊びや生活の中で気持ちを伝え合い、一緒に考えたりしながら表現することを楽しむ。 ・様々な活動に対して興味を持って参加し、自信につなげる。 ・野菜を育て、自然の変化に気づきや発見、収穫を喜ぶ。 ・生活の中で、数や量、図形、文字、時間に関心を持つ。
3期(9・10・11・12月)	**3期(9・10・11・12月)**	**3期(9・10・11・12月)**	**3期(9・10・11・12月)**	**3期(9・10・11・12月)**	**3期(9・10・11・12月)**
・散歩や戸外遊びを通して自然の中で過ごす心地良さを味わう。 ・身近な人やものに興味を持ち、探索活動やいろいろな遊びを楽しむ。	・保育者に見守られていながら、簡単な身の回りの事を自分でやってみようとする。 ・戸外遊びを楽しみ、歩く、走るなど基本的な運動を十分楽しむ。 ・自然に触れながら散歩を楽しみ、落ち葉や木の実等の季節の自然物を使って遊ぶ。 ・好きな遊びを通して、友だちと関わることに興味を持ったり、一緒に遊ぶ楽しさを知る。	・生活の仕方がわかり、自分でできることはしようとする。 ・戸外に触れながら着脱など好きな遊びを楽しむ。 ・戸外遊びや散歩に行く中で、秋の自然に親しむ。 ・秋の自然に触れ、自然物を使っての遊びを楽しむ。 ・物の色や量、形に関心を持ちながら遊びを楽しむ。	・生活の仕方がわかり、自分でできることはしようとする。 ・秋の自然に触れたり、自然物で遊び、身近な素材に触れ季節を感じる。 ・友だちと一緒に色々な運動や表現することを楽しむ。 ・物の色や量、形に興味や関心を持ち、体を動かすことや表現を楽しむ。 ・地域の社会や自然の出来事に興味・関心を持ち、見たり触れたりし楽しむ。	・病気の予防や人間関係について知り、衣服の調節や手洗い・うがいを自ら行い、健康に過ごす。 ・秋の自然に触れ、身近な素材と組み合わせながら表現を楽しむ。 ・友だちと一緒に色々な運動や表現することを楽しむ。 ・自分たちで育てた野菜収穫や種を植え、物の育ちや喜びを味わう。 ・文字や数、時間、図形に触れて生活や遊びを楽しむ。	・色々な活動を通して、友だちと協力したり、一緒に物事に取り組み、楽しさや達成感や充実感を深める。 ・色々な運動を通して、自分の目標に向かってやり遂げる喜びを味わう。 ・自分たちで育てた野菜収穫や種を植え、育ちや喜びを味わう。 ・文字や数、時間、図形に触れて生活や遊びを楽しむ。
4期(1・2・3月)	**4期(1・2・3月)**	**4期(1・2・3月)**	**4期(1・2・3月)**	**4期(1・2・3月)**	**4期(1・2・3月)**
・保育者との関わりの中で、自分のやりたい気持ちを表し、受け止めてもらい園生活を楽しむ。 ・身近な人や身の周りのものに自分から働きかけながら、好きな遊びを楽しむ。	・寒い時期を経験しながらも快適に過ごす。 ・保育者に見守られながら、身の回りのことを自分でやってみようとする。 ・保育者や友だちとの関わりの中で言葉のやり取りを楽しむ。 ・手指や全身を使った遊びや様々な道具や素材を使った遊びを楽しむ。	・冬の自然に触れたり、戸外で身体を動かし健康に過ごす。 ・保育者に見守られながら着脱や身の回りのことをやってみる。 ・ごっこ遊びや簡単なルールのある遊びに興味を持ち、友だちと関わって遊ぶことを楽しむ。	・冬の自然や遊びがわかり、身の回りのことを自分でやろうとする。 ・基本的な生活習慣を身に付け、友だちと遊んだり、やりとりする楽しさを味わう。 ・進級の喜びや期待を持って意欲的に生活する。	・冬の遊びを楽しんだり戸外で体を動かして健康に過ごす。 ・基本的な生活習慣を身に付け、見通しを持って生活をする。 ・イメージを共有して、なりきり、物語を作ったりする楽しさを味わう。 ・友だちと一緒に共通の目的を持って活動し、関わりを広げる。 ・自分の思いや気持ちを言葉で伝え、相手も思いに気付けるようにする。 ・年長児になることに期待を持ち、友だちと様々な活動に意欲的に取り組む。	・冬の遊びを楽しんだり戸外で体を動かして健康に過ごす。 ・生活習慣を身に付け、自立して衛生的な生活を過ごす。 ・互いの良さを認め合いながら、友だちと協力し共通の目的に向かって活動に取り組み、充実感を味わう。 ・集団生活で組むことで相手と認め合ったり喧嘩をすることで相手の気持ちを把握し、全員で生活する喜びを感じる。 ・就学に期待を持ち、見通しや目標を持って意欲的に行動をしようとする。

令和5年度　4歳児　スカイ組　　月間指導計画　　　4月

担任：　　　　　　　　　園長：

		内容	保育者の配慮及び環境構成

| 先月の子どもの姿 | | スターからスカイに進級することを楽しみにしていた。冬から春に変わり、花が咲く様子や気温の暖かさを感じて戸外に出掛けることを楽しみにしていた。戸外では虫も出てきて虫探しをしていた。他にも友だちや上のクラスの子どもと一緒に鬼ごっこやだるまさんが転んだを楽しむ姿もあった。室内では箸遊びを楽しみ、給食で箸を使って食べてみようとする姿があった。 | 行事 | ・入園式
・進級お祝い会
・体操
・美術 |

| ねらい | | ・進級、入園した喜びと期待を持ち、新しい環境や人間関係の中での不安を保育者に受け止められながら安心して生活する。
・戸外に出て、春の生き物や草花に触れ飼育する楽しさや観察の奥深さを感じる。 | |

		内容	保育者の配慮及び環境構成
養護	生命の保持	・一日の生活の流れがわかり、健康に生活するための行動を身に付けようとする。 ・戸外に出てのびのびと遊ぶ中で自分の身体の動きを知っていく。	・生活の流れを分かりやすく伝えていく。自分で出来るように個別に声を掛け、見守っていく。 ・子どもたちの好きな遊び、身体を動かす遊びを提案し、一緒に楽しんでいく中で伝えていく。
	情緒の安定	・環境の変化への不安を保育者に受け止めてもらうことで安心して過ごせるようになる。	・進級、入園した喜びや不安などを十分に受け止めながら、安定した気持ちで日々を過ごすことが出来るように配慮する。言葉にして表すことが苦手な子どももいるのでよく観察、声掛けを行い、受け止めていく。
教育	健康	・様々な遊具や用具に親しみ、安全な遊び方や使い方を知る。 ・食事のマナー（姿勢や食具の使い方等）を意識しながら友だちとの食事を楽しむ。 ・少人数で箸遊びを楽しむ。	・遊具や用具を使う際に子どもたちと使い方を確認して、子どもたち自身が安全に使う意識が持てるようにする。 ・姿勢や食具の持ち方などその都度声を掛けていく。出来た時にはその姿を認め、自信に繋げて継続できるようにする。 ・持ち方を丁寧に伝えていく。集中してできる環境にする。
	人間関係	・集団遊びを楽しみ、一緒に楽しむ経験を通して友達との関わりを深めていく。（ハンカチ落とし、じゃんけん列車） ・ボール遊びや大縄を楽しむ。 ・地域の方々と触れ合い、畑での作業も一緒に行う中で親しみを持っていく。	・集団遊びの楽しさを保育者も一緒に遊ぶ中で伝えていく。また子どもが発見したことや嬉しかったことなどに共感する。 ・楽しんでできるようにまずは小さく揺らした縄を飛び越えることからやっていく。子どものやってみたいと言う気持ちを大切にしていく。 ・畑を通して地域の方々も関わりが持てるようにする。子どもたちが興味がある植物や野菜を一緒に育てていく。
	環境	・戸外で身近な自然に触れ、心地よさを味わう。 ・種まきや苗植え、水やりを行うことで、成長の過程を知り、世話をしようとする。	・春の季節や発見を子どもと一緒に楽しんでいく。地図などを子どもと作成して疑問や発見したことがわかるようにしていく。 ・成長過程がわかるように事前に子どもたちと調べて興味が出るようにする。世話をしたことで成長していったという喜びを共に感じていく。
	言葉	・簡単なあいさつをしようとする。 ・人の話を聞いたり、自分の経験したことや思っていることを話したりして、言葉で伝え合う楽しさを味わう。	・朝、食事、帰りなどその都度のあいさつを出来るようにまず保育者が正しいあいさつを行っていき、子どもたちの手本になるようにする。 ・子どもの言葉に耳を傾け、考えや思いを尊重し、自信を持って発言出来る空間を作る。子ども同士で伝え合う際に、上手くいかない部分を保育者が補うようにする。
	表現	・音楽に合わせて歌を歌うこと、踊ること、楽器を鳴らすことを楽しむ。 ・様々な道具や素材で自分のイメージを自由に表現することを楽しむ。	・日々の保育の中で季節の歌や子どもが好きな歌を一緒に歌い、踊るなどで楽しんでいき、子どもと一緒に歌う楽しさを伝えていく。 ・身近な素材や廃材、道具を使い表現することができる環境を整え、個々の発達を考慮しながら見守る。達成感を大切にし、自信に繋がるような関わりをする。

食育		・食具の持ち方、食事のマナーを意識しながら楽しく食べる。 ・野菜を育てる中で、成長する様子を観察し、野菜に興味を持つ。	異年齢児保育	・日々の生活の中や保育室に遊びに行って異年齢で一緒に過ごしていく中で、親しみを持ち、5歳児には憧れを抱き、自分が経験したことを0〜3歳児にやってあげようとする。

家庭との連携	・クラス交流会を通して、子どもの成長や一年間の見通しを持って過ごせるように伝えていく。懇談を通して保護者同士の交流も取れるように配慮する。	職員間の連携	・子どもたちの個々の様子や集団生活の約束事を共通理解し、保育者一人ひとりが同じ方向性で保育が行えるように、振り返りの時間を作り考えを固めていく。

評価・反省	

●週間指導計画（週案）

令和5年度　4歳児　スカイ組　4月　週案　担任　　　　　園長印

	第1週（1日）	第2週（3日〜8日）	第3週（10日〜15日）	第4週（17日〜22日）	第5週（24日〜29日）
ねらい	・進級、入園した喜びと期待を持ち、不安な気持ちを保育者に受け止められながら安心して生活する。 ・戸外に出てのびのびと遊ぶ中で自分の身体の動きを知っていく。	・進級、入園した喜びと期待を持ち、不安な気持ちを保育者に受け止められながら安心して生活する。 ・戸外に出てのびのびと遊ぶ中で自分の身体の動きを知っていく。	・簡単なあいさつをしようとする。 ・集団遊びを楽しみ、一緒に楽しむ経験を通して友達との関わりを深めていく。	・様々な遊具や用具に親しみ、安全な遊び方や使い方を知る。 ・戸外に出て、春の生き物や草花に触れ飼育する楽しさや観察を深さを感じる。	・一日の生活の流れがわかり、健康に生活するための行動を身に付けようとする。 ・音楽に合わせて歌を歌うこと、踊ること、楽器を鳴らすことを楽しむ。
内容	・朝の支度など身の回りのことを保育者に手伝ってもらいながら自分で行う。 ・手洗い、うがいをして自分で着脱をする。 ・前後を意識して着脱する。 ・散歩に出掛けて春の季節を感じる。 ・他クラスと散歩に出掛けて一緒に遊ぶことを楽しむ。 ・友だちとルールのある遊びを楽しむ。 ・審遊びを楽しみ、審に興味を持って、友だちと共同で作品作りを味わう、達成感を持つ。 ・好きな遊びを見つけて楽しむ。	・朝の支度など身の回りのことを保育者に手伝ってもらいながら自分で行う。 ・手洗い、うがいをする。 ・前後を意識して着脱する。 ・散歩に出掛けて春の季節を感じる。 ・他クラスと散歩に出掛けて一緒に遊ぶことを楽しむ。 ・友だちとルールのある遊びを楽しむ。 ・審遊びを楽しみ、審に興味を持って、友だちと共同で作品作りを味わう、達成感を持つ。 ・好きな遊びを見つけて楽しむ。	・身の回りのことを保育者に手伝ってもらいながら自分で行う。 ・朝、食事、帰りのあいさつをする。 ・自分なりの季節の表現を楽しむ。作品名を付ける ・ホールで集団遊びを楽しむ。（ハンカチ落とし、じゃんけん列車など） ・散歩で身体を動かして遊ぶ。 ・審遊びを楽しみ、審に興味を持つ。 ・友だちとルールのある遊びを楽しむ。	・身の回りのことを保育者に手伝ってもらいながら自分で行う。 ・あいさつをしようと意識する。 ・手洗い、うがいを行う。 ・モール、ストローで自分なりの表現を楽しむ。（シャボン玉、ストローふき絵など） ・ホールや室内で集団遊びを楽しむ。（椅子取りゲームなど） ・ボール遊び、縄跳びを行う。 ・友だちと同じ遊びを楽しむ。 ・友だちとルールのある遊びを楽しむ。	・身の回りのことを保育者に手伝ってもらいながら自分で行う。 ・手洗い、うがいを丁寧に行うようにする。 ・楽しい雰囲気の中で食事をする。 ・季節の歌を歌う。 ・友だちとダンスや歌を楽しむ。 ・他クラスと散歩先やホールで一緒に遊ぶことを楽しむ。 ・友だちと同じ遊びを楽しむ。 ・友だちとルールのある遊びを楽しむ。
配慮	・進級、入園した喜びや不安など十分に受け止めながら、安定した気持ちで日々を過ごすことが出来るように配慮する。言葉にしてよく観察、声掛けを行い、受け止めていく。 ・子どもたちの好きな遊び、身体を動かす遊びを提案し、一緒に楽しんでいく中で楽しさを伝えていく。 ・審の持ち方を丁寧に伝えていく。集中して出来る環境を整える。 ・出来た喜びや達成感を味わったときは共感していき、子どもの気持ちを大切にしていく。	・進級、入園した喜びや不安など十分に受け止めながら、安定した気持ちで日々を過ごすことが出来るように配慮する。言葉にしてよく観察、声掛けを行い、受け止めていく。 ・子どもたちの好きな遊び、身体を動かす遊びを提案し、一緒に楽しんでいく中で楽しさを伝えていく。 ・審の持ち方を丁寧に伝えていく。集中して出来る環境を整える。 ・出来た喜びや達成感を味わったときは共感していき、子どもの気持ちを大切にしていく。	・朝、食事、帰りなどのあいさつをその都度その都度保育者が正しいあいさつを行っていき、子どもたちの手本になるようにする。 ・集団遊びの楽しさを子どもと一緒に楽しんで伝えていく。 ・楽しんで出来る遊びや縄を飛ぶことからやっていく。子どもたちがやってみたいと言う気持ちを大切にする。 ・出来て嬉しさや達成感を味わったときは共感していき、子どもの気持ちを大切にしていく。	・遊具や用具を使う際に子どもたちに使い方を確認して、子どもたち自身が安全に使えるように意識する。 ・春の季節を子どもと一緒に楽しんでいく。地図などを子どもと作成していくことがあるようにする。 ・子どもたちの気付きや表現を大切にしていく。 ・身近な素材や廃材、道具を使い表現することができる環境を整え、個々の発達を考慮しながら見守る。達成感のある関わりをする。	・生活の流れを子どもに分かりやすく伝えていけ、自分で出来るように個別に声を掛け、自分で行う。 ・日々の保育の中で季節の歌やこともが好きな歌を一緒に歌い、踊るなどして楽しく、保育者や友だちと一緒に歌う楽しみを伝えていく。 ・姿勢や職員の持ち方とその都後声を掛けていき、出来た時にはその姿を認め、自信にしていく。 ・同じ遊びを楽しめるように一緒に遊んでいき、遊びながら楽しさを伝えていく。
振り返り					

Column **3** 学び続ける保育者を目指して

　筆者が保育所の園長を務めていたころ，保育者になって3年目の職員から「何年たったら，一人前の保育者といえますか」と聞かれた。読者の皆さんは，何年たてば一人前になると考えるだろうか。いろいろな答えがあると思われる。

　近年，おもに都市部で問題になっていた待機児問題だが，ここ数年で待機児童数ゼロの自治体が急増している。待機児解消のため，各自治体で新規開設園が増えたことに加え，出生数が減っていることも待機児が減少した理由の一つである。施設の数が増え，保育所などに入りやすくなった今，これから問われることは「保育の質」である。通園バスに園児を置き去りにした痛ましい事故や，不適切な保育を行っている保育施設の現状を知ると悲しい思いになる。

　幼稚園教育要領，保育所保育指針，幼保連携型認定こども園教育・保育要領が2017年に改訂（定）され，子どもの主体性を大切にした保育，環境を通して行うなどと記されてはいるが，いまだに何十年も前の一斉活動中心の保育を続けている現状がある。学生がそのような園に実習に行くと「保育とはこういうものだ」と学び帰ってくる。まだまだ一部の現場では，改訂（定）内容に追いついていないようである。

　これからの時代，変化の激しい予測不能な社会に対応できる柔軟な思考が求められる。自律，行動力，21世紀スキル，キー・コンピテンシーなどが求められる。子どもが自律的に行動し，創造的な活動を展開するには，子どもの主体性を大切にした環境をつくることが重要である。時間はかかるかもしれないが，多くの保育施設が自分たちの保育を見直し，改善していってほしいと願っている。

　さて，冒頭の質問に筆者はどう答えたのか。それは，何年たったら一人前か，年数では判断できない。筆者が考える一人前とは「はじめて保育所を訪問した人に，園について，クラスについて，的確に説明できる人」である。さらに「自分が担当しているクラスで大切にしていることとその理由，具体的な方法，掃除や片づけの手順や意味などを実習生やアルバイト職員に的確につたえることができる人」と答えた。質問しできた職員は，それができていたので一人前であると伝えた。

　保育の仕事は大変……。しかし，やりがいがあり，未来の日本を担う子どもたちと関わるもっとも重要な仕事である。自分の考える理想の保育者になれるよう常に課題をもち，挑戦し，発達し続けるよう日々努力を続けてほしい。

■ 参考文献
• 浅井拓久也（2021）『週案まで書けるようになる！ ライブ15講 保育実習指導案・日誌の書き方』，大学図書出版.
• 浅井拓久也（2020）『パターンと練習問題でだれでも書けるようになる！保育実習日誌・指導案』，明治図書.

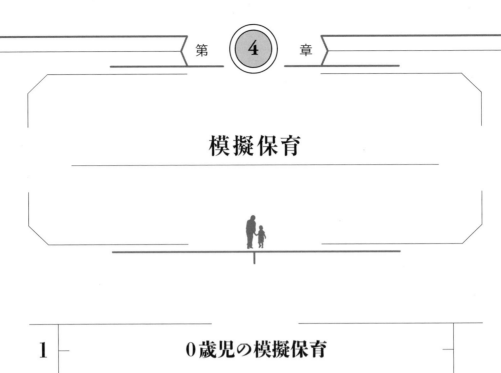

第 4 章

模擬保育

1 ── 0歳児の模擬保育

[1] 0歳児の発達を改めて確認しよう

① 0歳児の全体的な発達の特徴

　人は，生後1年の間に著しく発達し，人として生きていく力を身につける。たとえば，首が座らない状態から，一人歩きが可能になる。言葉の発達についても，「アー」「ウー」といった発声のクーイングから，「ママ」「パパ」などの一語文を話すようになる。認知面においても，養育者に声をかけられると反応を示す姿から，他者へ自身の欲求を伝えたいという意欲が増し，気づいたことや興味・関心のあるものに対して盛んに指差しで伝えるようになる。このように言葉や指差しなど，さまざまな方法で自分の欲求を表現し，これに応答的に関わる大人との間に情緒的な絆を形成していく。

② 6か月未満児の人との関わりと援助

　この時期は，子どもの欲求や表現に対して，養育者が応答的に関わることで，子どもとの間に基本的信頼感が芽生え，愛着関係が形成される。このなかで，子どもが周囲の環境に興味・関心を向け，積極的に働きかける意欲が育っていく。そのため保育者は，子どもが周囲の環境に働きかけられるような物的環境を準備することや，受容的・応答的な関わりによって，愛着関係を形成できるような人的環境としての役割が重要である。子どもの心が動き，人に伝えたくなるような遊びや生活を整えること，子どもの気持ちを汲み取り受容的・応答的に関わる大人の存在が人と関わる力の育ち

へとつながっていくのである。

[2] 0歳児の部分指導案（学生）

部分・責任（半日・全日）実習指導計画案			XYZ大学
実習生氏名	㊞	指導者氏名	㊞
実施日：令和 4 年 9 月 14 日（ 水 曜日）		天気：晴れ	
クラス：はう組　（0歳児）　在籍 5 名（出席人数：5 名（男3名、女2名）　欠席：　名）			

①前日までの子どもの姿	・おもちゃを口に入れようとする。 ・寝返りをしたり・ハイハイで進もうとする。 ・生活リズムが整っている。	②ねらい	・保育者との信頼関係を深める。
		③主な活動	・手遊び「いとまき」をする。 ・「さかながはねて」をする。

④時間	④環境構成	⑤予想される子どもの姿	⑥実習生の援助・配慮
9：55 10：10	〈保育室〉 机 ㊝㊝ ㊐㊐ ㊐㊐㊐ ㊐㊝㊝	・手遊び「いとまき」の手遊びを見る。 ・保育者の真似をして手遊びを楽しむ。 ・「さかながはねて」をする。 ・保育者を楽しんで見ている。 ・手足をバタバタと動かしている。 ・保育者を見て喜んでいる。 ・泣く子どもがいる。	・「これから いとまきをするよ。」と伝え、子どもが見れるようにゆっくりと行う。 ・手遊びをして子どもに注目する。 ・子ども達のペースに合わせて一緒に楽しむ。 ・「これからさかながはねてをするよ。」と伝え、子どもが見れるようにゆっくりとする。 ・子ども達の反応を見ながら、子どものペースに合わせてする。 ・子どもに触れる時は、やさしくタッチする。 ・担当保育者へ引き継ぐ

[3] 0歳児の模擬保育

「いとまきのリズム」で手遊び

　① いとまきまき　いとまきまき♪

　　　ひいてひいて　トントントン♪（2回続ける）

　② できたできた　〇〇ちゃんのぼうし♪

「さかながはねて」のリズムに合わせて触れ合い遊び

　① さかながはねて♪　ぴょーん♪

（歌に合わせながら指先を左右に振って上にくねくね登っていく）

（両手を上にあげる）

　② あたまにくっついた♪

（①のあと両手を頭にのせ，トントンと軽くたたく）

③　おめめにくっついた　めがね♪

（②のあと両手でそれぞれ輪を作り，目のまわりを囲う）

④　片手をグーにして，おへそにあてる

（③のあとグーでおへそにあてる）

⑤　おみみにくっついた　イヤリング♪

（④のあと親指と人差し指で耳たぶをはさむ）

⑥　おくちにくっついた　マスク♪

（⑤のあと片手に口を当てる）

⑦　おでこにくっついた　おねつ♪

（⑥のあと片手におでこを当てる）

⑧　てくびにくっついた　とけい♪

（⑦のあと片手をもう片方の手首にまきつける）

「保育者役の学生」の進め方のコツ

①　まずは保育者役の学生が見本を見せる。

②　向かい合い，子どもの表情をみながら遊ぼう。

③　心地のよい歌声でゆっくりと語りかけるように歌おう。

④　声の大きさも心地のよい大きさで歌おう。

⑤　子どもを寝かせる，座ったまま，立ったままなど向かい合わせになるなど，そ
　れぞれの発達状況に合わせて姿勢を変えて遊ぼう。

[4] 模擬保育の振り返り

① 模擬保育を実践した学生のコメント

・実際に保育を行うときには，優しくタッチする，優しく声をかけるなどが大切だと思いました。

・今はコロナでマスクをつけなければいけないのですが，マスクを取らないと自分がどのような表情をしているのかが伝わらないと思いました。

・「さかながはねて」の触れ合い遊びにおいても，もっとバリエーションを増やしてもよいと思いました（ほっぺを触る，足を触るなど）。

・赤ちゃんの顔から離れ過ぎていたため，もっと近くに寄って手遊びなどをする必要があると思いました。

・手遊びや乳児の触れ合い遊びなど，実際やってみるとテンポが速くなったり，身振り手振りも早くなりました。

② 教員のコメント

模擬保育でよかった点と改善点は，以下の通りである。

よかった点は，学生さんの表情が豊かで子どもに対して，優しく声かけができていたことである。このような受容的・応答的な関わりのなかで，保育を行うことは，子どもが保育者と一緒に過ごすよろこび・安心感を育むことにおいて，とても大切である。そのためも，子どもに優しく声をかけたり，笑顔で子どもに接することは重要なのである。

改善点は次の2つである。1点目は，ゆっくりと落ち着いたテンポで行うことである。実際に子どもの前で，手遊びや触れ合い遊びをすると緊張のため，身振り手振りが早くなってしまうことはよくあること。子どもは，大人のリズムやテンポではその速さについていくことができない。そのため，事前に手遊びや触れ合い遊びを何度も練習することで，子どもの前でも自信をもって取り組むことができるのである。

2点目は，子どもに語りかけるように触れ合い遊びを進めることである。触れ合い遊びを進める上で，子どもに語りかけることは，保育者との信頼関係を築くために重要である。模擬保育のなかでも，子どもに対して優しく声かけしていたが，保育者役が「楽しいね」「くすぐったいね」と子どもが感じたことや経験したことを言葉にすることが重要である。

[5] 総括と修正指導案

① 教員の総括

①の「前日」では，子どもの姿をただ書くのではなく，「ねらい」と関連しているも

のを書く。記載されている「前日」の3つは「ねらい」と関連がない。また，「生活リズムが整っている」ではなく，「生活リズムが安定し，一定時間眠り，機嫌よく遊ぶ姿が見られる」などと子どもの心情・意欲・態度に注目して記載する。

②の「ねらい」では，「保育者との信頼関係を深める」とあるが，「〜を深める」という表現は子どもの意欲に注目してよく書かれている。しかし，どのように「ねらい」が達成されるかが不明である。具体的な活動名は避けつつ，「触れ合い遊びを通して，保育者との信頼関係を深める」などと書く。

④の「時間」では，開始時間と終了時間は記載してるが，途中経過の時間が記載されていない。保育中に子どもたちが何にどのくらい時間がかかるかについて認識しよう。「環境図」については，●や○の記号で表し，環境図の下に●＝保育者，○＝子どもと記載しよう。「環境構成」については，環境構成の意図が書かれていない。そのため，「触れ合い遊びをするためのスペースを確保しておく」などと環境構成の意図を書く。

⑤の「予想」では，準備→導入→展開→まとめ→片づけの流れで書く。そのため，導入の手遊びを始める前に，「○片づけをする」と準備について記載する。手遊びの場面では，子どもの気持ちや感情を書くのではなく，行動を書く。「保育者の真似をして手遊びを楽しむ」とあるが，「楽しむ」は，子どもの気持ちや感情を表しているため，「保育者の動きをまねする」などと子どもの行動を書く。触れ合い遊びの場面では，「泣く子どもがいる」のように否定的な姿ではなく，子どもの姿を肯定的に捉えて書くようにする。「泣くことで，不快を伝えようとする」などと，子どもが工夫したり，がんばっている姿を捉えて書くようにする。

⑥の「援助・配慮」において，「○手遊び「いとまき」を見る」では，「落ち着いた声で，大きな動作でゆっくりと進める」「子どもの様子をうかがいながら，一人ひとりのペースに合わせて一緒に楽しむ」などと，クラス全体の援助と一人ひとりの援助を書こう。指導案では，また，「手遊びをして子どもに注目させる」とあるが「〜させる」という指導的な表現は使わないように留意する。

② 修正指導案の例

部分・責任（半日・全日）実習指導計画案			XYZ大学
実習生氏名	㊞	指導者氏名	㊞

実施日：令和　4 年　9 月　14日（　水曜日）　　　天気：晴れ

クラス：　ばら組（　0歳児）　　在籍　5名　（出席人数：　5名（男　3名、女　2名）　欠席：　　0名）

①前日までの子どもの姿	②ねらい	
・保育者の手の動きに合わせて、身振り手振りで応答しようとする。 ・音楽に合わせて、声を出したり、手足をリズミカルに動かす姿がある。 ・保育者が話しかけると、喃語で応答したり、手足をバタバタと動かしている。 ・保育者とのやり取りを楽しんだり、甘えや欲求などを受け止めてもらう姿がある。	・保育者との触れ合い遊びを通して、全身を動かす心地よさを楽しむ。 ・ゆったりとした雰囲気のなかで、保育者と触れ合うことで、安心感や親しみを深める。 ・手遊びを通して、リズムに対する感覚を豊かにし、保育者と心を通わせる。	
	③主な活動	
	・「いとまき」の手遊びをする。 ・「さかながはねて」の触れ合い遊びをする。	

④時間	④環境構成	⑤予想される子どもの姿	⑥実習生の援助・配慮
9:50		○準備を待っている。 ・保育者に抱かれて待っている。 ・保育者が準備を進める様子を興味深く見ている。	・手遊び、触れ合い遊びのために教室の机やイスを片づけ、スペースを確保する。 ・机を人数分用意し、所定の位置に配置する。
9:55 10:00	〈教室〉 黒板 ● ● ○ ○ □ □ ○ ○ ○ □ □ □ ● ● ● ●＝保育者役、○＝赤ちゃん人形 □＝机	○手遊び「いとまき」をする。 ・保育者の動きを見て、手遊びを楽しむ。 ・手指を動かそうとしている。	・「これから、いとまきをするよ」と子どもに声をかけ、歌に合わせて体を動かして遊ぶことを伝える。 ・落ち着いた声で、大きな動作でゆっくりと進める。 ・子どもから喃語や手足の動きでの返答があった場合は、「よくできたね」などと優しく声をかける。 ・子どもの様子をうかがいながら、一人ひとりのペースに合わせて一緒に楽しむ。
10:05	「用意するもの」 ・赤ちゃん人形　5体 ・机　5個 ・触れ合い遊びをするためのスペースを確保しておく。	○「さかながはねて」の触れ合い遊びをする。 ・「さかながはねて」の歌に合わせて手足を動かしたりしている。 ・保育者の動きのまねをしている。	・「これから、さかながはねてをするよ」と子どもに声をかけ、音楽に合わせて体を動かして遊ぶことを伝える。 ・一人ひとりと目を合わせながらリズムに合わせて、優しく触れる。 ・リズムに合わせて、頭をさすったり、顔を近づけたり離したりする。 ・子どもの機嫌が悪いときは、抱っこして優しい声であやしたり、おむつが濡れていないか確認する。 ・「そろそろ終わります」と声をかけ、片づける。 ・担任保育者に引き継ぐ。

2 ── 1歳児の模擬保育

[1] 1歳児の発達を改めて確認しよう

① 1歳児の全体的な発達の特徴

　1歳を過ぎたころになると個人差はあるが歩行が可能となり，探索行動が盛んとなる。このような子どもの意欲や自発性がさまざまな発達を促していく。たとえば，運動機能では，歩行が可能となり探索行動が盛んとなる。また，手で物をつかむ，指先で物をつまんだりするなどの手指の運動機能が向上する。言葉の発達については，「かして」「ちょうだい」などの生活に必要な言葉が徐々に理解できる。1歳後半ごろになると，「ワンワン，いる」などの二語文を使う子どももいる。認知機能では，積み木を電車に見立て遊ぶなど，象徴機能が発達することで見立て遊びが盛んとなる。また，他児のまねをしたり，後追いしたりするなどの姿が見られ，他者への興味・関心が芽生え，積極的に関わろうとする。

　このようなさまざまな発達が促されるなかで，物の取り合いなどのトラブルも増える時期である。人と関わることの楽しさを理解できるように保育者が援助することによって発達がさらに促されるのである。

② 1歳児の人と関わる力と援助

　この時期は，大人との信頼関係を基盤に，自我や自己意識が芽生えるなかで，他者と関わりを深めていく。しかし，物の取り合いや噛みつき，叩くなどのトラブルが増える時期である。これは，他者への思いやりや尊重する気持ち，自己抑制や言葉で相手に要求を伝えるなどの力が未発達であるがゆえ，このような行動を示すのである。しかし，これらの表現は「何かを伝えたい」「一緒に遊びたい」「これが欲しい」などの自己表現や他者と関わりたいという思いの現れでもある。

　保育者はこれらの表現に対して，子どもの気持ちに共感するとともに，自己表現であると受け止めることが大切である。その上で，「こういうときは貸してって言おうね」などと他者への関わる際のモデルを示すことが大切である。このようなやり取りを通して，他者への存在や思いやる気持ち，自己抑制や言葉の発達が促されていく。

[2] 1歳児の部分指導案（学生）

部分・責任（半日・全日）実習指導計画案				XYZ大学
実習生氏名	㊞	指導者氏名		㊞

実施日：令和 4 年 9 月 30 日 （水 曜日）　天気： 晴れ

クラス：ゆり組 （1歳児）　在籍 5 名 （出席人数： 5 名（男3名、女2名）　欠席： 0 名）

①前日までの子どもの姿	・クラスのお友だちと一緒に遊んでいた. ・「これがいい」と保育者に伝えている.	②ねらい	・触れ合い遊びで保育者に親しみを持たせる
		③主な活動	・手遊び「あたまかたひざぽん」をする. ・「ばすにのって」をする.

④時間	④環境構成	⑤予想される子どもの姿	⑥実習生の援助・配慮
9:55	〈保育室〉 ● ＝ 保育者 ○ ＝ 子ども	○手遊び「あたまかたひざぽん」をする. ・一緒にやってみようとする. ・保育者の真似をしている. ○「ばすにのって」をする. ・保育者のヒザに座る. ・保育者と一緒に歌う ・身体を動かすことを楽しんでいる.	・「今から手遊びをするよ。」と声をかける. ・分からない子のために動作は大きくゆっくりと行う. ・「ばすにのって をするよ」と声をかけ、準備を行う. ・「ここに座りましょう」と声をかける. ・音楽に合わせて身体を揺らしたり、傾けたりする.

[3] 1歳児の模擬保育

「あたまかたひざぽん」のリズムで手遊び

① あたま，かた，ひざ，ぽん♪

② ひざぽん，ひざぽん♪

③ あたま，かた，ひざ，ぽん♪

④ め，みみ，はな，くち♪

「バスにのって」のリズムに合わせて触れ合い遊び

① バスにのってゆられてる　ゴー！ゴー！　バスにのってゆられてる　ゴー！ゴー！

② そろそろみぎにまがります　3，2，1，ウァー

（歌に合わせて，左右に揺らし，足を上下にガタガタと動かす）　（右に傾ける）

③ そろそろひだりにまがります　3，2，1，ウァー

（②のあと，左に傾ける）

④ そろそろさかをのぼります　3，2，1，ウァー

（③のあと，足を立て坂を上るような形にする）

⑤ そろそろさかをくだります　3，2，1，ウァー

（④のあと，足を立て坂を下るような形にする）

⑥　そろそろみぎにきゅうカーブ　3，2，1，ウァー

（⑤のあと，右に大きく傾ける）

⑦　そろそろひだりにきゅうカーブ　3，2，1，ウァー

（⑥のあと，左の大きく傾ける）

⑧　そろそろとまります　3，2，1，ギィー

（⑦のあと，両手で肩を押さえる）

「保育者役の学生」の進め方のコツ

①　まずは保育者役の学生が見本を見せる。

②　子どもを膝に乗せ，脇の下に両手を入れ，優しく抱く。

③　リズミカルな歌声でテンポよく歌おう。

④　「ゴーゴー」や「ウァー」などは掛け声とともに，ポーズを入れよう。

⑤　声の大きさも心地のよい大きさで歌おう。

[4] 模擬保育の振り返り

① 模擬保育を実践した学生のコメント

・触れ合い遊びをした際，保育者と子どもの視線が一方向を向いていたために，子どもがどのような表情をしているのかが確認できなかったです。

・子どもが一方向に向いているため，おもちゃやお友達など，ほかに興味の対象が移ってしまうのではないかと思いました。

・保育者の表情が子どもに伝わらないと思うので，フェイスシールドを活用してもよいと思いました。

・「バスにのって」の触れ合い遊びでの，「急カーブ」の場面で保育者も身体を大きく傾けるので，子どもが保育者の膝から落ちないように注意する必要があると思いました。子どもの身体の持ち方や支え方にも注意する必要があると思いました。

・「バスにのって」を一緒に歌ったりすることは難しいとおもうので，「ゴーゴー」や「ウァー」の部分を一緒に言ってもよいかと思いました。

② 教員のコメント

模擬保育でよかった点と改善点は，以下の通りである。

今回の模擬保育のよかった点としては，子どもたちと一緒にたくさん身体を動かしたり，積極的にスキンシップを図っていたことである。保育者とのスキンシップにより，子どもは安定感をもって過ごすことができるのである。とくに低年齢児が，スキンシップを受けることは，心の安定につながるだけでなく，子どもの身体感覚が育つ上で重要となる。

一方，改善点としては，2点あげられる。1点目は，子どもの保育者や場所取り合いが起こった場合についての配慮である。今回の模擬保育では，赤ちゃん人形1体を用いて行ったが，実際は2人程度の子どもと一緒に行うことが多い。そのため，保育者や「バスの先頭がよい」などの場所の取り合いが考えられる。そのため，「保育者や場所の取り合いになる場合は，子どもの気持ちを十分に受け止め，譲り合ったりできるように声をかける」配慮が必要である。

2点目は，「手遊び」や「バスにのって」を行う上で，子どもの様子に合わせて行うことである。リズムやテンポ，身振り手振りが早い場合，子どもが混乱することがある。そのため，「子どもがまねをするのが難しいそうな場合は，何度も繰り返し，ゆっくりとハッキリとした声や動きを見せる」配慮が必要である。

［5］総括と修正指導案

① 教員の総括

①の「前日」では，子どもの姿をただ書くのではなく，「ねらい」と関連しているものを書く。記載されている「前日」の2つは「ねらい」と関連がない。また，「クラスのお友だちと一緒に遊んでいた」とあるが，「クラスのお友達に興味をもち，積極的に関わろうとする姿がある」などと子どもの心情・意欲・態度に注目し，現在形で記載する。

②のねらいでは，「触れ合い遊びで保育者に親しみを持たせる」とあるが，「〜させる」という表現は使わないように留意する。「させる」や「教える」は主語が子どもではなく保育者となってしまう。そのため，「触れ合い遊びで保育者と親しみを深める」などと記載する。

④の「時間」では，開始時間は記載されているが，途中経過の時間が記載されていない。時間を考えるということは，保育のメリハリをつける上で大切なことである。保育中に子どもたちが何にどのくらい時間がかかるかについて認識しよう。また，指導案には用意するものの数が書かれていないため，予備を含めた数を記載する。「環境構成」については，なぜそうするのかという環境構成の意図が書かれていない。そのため，「触れ合い遊びをするためのスペースを確保しておく」などと環境構成の意図を書こう。

⑤の「予想」では，準備→導入→展開→まとめ→片づけの流れで書く。導入の手遊びを始める前に，「○片づけをする」と準備について記載する。手遊びの場面では，「一緒にやってみようとする」「保育者の真似をしている」とあるが，2行目が右揃いになっているため，左揃えで書くようにしよう。触れ合い遊びの場面では，子どもの気持ちや感情を書くのではなく，行動を書く。「身体を動かすことを楽しんでいる」とあるが，「楽しむ」は子どもの気持ちや感情を表しているため，「身体を動かすことを楽しむ」などと子どもの行動を記載する。

⑥の「援助・配慮」において，「○手遊び「あたまかたひざぽん」を見る」では，「保育者の真似をしている」に対する援助がない。「保育者の手遊びのまねをしやすいように，大きな動作でゆっくりと進める」「子どもの様子をうかがいながら，一人ひとりのペースに合わせて一緒に楽しむ」などのように，クラス全体の援助と一人ひとりの援助を記載する。「○触れ合い遊び「バスにのって」をする」では，「音楽に合わせて身体を揺らしたり，傾けたりする」とあるが，援助だけでなく，「5つのない」を踏まえた配慮についても考えて記載する。

② 修正指導案の例

部分・責任（半日・全日）実習指導計画案			

実習生氏名	㊞	指導者氏名	㊞

実施日：令和　4　年　　9　月　　30　日（　　水曜日）　　天気：晴れ

クラス：　ゆり組（　1歳児）　在籍　5名　（出席人数：　5名（男　3名、女　2名）　欠席：　　0名）

①前日までの子どもの姿	・友達が遊んでいる様子をみることで、友達の存在を意識し始めている。 ・自我が芽生え、何でも「自分で」とやってみようとする姿がある。	②ねらい	・保育者や周囲の子ども達との安定した関係の中で、共に過ごす心地よさを味わう。 ・触れ合い遊びの中で、乗り物に見立てることを楽しむ。 ・友達や保育者と同じ遊びを楽しむ。
	・積み木を「バス」や「車」に見立て、保育者や友達とイメージを通して遊ぶ子どもがいる。 ・保育者と一緒に歌を歌ったり、簡単な手遊びを楽しむ姿がある。	③主な活動	・触れ合い遊び「バスにのって」をする。

④時間	④環境構成	⑤予想される子どもの姿	⑥実習生の援助・配慮
9:55		○保育者の話を聞く。 ・保育者の声かけに注目する。	・「ゆり組さん、いいですか」と子どもたちへ声をかけ、保育者の周りに集まるように声をかける。 ・まだ座る場所が決まらなかったり座っていなかったりする場合は、空いているスペースを伝える。
10:00	黒板 ●＝保育者役、○＝赤ちゃん人形	○手遊び「あたまかたひざぽん」をする。 ・保育者の動きを見て、手遊びを楽しむ。	・手遊び「あたまかたひざぽん」をすることを伝え、子どもと一緒に行う。 ・保育者の手遊びのまねをしやすいように、大きな動作でゆっくりと進める。 ・やり方がわからない子どもがいる場合は、「じゃあもう一度ゆっくりしてみるね」と伝え、再度大きな動作でゆっくりと進める。
10:15	「用意するもの」 ・赤ちゃん人形5体 ・音楽プレーヤー ・触れ合い遊びをするためのスペースを確保しておく。	○「バスにのって」の触れ合い遊びをする。 ・保育者の動きやリズムに合わせて手足を動かしたりしている。 ・保育者の動きのまねをしている。	・「これから、バスにのってをするよ」と子どもに声をかけ、音楽に合わせて体を動かして遊ぶことを伝える。 ・一人ひとりと目を合わせながらリズムに合わせて、体を揺らしたり、傾けたりする。 ・子どもが膝から落ちそうになる場合は、子どもの脇に両手を入れ、しっかりと支えるように留意する。 ・「そろそろ終わります」と声をかけ、片づける。 ・担任保育者に引き継ぐ。

3 — 2歳児の模擬保育

[1] 2歳児の発達を改めて確認しよう

① 2歳児の全体的な発達の特徴

　この時期は，生活や遊びのなかで，自分のことは自分でしようとする自立心や「自分でする」といった自我が強く芽生える。このような側面が全体的な発達を促していくのである。たとえば，運動面では二足歩行が安定することで，走ったり，跳んだりなど運動機能が育ち，探索範囲を拡大していく。また，物をつまんだり，ちぎったりする遊びを通して，手指をコントロールする力が育つとともに，着脱や排泄などを自ら進んで取り組もうとする姿が見られる。言葉の発達についても，「これは？」「あれは？」などの質問を繰り返し，保育者が応答することで語彙を習得していく。また，他者へ自分の意思や欲求を言葉で伝えようとする意欲が見られる。認識についても，イメージを膨らませることにより象徴機能が発達するなかで，ままごとや電車ごっこなどのごっこ遊びやつもり遊びが盛んとなる。

② 2歳児の人と関わる力と援助

　この時期は，「これがいい」「イヤ」などの自己主張を盛んに行う。いわゆる「イヤイヤ期」と呼ばれるもので，自分の思い通りにいかないと，泣いたり，かんしゃくを起こしたりすることもあり，保育者は対応に思い悩む時期である。

　保育者は，こうした表現を「自我・自己主張の育ち」と受け止め育てていく必要がある。子どもは，このような自己主張を保育者に受け止められることで，気持ちを落ち着けていく。相手に自分の主張や思いを伝えるということは，人と関わりを築く上で重要なものとなるため，「自我・自己主張の育ち」の発達は促していかなければならない。しかし，自分の行動が受け入れられないことや「どうにもならない」こともあると気づくことも重要である。そのため，保育者は子どもの気持ちを受け止めつつ，「ダメなことはダメ」と繰り返し伝える必要がある。我慢できたこと，譲れたことをほめたり，認めることで自分をコントロールする力である，自己抑制が徐々に育っていくのである。

[2] 2歳児の部分指導案（学生）

部分・責任（半日・全日）実習指導計画案				XYZ大学

実習生氏名	㊞	指導者氏名		㊞

実施日：令和 4 年 10 月 14 日 （金 曜日）　　天気：曇り

クラス：もも 組 （2歳児）　在籍 18 名 （出席人数 18 名（男10名、女8名）　欠席： 0 名）

①前日までの子どもの姿	・自分の意志や考えを友だちや先生に伝えようとする。 ・色んな物に見立てて遊ぶ。 ・仲の良い友達と遊ぶ姿がよく見られる。	②ねらい	・イス取りゲームを通してルールがあることに気付く。 ・友だちと一緒に遊ぶことで仲を深める。
		③主な活動	・「イス取りゲーム」をする。

④時間	④環境構成	⑤予想される子どもの姿	⑥実習生の援助・配慮
9:55 10:00 10:05 10:15	〈保育室〉 ● = 保育者　○ = 子ども □ = イス ※イス取りゲームの時	・片付けをする 　・イスに座る ・手遊びをする 　・保育者の真似をしながら楽しむ ・イス取りゲームをする. 　・保育者の説明を聞く。 　・イスの周りを歩く。 　・笛が鳴り、音楽が止まると座る。 ・1番と2番になった子どもが前に立つ。	・声かけをし、片付けの時間であることを伝える. ・保育者の前に集まれるように手遊びをする。 ・子どもの様子を見ながら子どものペースに合わせる。 ・保育者が子どもの前で実演しながら、ルールを説明する。 ・保育者が子どもと一緒にイスの周りを歩く。 ・座れなくて泣く子どもがいる場合は、「次は頑張ろうね」などの励ましの言葉をかける。 ・イスの取り合いになる場合は、話し合ったりじゃんけんで決める。 ・1番と2番になった子どもを拍手し「おめでとう」と声をかける。

[3] 2歳児の模擬保育

「キャベツのなかから」のリズムで手遊び

① キャベツのなかから　あおむしでたよ♪　ピッピッ　おとうさんあおむし♪

② キャベツのなかから　あおむしでたよ♪　ピッピッ　おかあさんあおむし♪

③ キャベツのなかから　あおむしでたよ♪　ピッピッ　おにいさんあおむし♪

④ キャベツのなかから　あおむしでたよ♪　ピッピッ　おねえさんあおむし♪

⑤ キャベツのなかから　あおむしでたよ♪　ピッピッ　あかちゃんあおむし♪

⑥　キャベツのなかから　あおむしでたよ♪　ピッ×10　チョウチョになりました♪

「イス取りゲーム」を通して集団遊びを楽しもう

①　「イス取りゲーム」についてルールを説明する。

②　環境を整え，イス取りゲームを始める。

③　音楽を流し，イスのまわりを回る。

④　音楽が止み，笛がなるとイスに座る。

⑤　イスを減らして，再開する。

⑥　「イス取りゲーム終えて」保育者役が子ども役とともに1番になったよろこび
を味わう。

「子ども役の学生」の進め方のコツ

①　手遊び「キャベツのなかから」を進める際，中指や薬指を出すのが難しい子ど
もを演じよう。

②　ルールがわからず，とまどう子どもを演じよう。

③　イスに座れなかった子どもが，悔しくて泣きだす様子を演じよう。

④　「僕の，私のイス」とイスの取り合いになる子どもを演じよう。

⑤　歩くことを理解できず，走りまわる子どもを演じよう。

「保育者役の学生」の進め方のコツ

①　手遊びやイス取りゲームを始める際には，保育者役の学生が見本を見せる。

②　手遊びでは，リズミカルな歌声でテンポよく歌う。

③　手遊びでは，子どもがまねをしやすいように，大きな動作でゆっくりと進める。

④　イスに座れなくて悔しくて泣いてしまう子などの援助を検討しよう。

⑤　ルールがわからず，とまどう子の援助も検討しよう。

［4］模擬保育の振り返り

① 模擬保育を実践した学生のコメント

・音楽が止まり，笛が鳴ったら座るというルールがすぐに理解できると思えないので，何度か練習してみて始めるのがよいと思いました。

・ゲームが始まると，イスを取り合うなどの，子どもがいると思うので，これらに対する保育者の援助が必要だと思いました。

・背もたれのないイスを使用して進めることができればよいと思いました。

・遊ぶ際は，プレイマットのようなものを敷けばよいのではないかと思いました。

・イスの取り合いになった際に，私たち大人は自然とじゃんけんで決めていたが，2歳児にこれが通用するのかが疑問でした。

・イスの周囲を歩く際に，もう少し間隔を狭めて進めることができればと思いました。

② 教員のコメント

模擬保育でよかった点と改善点は，以下の通りである。

今回の模擬保育のよかった点としては，子どもたちの前でゲームを実演して見せたことや，楽しい雰囲気のなかでゲームを進めることができたことである。このような雰囲気のなかで楽しく過ごすことで，ルールやきまりがあることやその大切さに気づくのである。また，楽しい雰囲気のなかで遊ぶことで，友達と一緒に遊ぶ楽しさを味わうことにつながるのである。

改善点は次の2点である。1点目は，ゲームを行う注意点を事前に確認できていなかったことである。「ゲーム中は，走らない，押さない，叩かない，引っ張らない」などのルールを子どもと事前に確認することで，きまりを守って遊ぶことの楽しさを味わうことができるのである。

2つ目は，イスに座れなかった，負けてしまった子どもに対する援助がなかったことである。座れなくて悔し泣きする子がいる場合は，気持ちに共感し，「次があるからがんばろうね」などと前向きなれるような言葉をかけることが重要である。このような保育者の共感の言葉があってこそ，少しずつ気持ちを立て直し，再度挑戦する気持ちが芽生えていくのである。

［5］総括と修正指導案

① 教員の総括

①の「前日」では，「色んな物に見立てて遊ぶ」とあるが，「ねらい」に関連していない。「ねらい」と関連のあるものを書く。「自分の意志や考えを友だちや先生に伝えようとする」「仲の良い友達と遊ぶ姿がよく見られる」は，子どもの心情・意欲・態

度に注目してよく書かれているが，「どのように遊んでいるか？」「どのように気持ちを表現しているか？」に注目して書く。

②の「ねらい」では，「イス取りゲームを通してルールがあることに気付く」とあるが，「ねらい」では具体的な活動名は記載しない。そのため，「ルールが決まっている遊びを通して，ルールを守って遊ぶようになる」などと記載する。

④の「環境構成」については，環境構成の意図が書かれていないため，「イスのまわりを回ってゲームを行うため，イスを円形状に並べる」「活動のためのスペースを確保する」などと記載する。

また，活動のための用意するものと，その個数が記載されていないため，書くこと。「環境図」の○は子どもの人数を表しているようだが，○の数と男児10名，女児8名（合計18名）が一致していない。在籍者18名が全員参加するという前提で指導案を作成しているため，○と在籍者数と一致するように書く。

⑤の「予想」では，「○手遊びをする」と記載があるが，「○手遊び「キャベツのなかから」をする」と，どのような手遊びをするかを書く。「○イス取りゲーム」では，「イスの周りを歩く」と記載があるが，音楽や笛を使用しているため，「音楽に合わせて，イスのまわりを歩く」「音楽が止まり笛がなったらイスに座る」などの子どもの姿が予想できる。

⑥の「援助・配慮」において，「○イス取りゲームをする」では，「保育者が子どもの前でも実演しながらルールを説明する」とあるが，ゲームが始まる前に，ゲーム中は，「押さない，叩かない，走らない」などのルールを伝える援助が必要である。これらの子どもの姿や保育者の援助をあらかじめ想定していなかったことが，当初の予定通りに保育が進まなかった原因ではないか。また「座れなくて泣く子どもがいる場合は，「次頑張ろうね」などの励ましの声をかける」とある。こちらも「5つのない」に注目して記載されているが，保育者の配慮として「子どもの気持ちを代弁する」「座れなくて悔し泣きする子がいる場合は，気持ちに共感し，前向きなれるような声をかける」などの配慮が必要である。

② 修正指導案の例

部分・責任（半日・全日）実習指導計画案			XYZ大学

実習生氏名		㊞	指導者氏名		㊞

実施日：令和　4　年　　10月　　14日（　金曜日）　　　　天気：曇り

クラス：　もも組（　2歳児）　在籍　　18名　（出席人数：　18名（男　10名、女　8名）　欠席：　　0名）

①前日までの子どもの姿	・保育者の手の動きに合わせたり友達の様子を見たりしながら、手遊びに取り組む姿が見られる。 ・手遊びのときは、保育者に向かって手振りで伝えようとする。 ・ルールを確認すると、ルールに沿って遊びを進める姿が見られる。 ・遊ぶときの決まりごとを忘れるほど、遊びに夢中になる子もいる。	②ねらい	・楽しい雰囲気のなかで、友達と一緒に遊ぶ楽しさを味わう。 ・ルールを守って遊ぶことの楽しさを味わう。 ・ルールが決まっている遊びを通して、ルールを守って遊ぶようになる。
		③主な活動	・手遊び「キャベツのなかから」をする。 ・イス取りゲームをする。

④時間	④環境構成	⑤予想される子どもの姿	⑥実習生の援助・配慮
9:55 10:00	〈保育室〉 ○手遊びをするときとイス取りゲームの説明を聞くとき。 （黒板／●●／○○○○○○○○○／出入口） ●＝保育者、○＝子ども ・保育者の説明を集中して聞けるように、必要のないものを片づけておく。 ○イス取りゲームをするとき （黒板／イス配置図） [用意するもの] ・イス（17脚） ・笛（2個） ・音楽プレーヤー（1台） ・イス取りゲームができるように、十分なスペースを確保しておく。	○片づけをする。 ・片づけが終わった子から集まる。 ○手遊び「キャベツのなかから」をする。 ・保育者の手の動きをまねする。 ・中指や薬指を出そうとする。 ○イス取りゲームをする。 ・保育者の説明を聞く。 ・音楽に合わせて、イスの回りを歩く。 ・音楽が止まり、笛がなったらイスに座る。 ・1番と2番になった場合は、前に立つ。	・遊具などを片づけて、保育者の近くに集まるように伝える。 ・子どもが遊びに夢中になっており片づけを始めない場合は、これから始める遊びに期待がもてるような言葉がけをする。 ・手遊び「キャベツのなかから」を始めることを伝え、子どもも一緒に行う。 ・「どうやって指を出すかわかる子は、隣のお友達に教えてあげてね」と伝える。 ・中指や薬指を出すのが難しい子どもがいる場合は、保育者がもう一度やってみせる。 ・ゲームが始まる前に、ゲーム中は、「押さない、叩かない、走らない」などのルールを伝える。 ・保育者が見本となり、ゲームのルールを説明する。 ・子どもの手をつないで歩き、一緒に楽しむ。 ・「イスのまわりをゆっくりあるこうね」などと声をかける。 ・座れなくて悔し泣きする子がいる場合は、気持ちに共感し、前向きなれるような声をかける。 ・走ってしまったり、手が出そうなときは、「ゲームをするときのお約束はなんだったかな」と声をかけ、ルールを守って遊べるように促す。 ・1番と2番になった子どもには、「おめでとう」などと声かけし、達成感を味わえるように工夫する。 ・「そろそろ終わります」と声をかけ、片づける。 ・担任保育者に引き継ぐ。

4 ── 3歳児の模擬保育

[1] 3歳児の発達を改めて確認しよう

① 3歳児の全体的な発達の特徴

　この時期は，集団生活を送るために必要な基盤となる力の発達が促されていく。たとえば，走る，跳ぶ，押す，三輪車に乗る，ボールを投げるなど，基礎的な運動能力が育つ。この運動能力の発達に伴い，食事・排泄・衣服の着脱など基本的生活習慣がある程度自立する。言葉の発達についても，「こんにちは」「いただきます」など，日常生活で使うような言葉がひととおり話すことができるとともに，知的好奇心が育ち「なぜ」「どうして」といった質問も盛んに行う。認知機能についても，周囲への観察力や注意力が身につくことで，大人の行動や日常生活の事象をごっこ遊びに取り入れることができる。

　このような認知機能や言葉の発達が，人への興味・関心を深め，社会性や人と関わる力が育っていくのである。物の取り合いなどのいざこざを経験しながら，徐々に貸し借りや順番を守るなどの，簡単なきまりを守ることができるようになる。

② 3歳児の人と関わる力と援助

　この時期は，はじめて集団生活を過ごす子どもも多い。入園当初は，「おうちに帰りたい」「おかあさんといっしょがいい」と泣いたり，園に行きたくないといったりする姿が見られる。これは，いわゆる分離不安を起こしている状態で，入園から2〜3か月のあいだ起こす子どもが多い。分離不安は，成長過程における通過儀礼のようなもので，これを乗り越えてこそ，子どもは周囲の環境に主体的に関わり，人と関わる力が育つのである。

　保育者の援助としては，子どもとの信頼関係を確立することが重要である。そのためには，保育者や友達と十分触れ合うことを通して親しみをもち，安心して園生活を過ごすことができるように援助することが重要である。また，人と関わる力の育ちは，保育者や周囲の人々に見守られるなかで，人に対する信頼感をもつことで育っていく。このような環境が確立されてこそ，さまざまな発達が促されるとともに，人と関わろうとする力が育っていく。

[2] 3歳児の部分指導案（学生）

部分・責任（半日・全日）実習指導計画案				X Y Z大学
実習生氏名		㊞	指導者氏名	㊞

実施日：令和 4 年 9 月 30 日 （金 曜日）　　天気：晴れ

クラス：未組 （3歳児）　在籍 26名 （出席人数：26名（男15名、女10名）　欠席： 0 名）

①前日までの子どもの姿	○絵本を好み、真剣に聞く。 ○絵本から学んだことや知ったことを家族に伝える。	②ねらい	○絵本を通して、言葉の大切さを知る。 ○保育者の声かけに応じて、絵本の読み聞かせてもらう楽しさを知る。
		③主な活動	○「ひげじいさん」の手遊びをする。 ○「どうぞのいす」の絵本を見る。

④時間	④環境構成	⑤予想される子どもの姿	⑥実習生の援助・配慮
10：30	〈保育室〉 ㊟ ㊙ ○ ～ ○ ○ ～ ○	○保育室に集まる。 ・保育者の声かけにより保育者の近くにイスを並べて集まる。	○保育室に集まるように声をかける。 ○絵本の時間、状楽しみになるような声かけをする。
10：35		○「ひげじいさん」の手遊びをする。 ・保育者の動作を真似をする。	○「ひげじいさん」の手遊びを子どもたちに見せて、実際に子ども達の手遊びをしてみる。 ○動作を大きくしたり、ゆっくりやったりするなど工夫して手遊びをする。
10：40		○「どうぞのいす」の絵本を見る。 ・保育者の話を聞き、絵本に集中する。 ・絵や話に反応して声を出す。	○登場人物の雰囲気が出るように抑揚をつけながら読む。 ○子ども達の反応を見て、問いかけるように話したり、質問したりする。
10：55		・絵本を読み終えると感想を伝えたり、友達同士で話したりする。	○この絵本に対する感想を聞いて、この話から伝えたかったことを伝える。

第4章

模擬保育

[3] 3歳児の模擬保育

「ひげじいさん」のリズムで手遊び

   ①   トントントン♪ ひげじいさん

   ②   トントントン♪ こぶじいさん

   ③   トントントン♪ てんぐさん

   ④   トントントン♪ めがねさん

   ⑤   トントントン♪ てはうえに

⑥　キラキラキラキラ♪　てはおひざ

絵本「どうぞのいす」の絵本の読み聞かせ

①　実習生や自分たちで絵本の見やすい場所を探して座るように伝える。

②　絵本の持ち方を確認する。

（指が絵にかからないように）

（本が中央に来るようにもつ）

（絵本が安定するように後ろの親指を立てる）

③　絵本の読み聞かせを始める。

④　「これしってる」「見たことがある」などと伝える子どももいる。

⑤　絵本の読み聞かせのルールを確認すると静かに絵本を見る。

⑥　絵本の読み聞かせ終えて保育者が子どもに感想や質問をする。

「子ども役の学生」の進め方のコツ

①　絵本に出てくる登場人物や動植物などに興味しんしんである。そのため，「これしってる」「見たことがある」などと言葉で伝える子どもを演じよう。

②　保育者が絵本の読み聞かせの際のルールを提示された場合は，守ることができるため，ルールを確認すると静かに絵本を見るようにしよう。

③　絵本の読み聞かせを通して，登場人物などに対して興味をもったり，自分なりにイメージしたりする。そのような姿を演じよう。

「保育者役の学生」の進め方のコツ

①　手遊びでは，保育者役の学生が見本を見せる。

②　手遊びでは，リズミカルな歌声でテンポよく歌おう。

③　絵本は事前に読み合わせを行う。

④　場面によって声の大きさや声色を変えたり，抑揚をつけよう。

⑤　絵本を選ぶ際は，必ず年齢に合った絵本を選ぼう。

[4] 模擬保育の振り返り

① 模擬保育を実践した学生のコメント

・読み聞かせが終わり，子どもたちからの質問があった際に，どのようなところがおもしろかったのか，どんなところに興味・関心があったのかなど，共感の姿勢を示しながら，対話することができました。

・読み聞かせの最中に質問などがあった際，質問に答えつつ，「静かにしようね」と声をかけていたが，事前に絵本の読み聞かせのルールを子どもたちに説明するほうがよかったです。

・絵本に出てくる登場人物やキャラクターに合わせて，声を工夫したり，抑揚をつけたりなどできてよかったです。

・実習の際にも，子どもの年齢・発達に合った絵本を選ぶことが大切だと学びましたので，それらを意識して選ぶことができたと思います。

・絵本を読むことに夢中になっていたので，子どもの表情などを見ることができなかった。

・事前に絵本の読み合わせをもっとしておけばよかったと思いました。

② 教員のコメント

模擬保育でよかった点と改善点は，以下の通りである。

今回の模擬保育のよかった点としては，子どもからの質問があった際に，子どもの意見に共感しつつ，ていねいに応答していたことである。また，「絵本を聞くときは静かにしようね」などの絵本の読み聞かせのルールを確認していたところがあげられる。ここでの保育者の援助として，子どもに対して，共感の姿勢を示しながら，対話する，読み聞かせの際のルールやきまりに気づくように促すことは重要である。

一方，改善点としては，2点あげられる。1点目は，子どもが見慣れた絵本である場合の配慮である。子どもの姿として「知っている」「見たことがある」という子どもがいるということ考えられるが，その場合，「あとでどんなお話だったか教えてね」「このお話の一番よかったところを教えてね」といった保育者の配慮が必要である。

2点目は，声の大きさや抑揚は，絵本の世界を伝える程度にすることである。大げさな表現では，その表情だけが子どもたちに残ってしまい絵本に集中するすることができなくなってしまうためである。そのため，声の大きさや抑揚にも十分配慮する必要がある。

[5] 総括と修正指導案

① 教員の総括

②の「ねらい」では，「絵本を通して，言葉の大切さを知る」「保育者の声かけに応じて，絵本の読み聞かせてもらう楽しさを知る」とあり，「〜を知る」という表現は，子どもの心情に注目してよく書かれている。しかし，どのように「ねらい」が達成されるか，何を身につけてほしいかが不明である。「絵本に親しみ，言葉に対する感覚を豊かにする」「絵本に親しみ，興味をもって見て，想像する楽しさを味わう」などと記載する。

③では，「『どうぞのいす』の絵本を聞く」とあるが，絵本の書名，出版社名も書く必要がある。「絵本『どうぞのいす』（チャイルド本社）の読み聞かせを聞く」などと書こう。

④の「環境図」については，●や○の記号で表し，環境図の下に●＝保育者，○＝子どもなどと記載する。また，絵本の読み聞かせは，保育者1名で行うため，保育者は1名で記載しよう。「環境構成」については，環境構成の意図が書かれていない。そのため，「絵本を読む位置から子ども全員を見渡せるか確認しておく」「子どもが絵本に集中するように，掲示物などを整理しておく」などと環境構成の意図を記載する。

⑤の「予想」では，準備→導入→展開→まとめ→片づけの流れで書くため，導入の手遊びを始める前に，「○片づけをする」と準備について記載する。そこで，「片づけが終わった子どもから集まる」「自分の椅子に座って待つ」などと記載する。絵本の読み聞かせの場面では，「絵や話に反応して声を出す」とあるが，「声を出す」がどのようなものか伝わりにくいため，「「見たことがある」「知っている」という子どもがいる」などと書こう。

⑥の「援助・配慮」において，「○「どうぞのいす」の絵本を見る」では，クラス全体の援助は見られるが，一人ひとりに対する援助が見られないため，詳しく記載する。事前に絵本の読み聞かせのルールを説明するなどの援助がない。このような，保育者の援助をあらかじめ想定していなかったことが，当初の予定通りに保育が進まなかった原因ではないか。そのため，「5つのない」を意識して記載する。「読み語りの最中に質問があった場合は，共感の姿勢を保ちながら「物語が終わってから教えてね」と回答したりする」「読み語りの最中に立ち歩いたり，友達と話をしている場合は「絵本を見るときのお約束は何だったかな」など，静かに絵本を見る姿勢が身につくように促す」などと記載する。

② 修正指導案の例

部分・責任（半日・全日）実習指導計画案			XYZ大学

実習生氏名	㊞	指導者氏名	㊞

実施日：令和　4年　9月　30日（　金曜日）　　天気：晴れ

クラス：　赤組（　3歳児）　　在籍　19名　（出席人数：　19名（男　9名、女　9名）　　欠席：　1名）

| ①前日までの子どもの姿 | ・保育者の手の動きに合わせたり、友達の様子を見たりしながら手遊びに取り組む姿がある。

・保育者が絵本の読み聞かせの際のルールを確認すると静かに絵本を見る子どもが多い。

・絵本の読み語りの際は、登場人物に興味をもったり、自分なりにイメージをしたりして見ている。 | ②ねらい | ・絵本に親しみ、興味をもって見て、想像する楽しさを味わう。
・静かに絵本を見る姿勢を身につける。
・物語を通して、他者への存在を意識するとともに、思いやりの気持ちを深める。 |
| | | ③主な活動 | ・手遊び「ひげじいさん」をする。
・絵本『どうぞのいす』（チャイルド本社）の読み聞かせを聞く。 |

④時間	④環境構成	⑤予想される子どもの姿	⑥実習生の援助・配慮
9:55		○片づけをする。 ・片づけが終わった子どもから集まる。	・遊具などを片づけて、保育者の近くに集まるように伝える。 ・片づけをしたがらない子どもに対しては、自分から片づけをする姿勢を身につけられるように、保育者が最初だけ手伝う。
10:00		○実習生の近くに集まる。 ・実習生が見える位置に座る。	・自分たちで絵本の見やすい場所を探して座るように伝える。
	黒板 ● ○○○○○○○○ ○○○○○○○ 出入口	○手遊び「ひげじいさん」をする。 ・保育者のまねをする。	・手遊び「ひげじいさん」をすることを伝え、子どもと一緒に行う。 ・保育者の手遊びのまねをしやすいように、大きな動作でゆっくりと進める。
10:10			・やり方が分からない子どもがいる場合は、「じゃあもう一度ゆっくりしてみるね」と伝え、再度大きな動作でゆっくりと進める。
	●＝保育者、○＝子ども [用意するもの] 絵本『どうぞのいす』（チャイルド本社）	○絵本『どうぞのいす』を見る。 ・絵本の読み語りが始まるのを待っている。	・「今日はどんなお話かな？」などと声をかけ、これから始まる物語に期待を持てるような言葉をかける。
10:25	・子どもが絵本に集中できるように、用具を整える。 ・子どもが絵本の見える位置に座っているかを確認する。	・「知っている」「見たことがある」という子どもがいる。 ・絵本が見やすい場所に座ろうと探したりする。 ・絵本が終わると、感想などを保育者に伝える。	・読み語りの最中に質問があった場合は、共感の姿勢を保ちながら、「物語が終わってから教えてね」と回答したりする。 ・読み語りの最中に立ち歩いたり、友達と話をしている場合は「絵本を見るときのお約束は何だったかな」など、静かに絵本を見る姿勢が身につくように促す。 ・子どもの感想や質問に対して、共感の姿勢を示し、声をかける。 ・担当の保育者へ引き継ぐ。

5 | 4歳児の模擬保育

[1] 4歳児の発達を改めて確認しよう

① 4歳児の全体的な発達の特徴

　この時期は，自己発揮しながら，仲間と協力・協調するなかで，全体的な発達が促されていく。たとえば，片足でケンケンする，ブランコに乗るなど，全身のバランスを取ることができ，鬼ごっこなどの集団遊びを通して，運動機能が発達していく。言葉については，話し言葉の基礎ができ，接続詞を使い話そうとする。また，「いれて」「混ぜて」などの集団遊びに参加する際の言葉を使えるようになる。認識については，絵本などの物語を通して，友達とイメージを共有し，ごっこ遊びなどに発展させて遊ぶことができることや，自分の行動や結果を予測することができるようになる。また，自分と他人の区別がはっきりとするようになり，他者からどのように見られているかを意識するようになることで競争意識が高まり，負けると悔し泣きするといった姿が見られるようになる。

② 4歳児の人と関わる力と援助

　この時期は，集団生活を通して仲間とのつながりが強くなる時期である。そのため，集団的な遊びのなかで，きまりの大切さに気づき，守ろうとする姿が見られるようになる。そのなかで，仲間同士のけんかが増えていく。自己主張をぶつけたり，ときには相手の主張を受け入れたりするなかで，自分を抑えることができるようになる。このように互いの主張をぶつけ合い，相手の主張を受け止めるなどの折り合いをつける経験は，人と関わりを育む上で重要なものとなる。

　そのため保育者は，この時期の子どもたちの仲間関係を支えるとともに，折り合いをつける経験を援助することが重要となる。この時期の子どもは，自分と他者のイメージをすり合わせたり，他者の思いを受け入れることができないこともあるため，保育者がイメージをつなぎ合わせたり，それぞれの双方の子どもの主張を十分に受け止め，納得して気持ちの立て直しができるように援助するかが重要となる。

部分・責任（半日・全日）実習指導計画案				XYZ大学
実習生氏名		㊞	指導者氏名	㊞

実施日：令和 4 年 10月 14日 （金 曜日）　　天気：曇り

クラス さる 組 （4歳児）　在籍 21 名　（出席人数：20 名（男11名、女9名）　欠席：1 名）

①前日までの子どもの姿	○絵本や歌、興味ある事に集中して聞こうとする。 ○保育者の話を静かに聞いている。	②ねらい	○遊びを通して子供の人間関係を育む。 ○遊びを通じて、集中力を養い、人の話を聞く力を伸ばす。
		③主な活動	○手遊び「おおきくなったら何になる」をする。 ○「もうじゅう狩りにいこう」をする。

④時間	④環境構成	⑤予想される子どもの姿	⑥実習生の援助・配慮
10:00 10:05 10:10 10:30	〈保育室〉 （図：保育室の座席配置） ○○○　○○○ ○○○　○○○ ・□保育者　○子ども ○遊ぶ時 （図：遊びの配置） ○○○　○○○ ○○○　○○○ ○○○	○保育者の近くに座る ・仲の良い友達と隣り合うようになる。 ○手遊び「おおきくなったら何になる」をする。 ・速さを変えて楽しむ ○「もうじゅう狩りにいこう」をする。 ・保育者の説明を聞く。 ・動物の文字に合わせて友達と手をつなぎ座る。 ・遊びが終わった後の感想を言う。	○なるべく固まって座らないように座る位置を調整する。 ○早く集まることができた子供をほめる。 ○手遊び「おおきくなったら何になる」を、する事を伝える。 ○テンポや速さを変えて進める。 ○保育者がゲームのルールを伝える。 ○ルールが分からない子に対しては、もう一度ゆっくり説明する。 ○グループになる際は、友達と思いを伝えあう。

[3] 4歳児の模擬保育

「大きくなったら何になる」のリズムで手遊び

① 大きくなったら　何になろう　大きくなったら　何になろう　1の指で　何に
なろう　チクチク注射の　お医者さん♪

② 大きくなったら　何になろう　大きくなったら　何になろう　2の指で　何に
なろう　チョキチョキ髪切る　床屋さん♪

③ 大きくなったら　何になろう　大きくなったら　何になろう　3の指で　何に
なろう　クリームまぜるよ　ケーキ屋さん♪

④ 大きくなったら　何になろう　大きくなったら　何になろう　4の指で　何に
なろう　みんなを守るよ　おまわりさん♪

⑤　大きくなったら　何になろう　大きくなったら　何になろう　5の指で　何に
なろう　どすこいどすこい　おすもうさん♪

「猛獣狩りにいこうよ」を通して集団遊びを楽しむ

①　「猛獣狩りにいこうよ」についてルールを説明する。

②　保育者役が膝を叩きながら「もうじゅうがりにいこうよ♪」といい，子ども役
　もまねして繰り返す。次に「もうじゅうなんてこわくない♪」といい，子ども役
　も繰り返す。

③　保育者役が「やりだってもってるし♪」といいながら，槍をもっているポーズ
　をし，子ども役もそれを繰り返す。

④　保育者役が「てっぽうだってもってるもん♪」といいながら，鉄砲を撃つポーズをし，子ども役もそれを繰り返す。

⑤　保育者役が「あ！」といいながら何かを見つけたように指を差し，子ども役もそれをまねする。

⑥　保育者役が「うし」などの動物の名前をいう。子ども役は，いわれた動物の文字数と同じ人数の人とグループになり，その場にしゃがむ。

⑦　「猛獣狩りにいこうよ」を終えて，保育者役が子ども役に感想を聞く。

「子ども役の学生」の進め方のコツ

①　動物の名前の文字数を確かめながら進めよう。

②　グループをつくる際，「○○くん」「○○ちゃん」など名前を呼び合ってグループをつくろう。

③　ルールを説明しても，とまどってわからない子どもを演じよう。

「保育者役の学生」の進め方のコツ

①　手遊びや「猛獣狩りにいこうよ」では，保育者役の学生が見本を見せる。

② 手遊びでは，リズミカルな歌声でテンポよく歌おう。

③ 最初は，2文字や3文字などの簡単な動物の名前から遊んで，慣れてきたら文字数の多い動物でグループをつくって遊んでみよう。

④ 「先ほどとは違うお友達とグループをつくってみよう」など，工夫して遊んでみよう。

[4] 模擬保育の振り返り

① 模擬保育を実践した学生のコメント

・お友達とグループになるなど，お友達の存在を意識することができるため，4歳児にとってよい遊びだと思いました。

・今回は，教室のような場所で少人数だからこそできた遊びですが，子どもの人数を考えると教室の空間的な広さにも注意しなければならないと思いました。

・何度かルールを説明する必要があると思いました。「ウマ」であれば2文字なので2人が手をつないで座るなどのルールが，子どもには理解できないのではないかと思いました。

・ゲームを進行する上でのきまりについても確認が必要だと思いました。たとえば，お友達を探す際には「走らないようにする」などです。

・実際にゲームをする際には，「○○くん」「○○ちゃん」などとお友達の名前を呼び合ってグループになるのがよいと思いました。

② 教員のコメント

今回の模擬保育のよかった点と改善点は，以下の通りである。

よかった点としては，「猛獣狩り」のイメージをもちながら，保育者役と子ども役が一緒に歌ったり，動いたりすることを楽しめたことである。このような活動を通して，集団で遊ぶ楽しさを十分に味わったり，そのなかでのルールやきまりを守ろうとする姿が育まれるのである。

一方，改善点としては2点あげられる。1点目は，数が理解できない子どもへの対応である。子ども役が学生だったため，とまどいがなかったが，実際の4歳児であれば「イルカということは3文字」とすぐには理解できない子どもも多い。そのため，保育者役が「イ・ル・カということは3文字だね。3人グループになろうか」などの保育者の声かけが必要である。

2点目は，グループになれず，あまってしまった子どもの対応である。たとえば，子どもの在籍数が18名で「ライオン」という4文字のお題であれば，2名あまってしまう。この場合は，保育者役も一緒に入って行うなどの配慮や「○○ちゃん，○○ちゃんもグループなれていないよ」などと他児に気づくような声かけが必要である。

また，グループになれなかった子どもに対して「お友達の名前を呼んでグループをつくれるかな？」「次，○○ちゃんと一緒になってみたらどう？」などの声かけをすることで友達を誘いあったりして遊ぶことができる。

[5] 総括と修正指導案

① 教員の総括

①の「前日」では，子どもの姿をただ書くのではなく，「ねらい」と関連しているものを書くことである。記載されている「前日」の１つは，「ねらい」と関連がないため，「興味ある遊びのルールについて集中して聞こうとする姿が見られる」と「ねらい」と関連したものを記載する。

②の「ねらい」では，「遊びを通して子供の人間関係を育む」とあるが，人間関係のどのような姿を育むといった点が抽象的である。そのため，「遊びのなかで，自分の思いや考えを出しながら，友達と関わりを深める」などと記載する。また，「ねらい」の２点目「～を伸ばす」といった述語は，保育者が主語となってしまうため，使わない。「遊びを通して，保育者の話を聞く姿勢を身につける」などとする。

④の「環境図」の○は，子どもの人数を表しているようだが，○の数と男児11名，女児９名（合計20名）が一致していない。欠席者１名を除いて在籍者20名が全員参加するという前提で指導案を作成しているため，○と在籍者数と一致するように書く。「環境構成」については，環境構成の意図が書かれていない。そのため，「子ども同士がぶつからないように，スペースを確保しておく」「ゲームのルールを説明する際に，保育者が見本を見せる位置を決めておく」などと記載する。

⑤の「予想」では，準備→導入→展開→まとめ→片づけの流れで考えるため，「○片づけをする」と準備について記載する。そこで，「片づけが終わった子どもから集まる」「自分の椅子に座って待つ」などと記載する。

⑥の「援助・配慮」において，「○手遊び「大きくなったら何になる」をする」では，クラス全体の援助は見られるが，一人ひとりの援助が見られないため，詳しく記載する。「一生懸命に取り組んでいる子どもの名前を呼んでほめる」「手遊びのリズムについていけない場合は，大きな動作でゆっくりと進める」などと一人ひとりの援助について記載する。「○「もうじゅう狩りにいこうよ」をする」では，同様に一人ひとりの配慮がないため「５つのない」を意識して書く。「数が理解できない子どもがいる場合は，指や言葉で文字数を伝えるなどして，グループになれるように促す」「あまってしまった子どもがいる場合は，保育者が入り再度グループをつくれるように援助する」などと記載する。

② 修正指導案の例

<table>
<tr><td colspan="4" align="center">部分・責任（半日・全日）実習指導計画案</td><td align="right">ＸＹＺ大学</td></tr>
<tr><td>実習生氏名</td><td colspan="2">㊞</td><td>指導者氏名</td><td>㊞</td></tr>
<tr><td colspan="5">実施日：令和　　4 年　　　10月　　14 日（　金曜日）　　　天気：曇り</td></tr>
<tr><td colspan="5">クラス：　ばら組（　4 歳児）　在籍　21名　（出席人数：　　20名（男　11名、女　　9名）　　欠席：　　1名）</td></tr>
<tr>
<td rowspan="2">①前日までの子どもの姿</td>
<td colspan="2" rowspan="2">・好きな遊びに熱中したり、友達を誘いあったりして遊ぶ姿が見られる。

・集団遊びのなかで、遊びのルールを守ろうとする姿が見られる。

・自分なりの思いや考えを表して、友達と関わろうとする。</td>
<td>②ねらい</td>
<td>・集団遊びのなかで、自分の思いや考えを出しながら、友達と関わりを深める。

・同じ遊びを共有するなかで、一緒に楽しむことができる。

・ルールある遊びを通して、ルールの大切さに気づく。</td>
</tr>
<tr>
<td>③主な活動</td>
<td>・手遊び「大きくなったら何になる」をする。
・「猛獣狩りにいこうよ」をする。</td>
</tr>
</table>

④時間	④環境構成	⑤予想される子どもの姿	⑥実習生の援助・配慮
10:00 10:05 10:15	〈保育室〉 ○手遊びをするとき、保育者の説明を聞くとき。 黒板 ● ○○○○○○○○○ ○○○○○○○○○ 出入口 ●＝保育者、○＝子ども ・保育者の話を集中して聞けるように必要のないものは片づけておく。 ○猛獣狩りにいこうよをするとき。 黒板 ● ○○ ○ ○ ○ ○○ ○○ ○ ○ ○ ○○ 出入口	○片づけをする。 ・片づけが終わった子どもから集まる。 ・自分の椅子に座って待つ。 ・保育者の近くに集まる。 ・保育者が見える位置に座る。 ○手遊び「大きくなったら何になる」をする。 ・保育者のまねをする。 ○「猛獣狩りにいこうよ」をする。 ・保育者の説明を聞く。 ・リズムに合わせて、身体を動かす。 ・保育者の提示した動物の文字数に合わせて、友達を探し、手をつないで座る。	・これから始める遊びに関係のないものは片づけるように伝える。 ・子どもが片づけをしない場合は、これから始める遊びに期待を持てるような声かけをする。 ・まだ座っていない子どもには、空いているスペースを伝えたり、友達同士で誘いあったりする。 ・手遊び「大きくなったら何になる」をすることを伝え、子どもと一緒に行う。 ・一生懸命に取り組んでいる子どもの名前を呼んでほめる。 ・保育者が見本となり、ゲームのルールを説明する。 ・ゲーム中は、「走らない」などのルールを伝える。 ・子どもがまねをしやすくするために、大きな動作でゆっくりと進める。 ・「どうやって動くか分かる子は、友達に教えてあげてね」と伝える。 ・数が理解できない子どもがいる場合は、一緒に数を数えるなどして、グループになれるように促す。 ・グループになれない子どもがいる場合は、「次頑張ろうね。お友達の名前を呼んでグループをつくれるかな」と声をかける。 ・余ってしまった子どもがいる場合は、保育者が入りグループをつくれるように援助する。
10:30	・子ども同士がぶつからないように、スペースを確保しておく。	・「猛獣狩りにいこうよ」をした感想を伝え合う。	・今日の遊んだ感想を聞き、工夫していたところや最後までがんばった姿勢をほめて自信がもてるようにする。 ・担任の保育者に引き継ぐ。

6 5歳児の模擬保育

[1] 5歳児の発達を改めて確認しよう

① 5歳児の全体的な発達の特徴

　4歳児よりも，さらに仲間とともに過ごすことが増え，他者と協同して生活を過ごすなかで，さまざまな発達が促されていく。たとえば，運動機能はますます伸び，心肺機能も高まり，仲間とドッジボールなど，体全体を使った運動ができるようになる。そのなかで，ルールやきまりを守るようになったりつくったりするようにもなる。言葉の発達については，筋道を立てて話ができるようになるなど，文脈をつくって話をすることができるようになる。集団生活を通して仲間との話し合いを繰り返しながら，自分の思いや考えを言葉にしたり，他者の話を聞いたりすることができるようになり，自分の気持ちに折り合いをつけることができるようになる。また，文字に関して関心をもつようになり，自分の名前を書いたり，わからないことを図鑑で調べたりすることなどを通して言葉や文字の関心を高めていく。

② 5歳児の人と関わる力と援助

　5歳児では，友達と共通のイメージをもって遊ぶことや，共通の目的に向かって考えたり，工夫したり，協力したりすることができるようになる。これらは，子ども同士の関わりを深め，一緒に活動するなかで，共通の目的が生まれることで育まれていく。そのなかで，自分の思いを伝えたり，他者と意見をすり合わせたり，自分の役割や行動に気づいたりするなどの過程を通して，他者と協力することができるようになるのである。

　保育者は，一人ひとりの子どもが集団のなかで自己発揮しながら，皆で力を合わせれば大きなことを達成できるという気持ちを育てることが重要となる。これらを通じて，子ども自身が集団のなかのかけがえのない一員であることを知り，仲間への信頼感を深めるのである。そのために保育者は，子どもたちの願いや考えをていねいに受け止め，友達との関わりの状況に応じて適宜援助することが大切である。子どもは，このような保育者の援助を通して，相手のよさに気づいたり，協力することの大切さを学んでいく。

[2] 5歳児の部分指導案（学生）

部分・責任（半日・全日）実習指導計画案			X Y Z 大学
実習生氏名　　　　　　　　　　㊞		指導者氏名　　　　　　　　　　㊞	

実習日：令和 4年 10月 20日 （木 曜日）　　　天気：

クラス：青組 （5歳児）　在籍 20名 （出席人数 20名（男11名、女9名）　欠席：0名）

①前日までの子どもの姿	・体を動かすことが好きで戸外遊びと積極的に取り組んでいた。 ・今何をするべきか、周囲を見て考えて行動することができる。 ・手遊びを真似をしたり、見たり歌ったりしている。	②ねらい	・保育者や友達と一緒に遊ぶ中で楽しさを共有できる。 ・ルールやきまりを守って遊ぶ。 ・お友達と協力して遊ぶ。
		③主な活動	・手遊び「おべんとうばこ」をする ・「たけのこニョッキ」をする。

④時間	④環境構成	⑤予想される子どもの姿	⑥実習生の援助・配慮
10:00 10:05	＜保育室＞ 保 子ー子 子ー子	・保育者の近くに集まる ・見える位置に座る ・手遊び「おべんとうばこ」をする ・保育者の動きを真似しようとする	・保育者の近くに集まるように言う ・これから手遊び「おべんとうばこ」をすることを伝える ・保育者の前に集まれるように手遊びをする。
10:10	「たけのこニョッキ」 をする 保 子 子 子 子　子 子 子 子	「たけのこニョッキ」する ・円形にイスを並べ座る ・1〜20ニョッキまでの数字を言う ・友だちの様子を見て共有する	・これから「たけのこニョッキ」をすることを伝える ・子どもと一緒にイスを円形に並べる。 ・友だちの様子を見ながらタイミング良く手を上げるように伝える ・できた時は喜びを共に味わう ・難しい場合は保護者がやってみせる。
10:30		・たけのこニョッキをした感想を言う	・できた所や工夫した所をほめる

第4章　模擬保育

[3] 5歳児の模擬保育

「おべんとうばこのうた」のリズムで手遊び

　① これっくらいの　おべんとばこに♪

　② おにぎり　おにぎり　ちょいとつめて♪

　③ きざみしょうがに　ごましおふって♪

　④ にんじんさん　さくらんぼさん♪

　⑤ しいたけさん　ごぼうさん♪

⑥　あなのあいた　れんこんさん♪

⑦　すじのとおった　ふき♪

「たけのこニョッキ」を通して集団遊びを楽しむ

①　「たけのこニョッキ」についてルールを説明する。

②　保育者役が実演して子ども役に見せる。

③　1から順に「1ニョッキ！」といって両手を上にあげる。

④ 次の子は「2 ニョッキ」，その次の子は「3 ニョッキ」と続けて手をあげていく。

⑤ ほかの子と同じタイミングで，「ニョッキ」といってしまった子ども役が負けになり，最初から始める。

⑥ 「たけのこニョッキ」終えて保育者役が子ども役に感想を聞く。

「子ども役の学生」の進め方のコツ

① ゲームのルールを説明しても，とまどいわからない子どもを演じよう。

② どのタイミングで両手をあげるか，思案する子どもを演じよう。

③ 次の数字は何かを，確認しながら進める子どもを演じよう。

「保育者役の学生」の進め方のコツ

① 手遊びや「たけのこニョッキ」は，保育者役の学生が見本を見せる。

② 手遊びでは，リズミカルな歌声でテンポよく歌おう。

③ たけのこニョッキの説明を実演しながら，進めよう。

④ 最初は，少人数のグループで進め，様子を見ながら人数を増やしていこう。

［4］模擬保育の振り返り

① 模擬保育を実践した学生のコメント

・お友達と協力して進めることができるゲームなので，5歳児の遊びとして大切な遊びだと思いました。

・友達の表情や態度などを見ながら進めることができるため，友達を意識する力につながると思いました。

・秋の季節にぴったりな遊びだと思いました。

・このゲームのルールを説明するのが難しいなと思いました。子どもの前でやってみたり，できるだけわかりやすく簡潔に伝える必要があると思いました。

・このゲームの負けが，「かけ声がかぶってしまった」なので，このあたりの説明もしっかりする必要があると思いました。何がダメなのか，どうなったら終わりなのかを具体的に説明する必要があると思いました。

② 教員のコメント

模擬保育でよかった点と改善点は，以下の通りである。

よかった点としては，子ども役と保育者役が試行錯誤しながら協力し，遊ぶことができていたことである。5歳児は，友達と共通の目的をもち，工夫しながら遊びを進めることが重要である。これは協同性と呼ばれ，就学後に向けての大切な育ちとなる。このように友達の様子をうかがいながら協力し遊びを進める姿から，相手の立場に立って，思いやりの気持ちをもつことにつながるのである。

一方，改善点としては2点あげられる。1点目は，出席者の20名が全員参加することの難しさである。指導案では在籍数20名のため，20名で参加することとなる。つまり，1から20までの数を数え，20名全員がルールを理解しなければ，このゲームは成立しない。これは5歳児にとっては難しい。そのため，はじめは少人数で行い，徐々に人数を増やすなどの配慮が必要である。

2点目は，数を理解できない子どもへの配慮である。指導案通りに進めると20までの数を数えることとなる。20までの数がいえない，理解できない子どもも存在すると考えられ，その子どもに対する配慮を考える必要がある。「一緒に数を数える」「今は何番目か，次の数字は何番か」などと子どもたちと確認しながら進めることなどの配慮が必要である。

［5］総括と修正指導案

① 教員の総括

①の「前日」では，子どもの姿をただ書くのではなく，「ねらい」と関連しているも

のを書く。記載されている「前日」の２つは「ねらい」とは関連がない。また、「体を動かすことが好きで、戸外遊びを積極的に取り組んでいた」とあるが、「〜だった」ではなく「〜している」などの現在形で書く。

　②の「ねらい」では、「保育者や友達と一緒に遊ぶ中で楽しさを共有できる」とあるが、「ねらい」の述語は「〜できる」という表現は使わない。そのため「保育者や友達と一緒に遊ぶなかで、楽しさを共有できるうれしさを味わう」と記載する。また、「ルールやきまりを守って遊ぶ」「お友達と協力して遊ぶ」とあるが、ここは心情・意欲・態度に注目して書く。そのため、「遊ぶときには、ルールを守って遊ぶことに気をつける」「お友達と協力して遊ぶことで、協力することの大切さに気づく」などと記載する。

　④の「環境図」については、●や○の記号で表し、環境図の下に●＝保育者、○＝子どもと記載する。また、数を省略するのではなく、出席者と○を一致するように書くこと。「環境構成」については、環境構成の意図が書かれていないので記載する。そのため、「遊ぶときは、子ども同士がぶつからないように、スペースを確保する」と記載する。

　⑥の「援助・配慮」において、「○保育者の近くに集まる」では、「保育者の近くに集まるように言う」とあるが、「言う」という表現は避けよう。そのため、「伝える」などと記載する。「○手遊び「おべんとうばこ」をする」では、「保育者の動きを真似しようとする」に対する援助がない。「保育者の手遊びのまねをしやすいように、大きな動作でゆっくりと進める」「子どもの様子をうかがいながら、一人ひとりのペースに合わせて一緒に楽しむ」のように、クラス全体の援助と一人ひとりの援助を書こう。「○「たけのこニョッキ」をする」では、「難しい場合は、保育者がやってみる」とあるが、具体的な配慮の視点がないため、「数を理解できない子どもがいる場合は、保育者が一緒に数を数えたり、確認したりする」などと記載する。ほかにも「保育者が見本となり、ゲームのルールを説明する」「ゲームのルールが理解できない子どもがいる場合は、簡潔にルールを説明し、実演して見せる」などと記載する。このような保育者の援助をあらかじめ想定していなかったことが、当初の予定通りに保育が進まなかった原因ではないだろうか。

② 修正指導案の例

部分・責任（半日・全日）実習指導計画案			

実習生氏名	㊞	指導者氏名	㊞

実施日：令和　4年　10月　20日　（　木曜日）　　　天気：雨

クラス：青組（　5歳児）　在籍　20名　（出席人数：　20名（男　11名、女　9名）　欠席：　0名）

①前日までの子どもの姿	・友達と共通の目的をもって、工夫しながら遊ぶ姿が見られる。 ・友達と協力するよりも、自分の思いを優先することもある。 ・自分で友達を誘い、積極的に関わろうとする。	②ねらい	・友達と共通の目的を持ち、協力し合いながら遊びに取り組む。 ・友達と協力して遊ぶことで、協力することの大切さを理解する。 ・友達の様子を見ながら、ゲームのルールについて理解する。
		③主な活動	・手遊び「おべんとうばこのうた」をする。 ・「たけのこニョッキ」をする。

④時間	④環境構成	⑤予想される子どもの姿	⑥実習生の援助・配慮
10:00		○片づけをする。 ・片づけが終わった子どもから集まる。 ・保育者の近くに集まる。 ・保育者が見える位置に座る。	・片づけをしない子どもがいる場合は、いま何をするべきか考えるように促すため、言葉をかけたり質問を投げかけたりする。 ・まだ座っていない子どもには、空いているスペースを伝えたり、友達同士で誘いあったりする。
10:05	〈保育室〉 ○手遊びをするとき、保育者の説明を聞くとき。 黒板 ● ○○○○○○○○○ ○○○○○○○○○ 出入口	○手遊び「おべんとうばこのうた」をする。 ・保育者の身振り手振りをまねする。	・手遊び「おべんとうばこのうた」をすることを伝え、子どもと一緒に行う。 ・手遊びの動きがわからない子どもがいる場合は、再度大きな動作でゆっくりと進める。
10:10		○「たけのこニョッキ」をする。 ・5人、2グループに分かれ、円形状に座る。 ・5人、2グループで「たけのこニョッキ」をする。 ・お友達の様子を窺いながら進める。 ・1から5ニョッキの数字を言う。	・保育者が見本となり、ゲームのルールを説明する。 ・ゲームのルールが理解できない子どもがいる場合は、簡潔にルールを説明し、実演して見せる。 ・ゲームに参加する子どもと一緒にイスを円形状に並べる。 ・子どもに1から5ニョッキまであることを伝え、お友達の仕草や様子を見ながら進めるように促す。
10:15	●＝保育者、○＝子ども ・保育者の話を集中して聞けるように必要のないものは片づけておく。 ○5人グループで「たけのこニョッキ」をするとき。 ・遊ぶときは、子ども同士がぶつからないように、スペースを確保する。 黒板 ○○○○○○○○○○ ● ○○○ ○○○ ○ ○ ○ ○ ○○ ○○ 出入口	・待機していた子どもと交替し、再度5人2グループで「たけのこニョッキ」をする。	・ゲームの開始の順番を待っている子どもが期待や応援ができるように、「次、○○君たちの番だから見ててね」「お友達ががんばっているから応援しようね」と伝える。 ・数を理解できない子どもがいる場合は、保育者が一緒に数を数えたり、確認したりする。
10:50	○10人グループで「たけのこニョッキ」をするとき。 黒板 ● ○○○ ○○○ ○ ○ ○ ○ ○ ○ ○ ○ ○○ ○○ 出入口	・10人、2グループに別れ、円形状に座る。 ・10人、2グループで「たけのこニョッキ」をする。 ・「たけのこニョッキ」をした感想を伝える。	・ゲームに参加する子どもと一緒にイスを円形状に並べる。 ・子どもに1ニョッキから10ニョッキまであること伝える。 ・遊んだ感想を聞き、お友達と協力したり工夫した所をほめて自信がもてるようにする。 ・遊びの際に、うまくいかなかった子どもには、その子なりの工夫点や頑張りをほめて、前向きな気持ちをもって活動が終われるようにする。 ・担任の保育者に引き継ぐ。

第4章　模擬保育

Column 4 子ども同士のケンカから育つ力とは!?

　子ども同士のケンカに対してどのようなイメージをもっているだろうか。保育を学ぶ学生の皆さんに「子ども同士のケンカに，どのようなイメージをもっていますか？」と聞くと，「暴力」「極力避けるべきこと」「嫌な体験」などのマイナスイメージをもっているようである。確かにケンカは，人間関係に亀裂を生んだり，怪我をしたりなど一般的にはネガティブなイメージがつきまとう。しかし，子ども同士のケンカには，人との関わりを育む内容がたくさん含まれている。

　たとえば，4歳児の積み木遊びにおいてタクヤくんは一緒にお家をつくりたいが，カズトくんはタワーをつくりたいとの意見の不一致でケンカに発展する。また，遊具に乗るために列に並んでいると，友達が列に割り込んでくることで言い合いのケンカになる。このように，子ども同士のケンカは，両者が思いや願いを主張し，それらがぶつかり合うことによって生じる。その際，保育者が，それぞれの子どもの主張や気持ちを聞き，十分に受け止め，それぞれの子どもの主張が伝わるように代弁したり，納得して気持ちを立て直すことができるように援助する。

　また，自身の主張が通らないなどの葛藤を経験することによって，気持ちを立て直すことができない場合もあるだろう。その際は，保育者が子どもの心の拠りどころとなるような適切な援助によって少しずつ気持ちを立て直すことができるのである。このような経験を通して，他者へ自身の思いを表現する自己主張や他者と折り合いをつけること，自身をコントロールする力である自己抑制が身につくのである。ほかにも「社会関係を学習する機会」「他者への思いやり」「他者理解・共感性」の発達を促すものであるとされている。

　さらに，筆者らの子どものケンカに対する意識調査[1]において，保育者の回答では「道徳心を育むための貴重な経験」「社会生活を送る上で貴重な経験」「友達との仲を深める大切な経験」と成長の機会として捉え，「貴重な経験」であると認知しているようである。

　このように子ども同士のケンカから，人との関わりを育てる大切な内容が豊富に含まれているのである。保育者を目指す学生さんには，子ども同士のケンカについてネガティブなイメージをもつのではなく，「大切な学びの機会」であると捉えてほしいと願う。

■引用文献
1）谷口聖・浅井拓久也（2022）「幼児の「けんか」に対する保育者養成学生の意識に関する研究—保育者との比較分析を通じて—」『聖カタリナ大学人間文化研究所紀要』，(27)，pp.15-28.

■参考文献
• 厚生労働省（2008）『保育所保育指針』，フレーベル館.
• 厚生労働省（2008）『保育所保育指針解説』，フレーベル館.

- 厚生労働省（2017）『保育所保育指針』，フレーベル館.
- 厚生労働省（2018）『保育所保育指針解説』，フレーベル館.
- 浅井拓久也（2020）『パターンと練習問題でだれでも書けるようになる！保育実習日誌・指導案』，明治図書.
- 浅井拓久也（2021）『週案まで書けるようになる！ ライブ15講　保育実習指導案・日誌の書き方』，大学図書出版.

第 **5** 章

他領域の特性を生かした指導法

1 ─ 他領域とのつながり

[1] 領域・人間関係のねらいや内容を踏まえた指導法

　領域・人間関係の指導法を考える際に欠かせないことは2つある。1つは，領域・人間関係のねらいや内容を踏まえた保育を考えることである。もう1つは，領域・人間関係だけではなく，5領域全体を意識して保育を考えることである。

　まず，領域・人間関係のねらいや内容を踏まえた保育を考えることについて，『保育所保育指針』における1歳以上3歳未満児の保育と3歳以上児の保育における領域・人間関係のねらいと内容を以下に掲載する[1)]。領域・人間関係の指導法を考える際は，これらのねらいが達成できるように，また内容として示されていることを子どもが経験できるようにする必要がある。

① 1歳以上3歳未満児の保育

イ　人間関係

　他の人々と親しみ，支え合って生活するために，自立心を育て，人と関わる力を養う。

（ア）ねらい

　①保育所での生活を楽しみ，身近な人と関わる心地よさを感じる。

　②周囲の子ども等への興味や関心が高まり，関わりをもとうとする。

　③保育所の生活の仕方に慣れ，きまりの大切さに気付く。

（イ）内容

①保育士等や周囲の子ども等との安定した関係の中で，共に過ごす心地よさを感じる。

②保育士等の受容的・応答的な関わりの中で，欲求を適切に満たし，安定感をもって過ごす。

③身の回りに様々な人がいることに気付き，徐々に他の子どもと関わりをもって遊ぶ。

④保育士等の仲立ちにより，他の子どもとの関わり方を少しずつ身につける。

⑤保育所の生活の仕方に慣れ，きまりがあることや，その大切さに気付く。

⑥生活や遊びの中で，年長児や保育士等の真似をしたり，ごっこ遊びを楽しんだりする。

② 3歳以上児の保育

イ　人間関係

　他の人々と親しみ，支え合って生活するために，自立心を育て，人と関わる力を養う。

（ア）ねらい

①保育所の生活を楽しみ，自分の力で行動することの充実感を味わう。

②身近な人と親しみ，関わりを深め，工夫したり，協力したりして一緒に活動する楽しさを味わい，愛情や信頼感をもつ。

③社会生活における望ましい習慣や態度を身に付ける。

（イ）内容

①保育士等や友達と共に過ごすことの喜びを味わう。

②自分で考え，自分で行動する。

③自分でできることは自分でする。

④いろいろな遊びを楽しみながら物事をやり遂げようとする気持ちをもつ。

⑤友達と積極的に関わりながら喜びや悲しみを共感し合う。

⑥自分の思ったことを相手に伝え，相手の思っていることに気付く。

⑦友達のよさに気付き，一緒に活動する楽しさを味わう。

⑧友達と楽しく活動する中で，共通の目的を見いだし，工夫したり，協力したりなどする。

⑨よいことや悪いことがあることに気付き，考えながら行動する。

⑩友達との関わりを深め，思いやりをもつ。

⑪友達と楽しく生活する中できまりの大切さに気付き，守ろうとする。

⑫共同の遊具や用具を大切にし，皆で使う。

⑬高齢者をはじめ地域の人々などの自分の生活に関係の深いいろいろな人に親しみをもつ。

こうしたねらいや内容を見て、「どのような保育をすれば、子どもはねらいを達成し、内容に示された経験をすることができるだろうか」と思考実験するとよいだろう。この問いに対する回答を自分なりに考えてみたり学生同士で議論してみたりすることで、領域・人間関係のねらいや内容を踏まえた保育を考えることができるだろう。

[2] 5領域の内容を総合的に展開できる指導法

領域・人間関係の指導法を考える際は、領域・人間関係のことだけではなく、他領域とのつながりや関係も考える必要がある。なぜなら、5領域は互いにつながりや関係があるため、5領域を総合的、全体的に考えて保育を組み立てないと子どもにとって適した体験や経験を用意することができなくなるからである。『保育所保育指針解説』には以下のように示されている（下線部は執筆者による）[2]。

> 保育の内容を「健康」「人間関係」「環境」「言葉」「表現」の五つの領域によって示している。子どもの発達は諸側面が密接に関連し合うものであるため、各領域のねらいは相互に結び付いているものであり、また内容は子どもの実際の生活と遊びにおいて総合的に展開されていく。

> 個の成長と集団としての活動の充実を図ることを基本とし、遊びや生活などの子どもが身近な環境に主体的に関わる具体的な活動を通して、各領域の内容を総合的に展開し、幼児期にふさわしい経験と学びを生み出すように援助することが必要である。

このように、領域・人間関係の指導法を考える際は、常に5領域全体を意識して考える必要がある。

[3] 他領域における領域・人間関係とのつながり

ここまで、領域・人間関係の指導法を考える際は、領域・人間関係のねらいや内容を踏まえること、他領域とのつながりを意識して指導法を考えることを説明してきた。では、他領域には領域・人間関係とのつながりはどのように示されているだろうか。以下で、1歳以上3歳未満児の保育における領域・健康、領域・環境、領域・言葉、領域・表現のなかから領域・人間関係とのつながりを表す記述を一部抽出して示す（下線部は執筆者による）[3]。

① 領域・健康

心と体の健康は，相互に密接な関連があるものであることを踏まえ，<u>子どもの気持ちに配慮した温かい触れ合いの中で，</u>心と体の発達を促すこと。特に，一人一人の発育に応じて，体を動かす機会を十分に確保し，自ら体を動かそうとする意欲が育つようにすること。

② 領域・環境

地域の生活や季節の行事などに触れる際には，社会とのつながりや地域社会の文化への気付きにつながるものとなることが望ましいこと。その際，<u>保育所内外の行事や地域の人々との触れ合いなどを通して</u>行うこと等も考慮すること。

③ 領域・言葉

<u>身近な人に親しみをもって接し，自分の感情などを伝え，それに相手が応答し，その言葉を聞くことを通して，</u>次第に言葉が獲得されていくものであることを考慮して，楽しい雰囲気の中で保育士等との言葉のやり取りができるようにすること。

④ 領域・表現

子どもが試行錯誤しながら様々な表現を楽しむことや，自分の力でやり遂げる充実感などに気付くよう，<u>温かく見守るとともに，適切に援助を行うようにすること。</u>

このように，他領域にも，領域・人間関係とのつながりを示す記述がある。5領域を個別的ではなく，総合的，全体的に考えることが保育者には求められるのである。

［4］領域・人間関係の指導法が目指すもの

領域・人間関係の指導法を考える際，そもそもこうした指導によって何を目指しているかを明らかにしておく必要がある。この問いを考えるにあたって重要なことは，「3つの資質・能力」「幼児期の終わりまでに育ってほしい姿」と5領域の関係である。

「3つの資質・能力」とは，「知識及び技能の基礎」「思考力，判断力，表現力等の基礎」「学びに向かう力，人間性等」を意味する。「幼児期の終わりまでに育ってほしい姿」とは，「健康な心と体」「自立心」「協同性」「道徳性・規範意識の芽生え」「社会生活と関わり」「思考力の芽生え」「自然との関わり・生命尊重」「数量・図形，標識や文字などへの関心・感覚」「言葉による伝え合い」「豊かな感性と表現」を意味する。

これら3つの関係性について『保育所保育指針解説』は，以下のように示している[4]。

幼児教育において育みたい子どもたちの資質・能力として，「知識及び技能の基礎」「思考力，判断力，表現力等の基礎」「学びに向かう力，人間性等」を示した。そして，これらの資質・能力が，第2章に示す健康・人間関係・環境・言葉・表現の各領域におけるねらい及び内容に基づいて展開される保育活動全体を通じて育まれていった時，幼児期の終わり頃には具体的にどのような姿として現れるかを，「幼児期の終わりまでに育ってほしい姿」として明確化した。

　つまり，領域・人間関係を含む「5領域」の指導を通して「3つの資質・能力」，あるいはその具体的な子どもの姿としての「幼児期の終わりまでに育ってほしい姿」を育むことを目指すのである。そのため，領域・人間関係の指導法を考える際は，その指導を通して「3つの資質・能力」，あるいは「幼児期の終わりまでに育ってほしい姿」を育むことにつながっているかという視点が必要になる。
　「5領域」のどの領域が「幼児期の終わりまでに育ってほしい姿」のどの姿と関係しているかも考えておくとよいだろう。領域・人間関係は，「幼児期の終わりまでに育ってほしい姿」のなかでも，「自立心」「協同性」「道徳性・規範意識の芽生え」「社会生活との関わり」との関係が強い。領域・健康は「健康な心と体」，領域・環境は「思考力の芽生え」「自然との関わり・生命尊重」「数量・図形，標識や文字などへの関心・感覚」，領域・言葉は「言葉による伝え合い」，領域・表現は「豊かな感性と表現」と関係が強い。
　本節での説明をまとめると次のようになる。領域・人間関係の指導法を考える際は，領域・人間関係のねらいや内容と，他領域との関係を考える必要がある。また，「3つの資質・能力」や「幼児期の終わりまでに育ってほしい姿」を育むことになるような指導法であることも必要である。
　次節以降では，領域・人間関係と他領域とのつながりを意識した指導法について具体的に解説していく。

2 領域・言葉とつながる指導法

[1] 紙芝居の特徴

　日本の伝統文化といえる「紙芝居」には演じ手がいて，芝居を観る観客がいることで成立するものである。一人でも見ることができる絵本との大きな相違点が，ここである。
　紙芝居は演じ手が絵の裏に書いてある脚本を演じ，観客は絵を見て作品の世界観に

浸っていく。演じ手である保育者と観客である子どもが場を共有し，共感を得ることが最大の特徴である。

さらに声の響き・抑揚・表情・心の動きが真のコミュニケーションとして伝わることで共感が強まり，作品を通して友達同士の人間関係も深まっていく。これは集団のなかで演じられる紙芝居であるからこその効果である。

[2] 紙芝居を通して育つ力

紙芝居は集団で見るもので，外の世界に開いていくものである。そこで養われるのは「聞く力」「共感力」「想像力」などである。そして個々の人間形成や人間関係の構築にも大切な要素をもち合わせている。

① 聞く力

絵本とは異なり「動き」の演出がある紙芝居は，子どもたちの見ようという気持ちを引き出し，集中して作品の世界に入り込んでいくことができるため，話を聞くという姿勢が自然とできてくる。

② 共感力

現実の空間に，作家の世界が出現し広がるなかで，観客である子どもが共感によって作家の世界を自分自身のものにしていく。場を共有している友達との共感が生まれるなど相乗効果も期待できる。

③ 想像力

絵のみ描かれている場面を手がかりに，描かれていない部分を補う想像力がついていく。人との関わりも自分と重ね合わせ想像していくこで，実際に関わる術を知っていくことができる。

[3] 作品の選び方

作品を選ぶときは，子どもの月齢や興味・関心，保育者として伝えたいテーマを考えて選ぶとよいだろう。

① 月齢別の作品を選ぶポイント
【1歳〜2歳】
・短い場面で構成された紙芝居（8場面）
・色や絵がはっきりとしていて見やすいもの。

・効果音や擬音の繰り返しのあるもの。

・生活とつながっている作品（お母さん・家族・自分・食事・遊びなど）。

【3歳〜5歳】

・年齢ごとに徐々にストーリー性のある場面の多いもの（12場面・16場面）。

・保育行事の導入として・季節にまつわるもの・生活習慣・食育など，さまざまな
　ジャンルから子どもの様子に合わせて選ぶ。

・子どもが参加できる「問いかけのあるもの」などの（参加型）作品も十分に楽し
　めるようになる。

・自分自身の心に残った，心底よいと思える作品を選ぶことも忘れてはいけない。

② 月齢別・場面別のお勧め作品

【0歳児】

　紙芝居は「絵」が大きいため，色や形がはっきりわかる。乳児の視力を考えると絵
本だけではなく，紙芝居も積極的に活用したい。

・いろいろなものを伝えたいとき

　　作品名「まるくん　さんかくさん　しかくちゃん」（製作：童心社　脚本・絵：和歌
　　　山静子）

　　あらすじ：まる，さんかく，しかくの3つの形がさまざまに動きまわり，それを
　　　　見つけていく作品。乳児にとっても見やすい構成になっている。

【1歳児】

　満1歳を迎えるころから少しずつ言葉が出てきて心が外へと広がっていく。探求心
が芽生え友達のしていることやもっているものに興味が出てくる。また自分を意識し
自我が出てくる時期でもある。

・クラスのなかで友達の存在を伝えたいとき

　　作品名「はーい」（製作：童心社　脚本：間所ひさこ　絵：山本祐司）

　　あらすじ：いろいろな動物がでてきて，呼ばれると「はーい」と元気よく返事を
　　　　していく作品である。子どもたちの名前を呼ぶ演出がある。

・身近な人との関わりを楽しいと感じて欲しいとき

　　作品名「おいしい　おいしい」（製作：童心社　脚本・絵：ひろかわさえこ）

　　あらすじ：動物や人の親子が出てくる作品。身近な人との関わりを「はーい○○
　　　　あげましょう」「おいしいおいしい」の繰り返しで楽しめ，親子のやり取りを

切り取った心温まる作品となっている。

【2歳児〜3歳児】

友達への関心が強まり遊びを通して関わるようになる時期。自我と自我がぶつかりけんかになる場面も多くみられる。大人の介入で気持ちをわかってもらえることで，がまんや感情をコントロールできるようになり，自分の気持ちに折り合いをつけることがわかってくる。

・ひとりじめをしてはいけないことを伝えたいとき
　作品名「ぼくんだもん」（製作：童心社　脚本・絵：磯みゆき）
　あらすじ：ぞうくんが楽しそうに水遊びをしていると，友達がきて「一緒にいい？」と聞く。ぞうくんは「だーめ」とひとりじめ。次の友達にも「だめ。だめ」という。どんどん友達が離れていってさびしくなってくるが，最後は友達がきっかけで仲直りをする。気持ちの動きが自分自身の経験と重なり合っていく作品である。

【4歳児〜5歳児】

友達との交流が活発になる時期。思い通りにならない葛藤を経験し，自分の気持ちをおさえ人を気遣うことができるようになってくる。5歳になってくるとトラブルの解決も自分たちで行うようになり，友達と役割を分担することもできる。自分の思いを表現し，他者のいうことを聞くようになってくる。また，自分から判断して行動できる力がついてくる。

・友達への思いやりの気持ちを伝えたいとき
　作品名「ふゆのおともだち」（製作：童心社　脚本・絵：磯みゆき）
　あらすじ：ある朝，きつねの子が外に出ると，雪一面まっしろ！　さっそく友達のうさぎの子の家にいった。しかし，うさぎの子は風邪をひいて遊べない。そこできつねの子はよいことを思いついた。うさぎの子を思ってとったきつねの子の行動から思いやりを感じられる作品である。

・けんかのあとの仲直りの方法を伝えたいとき
　作品名「けんかのあとのごめんなさい」（製作：童心社　原作：森山京　脚本：千世まゆ子　絵：土田義晴）
　あらすじ：仲よしのきつねくんとりすくんが何をして遊ぶか意見が合わない。二人の間に入ったうさぎちゃんも困ってしまう。うさぎちゃんが遊びを提案するがそこでもけんかが始まって……。うさぎちゃんはお母さんにそのことを

話す。次の日，それぞれが仲直りをしたくてうさぎちゃんのお母さんに相談
をする。仲直りできたときの二人の爽快な気持ちがこちらにも伝わってくる
作品である。

[4] 紙芝居の演じ方

　紙芝居の演じ方は，絵本の読み聞かせ方とは異なるところがある。以下で説明して
いく。

① 演じる前の準備

　紙芝居は絵本のように文字と絵が一緒になっていないため，子どもが見ている実際
の場面を見て演じることができない。したがって作品の内容や進め方を前もって知る
事前準備が重要になってくる。

　事前準備では作品の下読みに加え，それぞれの作品で組み立て方や，登場人物の性
格，出来事などをつかむ必要がある。紙芝居の裏には「演出ノート」や「ト書き」が
書かれているので，それを踏まえて演じていく。難しくとらえる必要はなく，演じ方
のアドバイスの通りに行うことが作品のよさを子どもに伝える一番の近道である。

② 舞台を使用して演じる（3面開きの舞台を使用）

　舞台を出すことにより子どもたちは日常との切り替えができ，作品（紙芝居の世界）
に集中できる。また，扉が開かれることで期待感が高まり，作品が舞台のなかから出
ていくことを意識できる。舞台なしの場合は扉がないため，読み始めるときまで表
紙（1枚目）を見せないように気をつけるようにしたい。

●写真1　紙芝居舞台を使う

③ 子どもたちに向かい合って立つ（舞台あり・なし共通）

　声が通りやすくなり，子どもたちから演じ手の表情が見える。演じ手からは子ども
の反応が見え，コミュニケーションをとりやすくなる。

●写真2　子どもとの位置関係

④ 声の出し方に注意する（舞台あり・なし共通）

　自分自身の声で演じることで臨場感がでる。抑揚・はっきりした発音・楽しいときは弾むように・悲しいときはゆっくりと・ハラハラするときは口調を早めるなど，話し方に変化をつける。ただし，保育者による行き過ぎたパフォーマンスは，返って作品の世界を壊しかねないので気をつけるようにしたい。

⑤ 抜き方・入れ方（舞台あり・なし共通）

　さっと抜く・ゆっくり抜く・間をあけるなど，紙芝居裏の演出ノートに抜き方も書かれてあるので，その通りに抜いてみる。次の場面に注目してほしいときは，ゆっくり抜く（間の効果）。まっすぐ抜いてスッと差し込み，入れるときはだまって入れるようにする。あわてて入れて，大きな音を立てることのないように気をつける。舞台がない場合は，紙芝居が固定されないので，傾いたりバラバラになったりしないように気をつけるようにしたい。

●写真3　抜き方・入れ方（舞台のある・なし）

⑥ 読み終わり（舞台あり・なし共通）

　読み終わったあとは物語のその先を子どもたちに想像させるために，最初の1枚目には戻さないようにする。

[5] 絵本だけではなく，紙芝居を活用する

　読み聞かせというと絵本を思い浮かべる学生が多いだろう。4年間あるいは2年間で紙芝居に触れたことがない学生も多くいる。養成校だけではなく，保育の現場でも絵本の読み聞かせの機会は多く，紙芝居を演じる機会は少ない。おどろくことに，園内に紙芝居がたくさんあっても，絵本偏重になってしまうのである。

　しかし，ここまで説明してきたように，紙芝居には絵本にはない多くの魅力がある。同じ作品（『ひよこちゃん』）を紙芝居と絵本で読み聞かせ（演じ）た場合のイメージや感じ方と違いを比較した浅井・正司の研究からは，紙芝居で演じると絵本の読み聞かせでは伝えられない魅力を伝えていることがわかっている[5]。

　では，なぜ紙芝居ではなく，絵本偏重になるのか。それは，紙芝居を使ってみようという意識があるか，ないかであろう。つまり，使い手（学生や保育者）の心がけ次第なのである。絵本だけ，あるいは絵本か紙芝居かではなく，絵本も紙芝居もという心がけをもつことが重要である。子どもの興味や関心，読み聞かせる（演じる）人数，伝えたいテーマに即して絵本も紙芝居も活用していくことで，絵本ならではの，あるいは紙芝居ならではのよさを生かした物語の伝達が可能になり，それゆえ子どもが物語を聞くという経験を豊かにすることができるのである。

---

3 — 領域・表現とつながる指導法

[1] 5領域における「表現」とは

　5領域の「表現」とは，子どもが感じたことを自分なりに表現することを通して，豊かな感性や表現する力を養い，子どもの創造性を育んでいくことを目的としている。保育所保育指針および幼稚園教育要領には，5領域「表現」のねらいについて，以下のように示している。

　①いろいろなものの美しさなどに対する豊かな感性をもつ。
　②感じたことや考えたことを自分なりに表現して楽しむ。
　③生活の中でイメージを豊かにし，様々な表現を楽しむ。

　おもな表現活動は，造形表現，歌や簡単なリズム遊び，楽器に親しむ，水，砂，土，紙，粘土などのさまざまな素材に触れて遊ぶ，劇遊びやごっこ遊び，自分のイメージを動きや言葉で表現するなど，多岐に渡る。「健康・人間関係・環境・言葉・表現」

と5つに分けられている保育内容ではあるが，この遊びは運動（健康），これは造形（表現），これは何々というように遊びの内容は一つの領域として示すことはできない。

① 造形活動を楽しむ

　造形活動や造形的な遊びは日々の保育のなかで日常的に行われている。たとえば，どろんこ遊びや砂遊びは，0歳児から5歳児の子どもが楽しめる遊びである。

　園庭や公園などで自然と関わることからもさまざまな表現活動が生まれる。草花や木々の葉の色合いの変化，秋のどんぐり探しなど，季節の移り変わりを全身で感じることや，光がつくり出す影，風，雪，雨，石，土，砂，貝殻など，身近にある自然を見つけ，不思議・おもしろいと興味や関心をもつようになる体験が，子どもの遊びを豊かにする。

　1本の木がつくる木の葉や木の実は，1枚ずつ大きさや色，形が異なることに気づき，その落ち葉や木の実を観察し，並べる，ちぎる，貼る，使って何かをつくるなど，いろいろな遊びが生まれるきっかけになる。

　友達と小さな発見を共有したり，一緒に体験したりすることで，よろこびは倍増する。落ち葉をたくさん集めて焼き芋ごっこ，落ち葉に穴をあけオバケをつくるなど，一人がやり始めると自然にほかの子どもたちが集まり，皆で楽しむ姿がある。このような関わりが人間関係を豊かにするきっかけにもなっている。

　保育室でも子どもたちは，日々さまざまな素材や道具などに触れ，豊かな表現活動を行っている。絵の具・クレヨン・マーカー・フェルトペン・えんぴつなどで絵を描く，粘土や身近な素材を使っての工作などで表現を楽しんでいる。

　保育者がさまざまな素材や道具などにふれる環境をつくることで，子どもたちの豊かな表現を育むことができる。

　また，子どもは自由に自分の思いを表現しながら，自分のイメージを保育者や友達に伝え，共感を得る。その姿を見て「楽しそう，私もやってみたい，つくってみたい」と興味をもち，自分もやってみようと思う子どももいる。造形活動のイメージは，全員が同時に何かを描く，つくるというイメージがあると思うが，一人ひとりが日々こうした遊びを楽しむことも造形遊びである。

　造形遊びを通して，子ども同士の関わりが広がるよう保育者がどうアプローチしていくか考える必要があるだろう。

② 造形活動を通じた人間関係

　次に，造形活動に関する遊びにおける人間関係

について説明していこう。

　造形活動を含む子どもたちの遊びは，人間関係を豊かにするきっかけとなる。たとえば，1歳の子どもがクレヨンで「なぐりがき」を始めると，その姿に興味を示して他児が隣に座り絵を描き始めることがある。さらに次々と子どもたちが集まり，ほぼ全員が絵を描くことになる場合もある。

　子どもの興味や関心を引き出し広げるためには，保育者の子どもへの関わり方が重要な役割をもっている。最初は，子どもは自分に配られた紙に描くことを楽しむが，保育者が床に大きな紙を用意すると数人で自由に絵を描く遊びに発展する。

　1歳では，それぞれの子どもが大きな紙に自由に描くが，5歳になるころには皆で街の絵を描こう，遠足で行った公園の絵を描こうなど，絵のテーマを決めて描けるようになる。

　また4・5歳になると，お店屋さんごっこ，夏祭りのお神輿<ruby>み こ し</ruby>づくり，劇遊びの大道具・小道具づくりと友達と協力して1つの作品をつくり，達成感を味わう姿が見られる。共同で行う活動は，子ども同士がお互いの思いを出し合い調整することが必要である。それぞれの子どもに自分の思いがあり，お互いが意見を主張し，ときには折り合いがつけられないこともあるが，

自分たちで話し合い解決していくことは，大きな成長につながる。作品が完成したときに得られる達成感やよろこびは，友達との人間関係を深めることになる。

　保育者は，子どもたちがお互いのよさを認め合い「わたしたち」という仲間意識が芽生え，クラスへの所属意識がもてるように働きかけたい。一人ひとりが自分の思いを実現できるように，保育者が一方的に物事を決めて進めていくのではなく，子ども同士での話し合いや意思を決定できる場などを設け，共有できるよう工夫することが大切である。

③ 保育者の役割

　子どもの描画や製作などをどう評価すればよいだろうか。評価という言葉は適切ではない。そもそも「うまい，へた」とは，誰がどのように決めるのだろうか。子どもが描いた絵を見て「上手ね」と声をかけることは簡単だか，上手といわれなかった子どもは，どのような気持ちになるだろうか。大切なことは，子どもはどのような思いで描いたりつくったりしているかを理解することである。描く，つくる過程や，その子どもの思いを受け止めることが大切である。

　子どものよいところを認め，自信がもてるよう接することが，子どもの自己肯定感につながる。自分が保育者に認められることで，その子どもは他者のよさに気づき，

認める気持ちが育つ。

年齢があがっていくにつれ，描画活動が苦手と感じる子どもがいる。その子どもたちも0〜3歳ころまでは，のびのびと絵を描いていたかもしれない。

保育室や廊下に子どもたちの作品を掲示する園が多い。子どもたちは，自分の絵や友達の絵を見て刺激を受け，お互いに感想をいうなど，楽しかったことを共有する時間となる。しかし，我が子の絵を見た保護者が「○○ちゃんは上手ね。あなたは何を描いたの」「あなたはへたね」といった場合，子どもの心は傷つく。そのひとことで，子どもはすっかり自信をなくし絵を描く気力が失せてしまうかもしれない。保護者の何気ないひとことが，その子どもの芽をつぶしてしまうことになる。筆者は保護者に「他者と比較せず，自己肯定感がもてるような言葉かけや関わり方をしてほしい」と伝えてきた。保育者は，ときには保護者にいろいろなことを伝えなければならない。

子どもは自分なりの表現が受け止められることで，安心感や表現のよろこびを味わうことができ，のびのびと自由に表現をすることができる。子どものころのポジティブな体験があると，大人になっても表現を楽しめる心が育つと感じる。

④ 指導計画案の作成

次ページの指導案は，領域「人間関係」を意識した5歳児クラスの造形活動である。その月の誕生月の子どもにいろいろな質問をし，答えを聞くというやりとりを毎月行っている5歳児クラスでの実習を想定している。5歳児クラスに進級し，毎月行っている活動であり，誕生児に質問したあと，よいところをひとこと伝え，誕生児の似顔絵を描きメッセージを添えプレゼントしている。

卒園までの間には，誕生日は必ず一回訪れる。4月から取り組んでいる活動であり，今回は11月生まれのA児が対象となった。

友達のよいところを考え，相手に伝える。改めていろいろな質問をすることで，その子どもとの距離がぐんと近づく。

4月当初，誕生児は皆の前に立つとかなり緊張している様子だったが，回数を重ねるにつれ自分の誕生日を楽しみにするようになってきた。友達からの質問のあと，自分のよいところを友達から聞くことは，誕生児にとって大きな自信となり，自己肯定感が増す。誕生児のよいところを考える子どもたちにとっても，「相手のよいところ」を再発見できる機会となり，お互いの関わりが深まるであろう。

友達と一緒に行う造形活動は，劇の会やお店屋さんごっこに向けての共同製作などをイメージすると思うが，このような日々の描画や工作などの活動でも自分の思いや力を発揮し，友達のよさに気づくことができるのである。

部分・責任（半日・全日）実習指導計画案		XYZ大学
実習生氏名　　　　　　　　　　　　　　　　　　　㊞	指導者氏名　　　　　　　　　　　　　㊞	

実施日：令和　　　年　　11月　　日（　　曜日）　　天気：

クラス：　　　きりん組（　5歳児）	在籍　20名（出席人数：20名（男　10名、女　10名）　欠席：　0名	

前日までの子どもの姿	・（室内遊び）女児は空き箱製作からお店屋さんごっこに向け、いろいろな種類の店と品物をつくっている。 ・男児はカプラ・積木に加え、ウノ・トランプ等のカードゲームに熱中している。	ねらい	・友達の誕生日を祝う。 ・誕生児に質問をし、誕生児の思い・考えを理解する。 ・誕生児の良いところを伝える。 ・誕生児の特徴をつかみ描画で表現する。
		主な活動	・誕生児の顔をクレヨンで描く。 ・誕生児にいろいろ質問し、誕生児とのやりとりを楽しむ。 ・誕生児の良いところを考え、直接伝える。

時間	環境構成	予想される子どもの姿	実習生の援助・配慮
10:35 10:40 10:55	（保育室） 保育室にはいろいろな遊びのコーナーを常に設定している。子どもたちがいつでも遊びを選べる環境が設定されている。 （お店屋さんごっこ・空き箱製作・パズル・積木・カプラ・ウノ・トランプ等） ★実習生　　○子ども ▲担任 （描画の準備）	（室内遊び） ・実習生の声かけで遊んでいた遊具を片づけ自分の席に座る。 ・なかなか片づけない子どもがいる。実習生や友達に声かけにようやく片づけ始める。 ・実習生に呼ばれA児は皆の前に行き、自分の誕生日を言う。 ・A児の名前の由来を聞く。 ・興味をもち、由来についての感想や質問をする子どもがいる。 ・グループごとにA児への質問を2～3考え、同時にA児のよいところは何かを考える。 ・グループごとにA児への質問をし、よいところを伝える。A児の反応を楽しむ。 ・ほかのグループと同じ質問を考えていたグループは何を聞くか困る。よいところだけでいいと聞き、安心する。 ・ほかのグループの質問とその答を聞き楽しむ。ふざける子どもがいるが他児に注意され反省する。 ・実習生の言葉かけでグループごとに自分のクレヨンを取りに行く。	・片づけるよう声をかけ、子どもたちと一緒に片づける。 ・片づけた子どもから自分の席にすわり、前（ホワイトボード側）を向くよう伝える。 ☆全員座ったことを確認し、これから行うことを説明する。 ・11月が誕生月のA児を前に呼び、皆の前で自分の誕生日を言うように促す。 ・家族が事前に書いた「A児の名前の由来」を読む。 ・グループごとにA児への質問を2～3考え、同時にA児のよいところは何かを考えるよう伝える。事前に誰が質問し、よいところを言うか決めておくよう声をかける。 ☆各グループで子どもたちが相談話している間は、A児と話しながら待つ。 ・各グループの考えがほぼまとまった様子を見て、順番にA児に1または2つ質問すること、加えてA児のよいところを言うことを伝え、グループを指名する。 ☆ほかのグループと違う質問をするよう伝えるが、質問することが無くなったグループはよいところを言うだけでもよいこととする。 ・A児と子どもたちのやり取りを見守る。不適切な質問やふざける子どもに対しては、相手が嫌がることはやめましょうと伝える。 ・全グループの質問が終わった後、グループ毎に自分のクレヨンをロッカーに取りに行くよう声をかけ、その間に記名した画用紙を配る。
11:10 11:40	画用紙（八つ切り）25枚（予備含む） 裏に子どもの名前を書いておく クレヨン（子ども各自のもの） 汚れたテーブルを拭く台布巾 ・子どもたちが描いたA児の似顔絵は保育室内の壁に掲示する。全員が描き終わった後、誕生児へのお祝いのメッセージを一人ずつ聞き、実習生が画用紙の裏に書く。自分でメッセージを描きたい子どもは自分で書く。A児の誕生日当日に綴じた絵をプレゼントする。	○誕生児の似顔絵を描く ・A児を見ながらA児の似顔絵を描く。すぐに描き始める子ども、なかなか描き始められない子ども、おしゃべりに夢中になっている子どもがいる。友達とおしゃべりを楽しみながらA児の姿を描く子どもが多い。 ・実習生に褒められたり、励まされたりし、描くことを楽しむ。 ・モデルのA児と会話しながら描く子どもがいる。 ・描き終わった子どもは実習生に絵を渡し、クレヨンを片づけ他の遊びコーナーに行く。 ・途中で描くことをやめる子ども、片づける時間になり描画を完成できない子どもがいる。	○誕生児の似顔絵を描く ・全員がクレヨンを取り、自席に座ったことを確認し、A児を見ながらA児を描くよう伝える。 ☆顔の細部、表情、髪型、首の太さ、肩幅、服装をよく見ながら描くよう伝える。一人ひとりの子どもの表現方法の良いところを具体的に褒める。なかなか描けない子どもに対しては無理強いせず、自信が持てるよう表現しようとしている姿、工夫して描こうとしている姿をほめたり、励ましたりする。 ☆声かけや言葉の内容、声をかけるタイミングに配慮する。 ☆描きながらA児や友達同士で自由に話せる雰囲気を作る。 ・描き終わった子どもからクレヨンを片づけるよう伝え、描いた絵を子どもから受け取る。手を洗い、ほかの遊びコーナーで遊ぶよう声をかける。 ・途中で終わりにしたいという子どもや食事の準備の時間になり完成できなかった子どもには、「続きは午後書きましょう」と伝え、終了するよう声をかける。 ・子どもがクレヨンを片づけたことを確認し、クレヨンで汚れたテーブルを拭く。 ・担任保育者に引き継ぐ。

評価

指導者所見

4　領域・環境とつながる指導法

[1] 保育での基本原則

『保育所保育指針』には，保育の基本原則の一つとして，環境に関する保育の方向性が示されている[6]。

> オ　子どもが自発的・意欲的に関われるような環境を構成し，子どもの主体的な活動や子ども相互の関わりを大切にすること。特に，乳幼児期にふさわしい体験が得られるように，生活や遊びを通して総合的に保育すること。

　私たちは保育をする上で，この基本原則にしたがって保育を計画し，保育を実践していく必要がある。環境の面から保育を計画する場合，まず，子どもが自発的・意欲的に関われるような「環境を構成」する。

[2] さまざまな「環境」

『保育所保育指針』には，保育の環境に関し，3つの環境が例示されている[7]。

> 　保育の環境には，保育士等や子どもなどの人的環境，施設や遊具などの物的環境，更には自然や社会の事象などがある。保育所は，こうした人，物，場などの環境が相互に関連し合い，子どもの生活が豊かなものとなるよう，次の事項に留意しつつ，計画的に環境を構成し，工夫して保育しなければならない。

① 人的環境
　子ども同士による遊びや高齢者とのふれあい活動のほか，たとえば，保育者が子どもと一緒に遊んだり，子どもの発想が広がるような声かけや援助，見守りなどをしたりすることも，人的環境下による保育である。

② 物的環境
　身のまわりにはたくさんの物がある。保育活動を計画する際，身近な生活用具，玩具や絵本などが用意された場所を準備することがある。また，さまざまな音や形，色，大きさ，量，手触りなどを感じることができる場面を設定することもある。つまんだり，つかんだり，たたいたり，ひっぱったりする活動ができる物を用意したり，場面

を設定したりすることもある。これらが物的環境下における保育である。

③ 自然や社会の事象

どんぐりなどの木の実，季節の草花，川原の石や土などは遊ぶための大切な素材であり，その種類は多様である。また，自然現象の雨，雲，風，光，影などを遊びに取り入れることもある。風を自分の体で感じたり，まわりの木々の様子を見ながら，強さや風向きを感じたりすることもある。自分で折った紙飛行機を，少しでも高く遠くに飛ばそうと，適した場所を探したりすることができる環境も，自然や社会の事象の一つといえる。

[3] 領域「環境」をもとにした指導計画から見える 「人間関係」の要素

環境をテーマに指導計画を組み立てるとき，例えば図表1のような活動がよく取りあげられる。

●図表1　環境別保育活動例

区分		保育活動例
人的環境	ごっこ遊び	ままごと遊び，おかいものごっこ，乗り物ごっこなど
	ふれあい遊び	手遊び，わらべうた遊び，リズム遊びなど
物的環境	砂場遊び	砂，水を使っておだんごづくり，山づくり，穴掘りなど
自然や社会の事象	飼育栽培物	小動物の飼育観察，季節の花や野菜栽培，地域の行事など

環境構成を意識して保育をする場合，このような活動を通じて，子どもは，保育者や友達，地域の人たちと関わりながら遊ぶ。活動のなかで他者との関わりがある以上，領域「人間関係」との関連は出てくる。

事例 ① ‥‥‥ 石けん削り遊び

（異年齢児，6月）

（活動の概要）このあそびは，石けんとおろし器を使い，石けんを削る遊びである。子どもたちが繰り返し遊ぶなかで，石けんの種類によって固さの違いに気づいたり，削りやすい石けんを選んだりする姿が見られる。片方の手でおろし器を支え，もう片方の手で石けんを削るため，両手を使うという難しさもある。それゆえに活動のおもしろさもあり，子どもたちにとっては継続した，魅力的な遊びとなっている。

（活動の様子）4月に入園をしたすず（3歳児）。日ごろから4，5歳児が遊んでいる

様子をよく見ている。経験が浅いからか，日常生活を含め，活動に取りかかるまでに少し時間がかかる。石けんとおろし器を準備するが，力の入れ具合が難しいのか，石けんを削ることができない。すずは，近くで石けん削りをしている，えいた（5歳児）の様子を「じーっ」と見ている。えいたが石けんを削っている手元や，友達と石けんの量を比べている会話を見聞きしている。えいたが「手伝ってやろうか」といい，すずの返事を待つ。すずは「うん」とうなずき，自分の場所を譲る。えいたは「りすぐみ（3歳児）さんには難しいわ」とまわりの友達に同意を求めるような声かけをし，すずの石けんを削り始めた。えいたの言葉に，すずのうれしそうな笑顔が見られた。

えいたは，異年齢児クラスで一緒に生活をしている，すずの日ごろの様子を見ていることもあり，すずの表情から「手伝ってやろうか」という言葉が自然に出たものと思われる。自分の削っている石けんを，すずに分けてあげることもできたと思うが，わざわざすずが準備したおろし器を使って石けんを削ることで，側にいるすずに削り方を伝えているように見えた。「石けんを削る」という単純な活動だが，指の力の入れ具合，上下に動かす様子，削られている音，小さくなる石けんの様子など，すずはさまざまなことを，身近にいたえいたから学ぶことができたのではないだろうか。

　このように，人の遊びを傍観したり，一緒に遊んだりして，子どもは人と関わる。人との関わりのなかで，子どもは遊びを繰り返し行い，経験を広げ，自分で考え，工夫するようになる。事例の遊びが進むと，用具の扱いにも慣れ，石けんを削るコツを掴んでいき，友達と削った量を比べたり，削る速さを競ったりするようになる。

　遊びという活動を介した領域「人間関係」と領域「環境」との関連について，『保育所保育指針解説』には，以下のように解説されている[8]。

　　　遊びには，子どもの育ちを促す様々な要素が含まれている。子どもは遊びに没頭し，自ら発展させていきながら，思考力や企画力，想像力等の諸能力を確実に伸ばしていくとともに，友達と協力することや環境への関わり方なども多面的に体得していく。

　子どもは「楽しい」「おもしろい」「不思議だな」という前向きな感情のとき，集中して活動に取り組み，多くのことを吸収し，多くのことを学ぶ。私たち保育者は，子どもがこのような感情を抱く環境を構成することが望まれる。
　図表2に，事例の活動を通しての子どもの様子と，『保育所保育指針』で，3歳児以上児の領域「人間関係」の内容として示されている事項との関連を示す。

●図表2　3歳以上児の保育・領域「人間関係」の内容と事例の活動, 子どもの様子との関連性

	内容	関連性	関連性の説明
①	保育士等や友達と共に過ごすことの喜びを味わう。	○	えいたが教えてくれたことに対するすずの気持ち。
②	自分で考え, 自分で行動する。	○	すずの気持ちに気づき声かけをしたえいたの行動。
③	自分でできることは自分でする。	○	自分で石けん削りの準備をしたすずの行動。
④	いろいろな遊びを楽しみながら物事をやり遂げようとする気持ちをもつ。	△	石けん削りをやってみたいと思ったすずの気持ち。
⑤	友達と積極的に関わりながら喜びや悲しみを共感し合う。	△	すずに石けん削りのお手本を示したえいたの行動。
⑥	自分の思ったことを相手に伝え, 相手の思っていることに気付く。	○	えいたがすずの気持ちに気づいたこと。
⑦	友達のよさに気付き, 一緒に活動する楽しさを味わう。	△	すずはえいたのよさに気づき一緒に活動する楽しさを味わったと思われる。
⑧	友達と楽しく活動する中で, 共通の目的を見いだし, 工夫したり協力したりなどをする。	△	共通の目的をもち工夫・協力する姿が見られる。
⑨	よいことや悪いことがあることに気付き, 考えながら行動する。	×	
⑩	友達との関わりを深め, 思いやりをもつ。	○	えいたの小さい子への思いやりの気持ち。
⑪	友達と楽しく生活する中できまりの大切さに気付き, 守ろうとする。	×	
⑫	共同の遊具や用具を大切にし, 皆で使う。	△	共同の石けんとおろし器を使う。
⑬	高齢者をはじめ地域の人々などの自分の生活に関係の深いいろいろな人に親しみをもつ。	×	

注) 関連性の記号の説明　○：関連があるまたは濃い　△：関連がないことはない　×：関連がないまたは薄い

　事例の保育は, 領域「環境」を主眼に計画した保育であったが, 領域「人間関係」の要素を多く含んでいることがわかる。

[4] 領域「環境」と「人間関係」とのつながり

　先ほどの事例では, 領域「環境」を意識して計画した保育活動は, その活動のなかに他者との関わりが含まれることで, 領域「人間関係」の要素を含む保育活動となることが見られた。このつながりの関係は, 指導計画上の保育活動に限らず, 保育所における生活全般についても同様である。

　たとえば, 保育所に通う子どもは, 個々の保育時間に差はあるものの, 親から離れ一日の大半を園で過ごす。その園には, 人, 物, 事（場）といった「人的環境」「物的環境」「自然や社会の事象」など, さまざまな環境であふれている。子どもは, さまざまな環境であふれる園で過ごすなかで, 友達同士の共同作業や競争, 異年齢児との交流など, さまざまな他者との関わりを通じて人間関係を学ぶことができる, といえる。

そして，「環境」と「人間関係」との橋渡し役として重要な役割を担っているのが，保育者である。保育者は，つながりの強弱をコントロールしたり，当初設定していた環境を途中で変えたり，自由に操作することができる。それは，保育活動を計画して，環境の設定を考えるのが，保育者だからである。

環境の設定が変われば，活動に変化が生じ，人との関わり方も変化する。設定した「環境」を途中で見直し，再構成することで，その保育活動のなかで育まれる「人間関係」の幅も広がることになるだろう。

5 ─ 領域・健康とつながる指導法 ─運動遊びを通した人間関係の育成─

[1] 領域「健康」と「人間関係」

まずここでは，心と体，そして領域「健康」と「人間関係」をどのような相のもとに見ていくのかについて簡単に触れておこう。

心と体は，相互に密接に関係している。したがって乳幼児期を通して，体だけ，心だけ，というアプローチは成り立たない。心が動けば体も動き，体が動けば心も育つ。そしてそれを支えるのは，保育活動においては保育者と子どもの信頼関係である。そうした拠りどころがあるからこそ，子どもは遊びへ興味・関心を向け，戸外へも飛び出していくことができるのである。

つまり，健康は一般には個人の心と体の問題として捉えられがちであるが，人の健康が食物や空気などの地球環境に負っており，またとくに乳幼児の場合，健康はその生育を支える多くの人と社会に依っていることが自明であろう。すなわち『幼稚園教育要領』に述べられる領域「健康」と「人間関係」は，もとより相互的な，表裏一体の関係にあるといえる。良好で豊かな人間関係は，まさにそのような人間関係によって育まれた，心身ともに健康な人々によって支えられ，達成されるのである。

このような意味でここでは，領域「健康」に主軸を置き，その主要な活動として行われる「運動遊び」や「身体表現遊び」を取りあげつつ，そのなかで人間関係を豊かに深めていくような援助の機会，あり方を考えていきたい。

また，『幼稚園教育要領』の「幼時期の終わりまでに育ってほしい姿」を踏まえれば[9]，心と体の「健康」は良好な「人間関係」に寄与するものとして，おもに「(3)協同性」「(4)道徳性・規範意識の芽生え」「(6)思考力の芽生え」，必然的に「(9)言葉による伝え合い」や「(10)豊かな感性と表現」に関わるものである。

以下では，まず運動遊びの意義を概観し，次いで具体的な事例を用いつつこれらのポイントにも着目して解説を加えたい。

［2］運動遊びの意義

2012（平成24）年に文部科学省では，現代社会において幼児の体を動かす機会が減少していることを受け，「幼児期運動指針」を策定し[10]，

> 幼児にとって体を動かして遊ぶ機会が減少することは，その後の児童期，青年期への運動やスポーツに親しむ資質や能力の育成の阻害に止まらず，意欲や気力の減弱，対人関係などのコミュニケーションをうまく構築できないなど，子どもの心の発達にも重大な影響を及ぼすことにもなりかねない。

と危惧している。

その上で，幼児期における運動の意義として，（1）体力・運動能力の向上，（2）健康的な体の育成，（3）意欲的な心の育成，（4）社会適応力の発達，（5）認知的能力の発達，の5項目をあげている。

ここでは，鬼遊びを例に，この5項目がどのように遊びのなかで実現されているか，簡単に示してみよう。なお，鬼遊びに代表されるルールのある遊びは，発達段階や目の前にいる子どもの運動能力，友達との関わりの様子を踏まえて活動内容を変えることができる，自由度の大きい運動遊びである。

身体面では，鬼に追われ，あるいは鬼として走りまわれば，敏捷性が向上し，鬼を避け，ほかの友達とぶつからないようにしようとすれば平衡性も養われる。さらには，運動欲求が満足され，心身の充足感を得ることもできる。

そもそも鬼遊びは一人では遊びとして成立しないため，友達との関係のなかでルールを理解し，守り，役割を分担するなど，人間関係に伴う課題性に富み，思考力，記憶力，また協調する力などの発達が促される。保育者や友達と行う楽しさはそうした「難しさ」への意欲を引き出し，支えるものとなるだろう。また，ときに発生するいさかいは，相手の主張と自分の主張との折り合いをつける方法を会得する機会になったり，我慢や悔しさ，憤り，ストレスなどを体験し，それらへの耐性を培う経験にもなり，社会適応力を養う。

このように，運動遊びはその種類や運用により，体力向上とともに人間関係を育んだり人間性の幅を広げたりする，多様な意味をもつ活動といえるのである。

残念ながら，上に見た「幼児期運動指針」の示す危機感に表れているとおり，現代社会では体を動かす機会，とくに地域で子ども同士で遊ぶ機会が甚だしく減少しているという報告がある[11]。したがって，幼稚園・保育所等で友達とダイナミックに運動遊びを行う意義は大きく，その重要性が増している。

[3] 事例に見る運動遊びと子どもの発達

　乳幼児期は言語や運動発達とともに，徐々に友達を意識し，ともに遊びたい，見てもらいたいなど，能動的な関わりを求めるようになる。以下では子どもの発達を踏まえながら人間関係の進展に沿う形で，友達との交流を深められるよう，まず0歳の一人遊びからの展開とその指導例をあげ，次いで2歳から年少，年中，年長へと事例を進めたい。

① 0歳からの運動遊び　―一人遊びとその展開―

　0歳ごろの子どもたちが一人で行っている活動を見ていると，一見，他者と関わっていないように見えるが，実はそうではない。同じ歳くらいの乳児が同じ場所で活動していることで，相互に何かしらの刺激を受け取っていることが多いのである。

　乳児は決まったルールや枠組みのもとで，友達と関わり同じように遊ぶことが難しい。しかしながら，友達を意識し，関わることを少しずつ感じ始める。必ずしも一緒に遊ぶのではなくても，友達がいることで安心感が得られ，のびのびとした気持ちで一人遊びに集中することができているように見受けられる。

　他方で，0歳児が，紐を引っ張る遊びをほかの子どもが保育者と行っているのを見て，同じように遊びたいと紐を見つけて保育者に寄ってきたことがあった。はじめは保育者とその子どもとの間で遊びが成立していたが，保育者がうまく子ども同士で遊べるよう声かけし，促すと，子ども同士で引っ張りっこをするようになった。

　また1歳児では，フープ遊びをしているとき，一人がフープを3つ並べて橋を渡るように跳びはねていると，別の一人がそこに自分のフープもつけ足して，同じように渡り始めた。その様子を見た保育者が「ぴょんぴょん橋，楽しいね！」と声かけすると，一緒にやってみたいという友達が増えたり，自分で場をつくる子どもが出てきた。

　このように，はじめは一人で遊んでいても，同じ空間に友達がいることで新しい遊びに気づいたり，一緒にやってみよう，楽しそうという気持ちが芽生えてくるのである。保育者の肯定的な声かけが，その気づきや気持ちを後押しし，親や年長者以外の，対等な者同士の人間関係の幕開けとなる。

　したがって，この年齢層に対する保育者の援助としては，上に見たようにさまざまなきっかけを活用して自然に友達を意識できたり一緒に遊べたりするよう導いていくことが望ましい。同時に環境設定にも工夫をし，子ども達が自分で遊びを発展させることができるよう，用具の選定や配置を工夫することが大切である。

（1歳児，9月）

　1歳児クラスで『むすんでひらいて』の手遊びから身体表現遊びへと発展させ，四つ這いで「わんわん，おさんぽ～」といいながら保育者と子どもたちで活動していた。保育者が立って大股になり，「トンネルだよ～」と声かけし，子どもたちがよろこんで脚のトンネルのなかを四つ這いでくぐり抜けていると，ある子どもが保育者と同じように立ちあがり，大きく脚を開いてトンネルをつくって，友達に通ってもらいたそうに待っていた。保育者が「ゆうくんトンネルだ！」と一声かけると，ある子どもがゆうくんのトンネルをくぐり始め，なんとかくぐれるよう二人で協力している様子が見られた。

　この例では，子どもが遊びのなかで新しい動きを発見し，やってみたいという気持ち，そして実際にやってみるという行動につながっている。ここでは，子ども自身が友達に「ここ通って！」などと声をあげることはできていないが，保育者が気づき，言葉にすることで，別の子どもの自発的な動きが生じ，さらに，どうやったら小さなトンネルをくぐれるか，くぐってもらえるかを一緒に考え，協力し合う姿を見ることができた。

　このように一人ひとりの発見や自発性を尊重し先走りすぎないことが，子どもにとっての人間関係を素直な，温かいものとして育てていくことにつながるのではないだろうか。

② 2歳から3歳 ―多への過渡期として―

　この時期には，発達の様子を見ながら2人での活動から多へと導いていくことが，集団遊びへの移行をスムーズなものにする。

　保育者は，2人での活動を見守り，「ピッタリあってるね！」「仲よくできたね！」と肯定的な声かけをし，2人での活動を楽しむよう導くのがよい。また，何か困っている様子を見つけたら，子どもたちが何に困っているのか，動きなのか，意見の相違なのかといった点を見極め，話を聞きながら2人が落ち着く方向へと促すことが望ましい。そうすることで問題を解きほぐしたり話し合いで解決へ至ったりする過程を子どもたち自身が見聞きし，自分事として経験する貴重な機会となる。

　活動例としては，2人で手をつないでマットの上を転がるような単純な動きでもよ

く，協力しながら転がる楽しさを味わうことができる。また，身体表現遊びであれば，2人組になり互いの動きを共有することで楽しんだり，さらには別の動きの発見・工夫へと導いていくことができる。このような活動は一人ではできない経験として個から集団への発達を促すものになるだろう。

③ 4歳から5歳 ―協同することの楽しさと難しさ―

5歳児では，たとえば，まねっこ遊びから発展してお気に入りの動きを2人で決めるという創作活動を通し，友達の意見を聞くこと，受け入れること，自分の意見をうまく伝えることといった協同することの楽しさ，難しさを経験することができる。この創作活動の際，保育者は，2人での話し合いがうまくいっているか，動きが工夫できているかなどを見まわりながら，必要に応じて声かけをすることが大切である。

事例③ ・・・・・・ なべなべそこぬけ

（4歳・5歳児，9月）

　リズムに合わせて2人組をつくり，向かい合ったら手をつなぎ，「なーべなーべ，お背中合わせ！　なーべなーべ，もとどおり！」と保育者の声かけに合わせて行い，終わったらバイバイして，違う友達と2人組になるという活動を運動遊びの主活動に入る前のウォームアップとして行った。

　4歳児クラスでは，背中合わせから元通りになれない子どもがいた。すると，元通りまでできた子どもたちが，それぞれ困っている2人組のところへ行って「こうやるんだよ。一緒にやろう」と見せながら教えようとする姿が見られた。

　5歳児クラスになると，できないながらも2人で一所懸命考えて何度もやり直し，ようやくできて，さらに何度も練習している姿が見られた。そして，4人組，8人組と人数を増やすと，それに応じてやり方を工夫し，できたときには拍手をし始めた。最後は，「みんなでやりたい！」という声があがり，クラス全員で一つの輪になって行った。

同じ活動でも人数が増えることで動きの工夫が広がり，協力することで一体感が生まれる活動へと展開できた例である。このような楽しさや物事を成し遂げる過程の共有は，長じてなお，その人となりの基盤となり，人間関係を支えることであろう。

このようなケースでは，保育者は介入の度合いを慎重に測り，子どもたちの自発性

を尊重すること，多少の遠まわりや逸脱が起こっても見守ることのできる時間的余裕を見込むことなど，バックアップに留意する必要がある。それと同時に，一人ひとりの子どもの性格や好み，集団のなかでの立ち位置にも目を留め，それぞれに適した対応を心がけたい。

[4] 運動遊びを通した人間関係の指導

　運動能力の高い子どもほど，普段よく一緒に遊ぶ友達の数が多い，と杉原らは明らかにしている[12]。これは以上で見てきたように，運動遊びを通して人と関わる場面が多様にあること，豊かなコミュニケーションを行う機会があることが大きく関わっているといえよう。子どもたちがそうした場面に多く出会えるよう，保育者主導の指導に陥らないよう注意する必要がある。子どもたちの関係性が強く出るよう，環境構成，活動内容，適した声かけを工夫することが大切である。

　また，乳幼児期の運動遊びでは，技術の獲得中心にならないようにすることも気をつけたい。「できた！」という成功体験は，子どもにとって自信になり，その後の運動継続へのきっかけになるので大切な機会である。

　しかし他方で，できない，負けた，友達より下手などと他者から評価を受けた子どもが運動嫌いになり，ますます運動への興味を示さなくなってしまう[13]。こうした悪循環は防ぎたいものである。保育者が友達と比較したり，マイナスの評価をすることなく，子どものがんばりを認めたり，小さな上達を見つけてほめることが大切である。そうした活動場面を多く取り入れることで，子どもたちも得手・不得手のある他者を受け入れることを学んでいく。

　このように運動遊びは心と体の健康を育むだけでなく，多様な，ともすると予期せぬ場面展開を通して，子どもにさまざまな葛藤やよろこびをもたらし，豊かな人間関係のなかで生きることを可能にする実践なのである。

Column 5 子どもへのまなざし

子どもの行動は，保育者の見方や接し方で大きく変化する。子どもに「こう育ってほしい」「なぜ，こういうことをするのだろう」「○○さんは，いつも乱暴な行動をする」「○○さんは，やさしい」など，保育者は自分の価値観で子どもを見る傾向がある。

子どもが望ましい方向に成長してほしいと願う気持ちが強いものの，保育者自身が考える理想の子ども像があり，理想に当てはまらないと困った子どもだと感じ，その子どもの問題点のみが気になることがある。

保育者は，自分が子ども時代に体験し，身につけたマナーや，その方法が保育のベースになっている。たとえば，姿勢，箸のもち方，食べ方など，食事のマナーが厳しい家庭で育った保育者は，子どもに対する食事指導が厳しくなる傾向があるようだ。自分の体験が価値観につながっているのであろう。保育者は，自分の価値観が目の前の子どもたちに合っているかを考える必要がある。園全体で「何を大切にするか」を確認し合い，複数担任の場合はお互いの考えを出し合い，「子どもにとって何が望ましいか」「目標やねらいを達成するためにどのような支援を行うか」などを確認し合うことが大切である。

子どもは，自分が大人や友達にどう見られているか敏感に感じている。保育者が子どもに接するときに自分では意識していなくても，子どもは保育者が自分のことをどう思っているか態度や表情などで即座に判断する。自分のことを常に否定的に見ている保育者との信頼感は薄れ，さらに望ましくない言動で保育者を試す場合や，自分の気持ちを表現できなくなり萎縮してしまうことがある。反対に子どもを常に温かく見守り，子どもの行動を信頼する保育者に対しては，安心してありのままの自分を出すことができる。保育者との信頼関係が深まり，いろいろなことに挑戦してみようという意欲や活力が生まれる。また，保育者に認められているという安心感から自己肯定感が高まる。自分が共感される経験が無いと，ほかの人を共感できない。結果や能力だけでなく，プロセスを認められ，励まされる経験をたくさんした子どもは，友達の思いを理解し，応援したり，助けたりすることができる。

「子どもは，親や保育者（大人）がいった通りにするのではなく，やった通りにする」という言葉がある。子どもは，大人になり，親になったとき，自分が「育てられたようにわが子を育てる」ともいわれている。自分の言動が子どもに大きな影響をおよぼすということを理解し，日々自分の保育のあり方を振り返るよう心がけよう。

子どもたち，保護者とどのような関わりをもつか，自分はどのような保育をしたいか，どんな保育者になりたいか，常に自分の言動を振り返り，子どもの視点から保育を考え，実践してほしい。

■ 引用文献

1）厚生労働省（2017）『保育所保育指針』, pp.26-27, pp.37-38.（https://www.mhlw.go.jp/file/06-Seisa kujouhou-11900000-Koyoukintoujidoukateikyoku/0000160000.pdf　2022年11月30日閲覧）

2）厚生労働省（2018）『保育所保育指針解説』, p.132, p.189.（https://www.mhlw.go.jp/file/06-Seisaku jouhou-11900000-Koyoukintoujidoukateikyoku/0000202211.pdf　2022年11月30日閲覧）

3）厚生労働省（2017）『保育所保育指針』, p.26, p.19, pp.31-32.（https://www.mhlw.go.jp/file/06-Seisa kujouhou-11900000-Koyoukintoujidoukateikyoku/0000160000.pdf　2022年11月30日閲覧）

4）厚生労働省（2018）『保育所保育指針解説』, p.5.（https://www.mhlw.go.jp/file/06-Seisakujouhou- 11900000-Koyoukintoujidoukateikyoku/0000202211.pdf　2022年11月30日閲覧）

5）正司顯好・浅井拓久也（2018）「児童文化財における紙芝居と絵本の違いについて」『小池学園研究紀要』,（16）. 浅井拓久也・正司顯好（2019）「紙芝居で演じる／絵本で読み聞かせるの違いに関する研究—同じ物語を事例とした比較分析を通じて—」『小池学園研究紀要』,（17）.

6）厚生労働省（2017）『保育所保育指針』, フレーベル館, p.5.

7）厚生労働省（2017）『保育所保育指針』, フレーベル館, pp.5-6.

8）厚生労働省編（2018）『保育所保育指針解説』, フレーベル館, p.23.

9）文部科学省（2017）『幼稚園教育要領』, フレーベル館, pp.6-7.

10）文部科学省（2012）『幼児期運動指針』（https://www.mext.go.jp/a_menu/sports/undousisin/1319771. htm　2022年9月27日閲覧）

11）ベネッセ『第5回幼児の生活アンケートレポート　2016年　第1章幼児の生活』（https://berd. benesse.jp/up_images/textarea/jisedai/reseach/yoji-anq_5/YOJI_chp1_P13_35.pdf　2022年9月27日閲覧）

12）杉原隆・河邉貴子編著（2014）『幼児期における運動発達と運動遊びの指導—遊びの中で子どもは育つ—』, ミネルヴァ書房, p.60.

13）杉原隆・河邉貴子編著（2014）『幼児期における運動発達と運動遊びの指導—遊びの中で子どもは育つ—』. ミネルヴァ書房, p.57.

■ 参考文献

• 浅井拓久也（2018）『すぐにできる！保育者のための紙芝居活用ガイドブック』, 明治図書出版.

• 浅井拓久也・前田和代（2021）『PDCAベースの指導計画たて方ノート』, チャイルド本社.

• 紙芝居文化の会ホームページ（https://www.kamishibai-ikaja.com/　2022年10月18日閲覧）

• 厚生労働省（2017）『保育所保育指針』, フレーベル館.

• 佐々木晃（2018）『0～5歳児の非認知的能力』, チャイルド本社.

• 酒井京子「紙芝居は子どもの「共感」を育む大切なコミュニケーション・ツール」国民共済ホームページ（https://www.zenrosai.coop/anshin/anshintalk/backnumber/kosodate/05index.html　2022年10月18日閲覧）

• 汐見稔幸監修（2017）『保育所保育指針ハンドブック』, 学研教育みらい.

• 内閣府・文部科学省・厚生労働省（2017）『幼保連携型認定こども園教育・保育要領』, フレーベル館.

• 鬘櫛久美子（2016）「保育者養成課程におけるメディアとしての紙芝居—コミュニケーション能力育成の可能性—」『名古屋柳城短期大学研究紀要』.

• まついのりこ（1998）『紙芝居・共感のよろこび』, 童心社.

• 宮下恭子編著（2018）『運動あそび・表現あそび—指導方法を身につける理論と実例—』, 大学図書出版.

• 無藤隆監修・岩立京子編者代表（2018）『新訂　事例で学ぶ保育内容〈領域〉人間関係』, 萌文書林.

• 無藤隆監修・倉持清美編者代表（2018）『新訂　事例で学ぶ保育内容〈領域〉健康』, 萌文書林.
• 文部科学省（2017）『幼稚園教育要領』, フレーベル館.

‖ 編 著 者 ・ 著 者 紹 介 ‖

〇 編 著 者 〇

浅井拓久也（あさい・たくや）…………………… ＊第1章4～6，第5章1，2（共著），Column 1
　　　　　●鎌倉女子大学児童学部児童学科准教授

〇 著 　 者 〇

秋山　展子（あきやま・ひろこ）…………………… ＊第1章1～3，第2章2～3
　　　　　●秋草学園短期大学地域保育学科准教授

石田　亜古（いしだ・あこ）…………………… ＊第5章4（共著）
　　　　　●岡山県玉野市立鉾立認定こども園園長

尾崎　正道（おざき・まさみち）………………… ＊第5章4（共著）
　　　　　●岡山県玉野市教育委員会就学前教育課課長補佐

加藤　真澄（かとう・ますみ）…………………… ＊第5章2（共著）
　　　　　●社会福祉法人光聖会蓮美幼児学園とよすナーサリー施設長

小山　玲子（こやま・れいこ）…………………… ＊第2章1，第3章3～9，第5章3，Column 3，5
　　　　　●秋草学園短期大学幼児教育学科准教授

谷口　聖（たにぐち・ひじり）…………………… ＊第2章4～5，第3章1～2，第4章，Column 4
　　　　　●聖カタリナ大学短期大学部保育学科助教

塩崎みづほ（しおざき・みづほ）………………… ＊第5章5
　　　　　●秋草学園短期大学幼児教育学科教授

関　維子（せき・ゆいこ）………………………… ＊第2章6，Column 2
　　　　　●秋草学園短期大学幼児教育学科講師

●写真提供・資料協力
　第1章　鎌倉女子大学　2022年度3年生，秋草学園短期大学　木下まりな，長澤静子，鈴木玲
　第2章　学校法人山城精華学園　光が丘幼稚園（京都府）
　第3章　社会福祉法人みわの会 MIWAシンフォニア保育園（東京都）
　第4章　聖カタリナ大学短期大学部　2022年度2回生および1回生
　第5章　社会福祉法人光聖会　蓮美幼児学園とよすナーサリー（東京都），社会福祉法人頌栄会
　　　　頌栄保育園（東京都），学校法人加藤学園　まるやま保育園（東京都）

保育内容指導法〈人間関係〉
——確かな実践力を身につける——

2023年6月14日　初版第1刷発行

編 著 者	浅井拓久也
発 行 者	服部　直人
発 行 所	(株)萌文書林
	〒113-0021　東京都文京区本駒込6-15-11
	tel：03-3943-0576　　fax：03-3943-0567
	https://www.houbun.com
	info@houbun.com
印刷・製本	モリモト印刷株式会社　　　　　　　　　　〈検印省略〉

©2022 Takuya Asai　Printed in Japan　　　　　　　ISBN 978-4-89347-395-0　C3037
日本音楽著作権協会（出）　2303460-301

装幀・レイアウト／冨田由比　イラストレーター／鳥取秀子　DTP制作／坂本芳子